Oliver Weede

Wissensbasierte Planung für die minimal-invasive Chirurgie

Wissensbasierte Planung für die minimal-invasive Chirurgie

von
Oliver Weede

Dissertation, Karlsruher Institut für Technologie (KIT)
Fakultät für Informatik
Tag der mündlichen Prüfung: 31. Oktober 2012

Impressum

Karlsruher Institut für Technologie (KIT)
KIT Scientific Publishing
Straße am Forum 2
D-76131 Karlsruhe
www.ksp.kit.edu

KIT – Universität des Landes Baden-Württemberg und
nationales Forschungszentrum in der Helmholtz-Gemeinschaft

KIT Scientific Publishing 2013
Print on Demand

ISBN 978-3-7315-0000-1

Wissensbasierte Planung für die minimal-invasive Chirurgie

zur Erlangung des akademischen Grades eines

Doktors der Ingenieurwissenschaften

der Fakultät für Informatik

des Karlsruher Instituts für Technologie (KIT)

genehmigte

Dissertation

von

Oliver Weede

aus Tegernsee

Tag der mündlichen Prüfung: 31.10.2012
Erster Gutachter: Prof. Dr.-Ing. Heinz Wörn
Zweiter Gutachter: Prof. Dr.-Ing. Rüdiger Dillmann

English Summary

Knowledge-based Planning for Minimally Invasive Surgery

In minimally invasive surgery the working instruments of the surgeon, the endoscopic camera and instruments used by the assistant are inserted through trocars set in the abdominal wall of the patient. In contrast to conventional open surgery this leads to patient benefits such as reduced pain and shorter recovery times. For surgeons, however, there are several drawbacks of this approach including perceptual boundaries and constrained movements of the end-effectors. Planning of port positions in the abdominal wall of the patient for inserting the trocars as well as the initial configuration of the robot are important factors for successful interventions. The focus of the knowledge based planning system is to optimize trocar positions for conventional minimally invasive surgery and additionally to handle the setup configuration of the da Vinci$^{®}$ telemanipulator for robot assisted minimally invasive surgery. The overall aim is to offer maximal access, especially in the narrow pelvis, while preserving soft tissues, vessels and nerves together with allowing an ergonomic completion of the intervention. This, in turn, increases the safety of the intervention and leads to a decreasing mortality and morbidity rate. To date, there does not exist any planning system for optimizing the port positions or the initial configuration of a telemanipulator. Exceeding to previous research a knowledge-based approach is introduced. The target areas and the workflow of the intervention is learned and stored in a probabilistic knowledgebase. The acquired knowledge is furthermore used for a predictive camera guiding system.

The system is based on a patient model, a model of the intervention and a robot model. The patient model is a surface model constructed out of CT or MRI data. Trajectories of real interventions are tracked and registered into the patient model. Coagulations are detected in the audio signal of the high frequency surgical unit. The coagulations and the recorded trajectories are then fused. Out of this data features are extracted, especially target areas of the intervention and their relative frequency of occurrence. Furthermore features that differentiate intervention phases (e.g. path length) are identified. Based on this features, surgical phases are segmented by regarding them as classes of a naive Bayes classifier, which is extended by a Markov process, to include the order of the intervention phases and their duration. For each surgical phase a different port triad can be computed. The target areas of the intervention (like Voronoi regions) are computed by means of cluster analysis (k-Means), followed by a Bayes classification of the end-effector positions. The clusters are treated as states of a second order Markov model to describe the movements of the end-effectors during the intervention by the probabilities of the Markov transition matrix.

The first generation of the da Vinci® Surgical System is composed of three arms. The actuator holders are carrying the motorized part of the manipulator. The robot model consists of a kinematic model and a geometric model used for distance computation and collision detection. The inverse kinematics of the motorized and the passive parts are solved by a geometric approach. The planed setup configuration consists of the trocar positions, the tilting of the operation room (OR) table and the frames of the actuator holders for robot assisted interventions. For optimizing the configuration an objective function is defined, which consists of 12 criteria describing dexterity and separation, ergonomic aspects, robot performance and the tilting of the OR table. The objective function is optimized under active and passive constraints by the developed probabilistic metaheuristic Seed Throwing Optimization (STO). STO is a randomized Gradient Ascent with multi initial states and the possibility to explore only paths which have shown to be good. Furthermore mutation and crossover operators are integrated. The optimized port positions are projected directly on the patient´s abdomen by a video based augmented reality system. The pneumoperitoneum is taken into account. The actual-nominal comparison of the actual and the optimized joint angles of the manipulator are visualized by arrows in a virtual scene of the OR. During the intervention arrows predicting the next target areas are shown as guiding virtual fixtures to visualize the optimized workspace.

The approach of long-term prediction of the target areas and predictive camera positioning was tested in a phantom experiment with a hit rate of over 89% for predicting the movement of the end-effectors. Including the prediction of the end-effectors´ movement for computing the camera position, leads to 29.2% less camera movements and to an improved visibility of the instruments [1]. The recognition rate of the surgical phases in a sigma resection is 93% [2]. The mean overall positional error of the augmented reality system is 2.6 mm [3]. The speed of convergence of the global optimization method Seed Throwing Optimization is compared to Multi-Level Gradient Ascent, Harmony Search, Particle Swarm Optimization and Simulated Annealing. In most test cases the highest convergence speed could be achieved by Seed Throwing Optimization [4]. In the simulation environment, trajectories of a phantom experiment could be performed without collisions using the optimized ports [3]. To prove that the optimized configuration leads to a decreasing mortality and morbidity rate can only be proved by an evidence-based medicine in long-term studies. A cognitive model is discussed to frame the knowledge-based approach.

[1] O. Weede, H. Mönnich, B. Müller, H. Wörn. An Intelligent and Autonomous Endoscopic Guidance System for Minimally Invasive Surgery. In *IEEE Int. Conf. on Robotics and Automation (ICRA)*, Shanghai, China, May 9-13 2011, pp. 5762–5768, 2011.

[2] Oliver Weede, Frank Dittrich, Heinz Wörn, Brian Jensen, Alois Knoll, Dirk Wilhelm, Michael Kranzfelder, Armin Schneider, Hubertus Feußner. Workflow Analysis and Surgical Phase Recognition in Minimally Invasive Surgery. In *IEEE Int. Conf. on Robotics and Biomimetics (ROBIO 2012)*, December 11–14, 2012, Guangzhou, China, pp. 1068-1074, 2012.

[3] O. Weede, M. Mehrwald and H. Wörn. Knowledge-based System for Port Placement and Robot Setup Optimization in Minimally Invasive Surgery. In *10th IFAC Symposium on Robot Control – SYROCO 2012*, September 5–7, 2012, Dubrovnik, Croatia, pp. 722-728, 2012.

[4] O. Weede, S. Zimmermann, B. Hein and H. Wörn. Evaluation of Seed Throwing Optimization Meta Heuristic in Terms of Performance and Parallelizability. In *Third Int. Conf. on Future Computational Technologies and Applications (FUTURE COMPUTING 2011)*, Rome, pp. 92-99, 2011.

Zusammenfassung

Durch die minimal-invasive Technik in der Chirurgie ergeben sich Wahrnehmungs- und Bewegungsbeschränkungen, was dazu führt, dass eine passende Positionierung der minimal-invasiven Zugänge (Trokarpositionen) für die Arbeitsinstrumente und das Endoskop für den Erfolg einer Operation entscheidend ist. Bei dem Einsatz des Telemanipulators da Vinci® Surgical System besteht bei einer unpassenden Positionierung des Manipulatorstativs Kollisionsgefahr der Arme. Das Ziel dieser Arbeit besteht darin, durch eine wissensbasierte Planung der Zugänge und des Manipulatorstativs die Kollisionsgefahr auszuschließen, die Erreichbarkeit der Zielregionen zu garantieren, dabei Gewebe, Gefäße und Nerven zu schonen, sowie eine ergonomische Ausführung der Operation zu ermöglichen. Bisher ist noch kein System zur computergestützten Optimierung von minimal-invasiven Zugängen und des Manipulatorstativs im klinischen Einsatz. Über bisherige Ansätze hinausgehend wurde in dieser Arbeit ein wissensbasierter Ansatz verfolgt, den Operationsablauf und die Zielregionen der Intervention zu erlernen und in einer probabilistischen Wissensbasis zu speichern. Dieses Wissen wurde zudem für ein prädiktives, wissensbasiertes Kameraführungssystem genutzt.

Zur Optimierung der Anfangskonfiguration wird eine Simulation durchgeführt, die ein Patientenmodell, ein Modell der Operation und ein Robotermodell umfasst. Das Patientenmodell wird aus Computer Tomographie Daten erstellt. Trajektorien von Operationen werden aufgezeichnet und in das Patientenmodell registriert. Aus dem Audiosignal eines Elektroskalpells werden Koagulationen detektiert und in die Trajektorien integriert. Aus diesen Daten werden Zielregionen der Operation mit ihrer Verweildauer extrahiert, sowie chirurgische Phasen segmentiert. Die Operationsphasen werden durch einen hybriden Ansatz aus einem Naiven Bayes Klassifikator und einem zeitdiskreten Markov-Prozess erkannt. Die Zielregionen werden durch Clusteranalyse und Maximum Likelihood Klassifikation bestimmt und als Zustände eines Markov-Modells verwendet, um Operationswege probabilistisch zu modellieren. Der da Vinci® Manipulator besteht aus einem passiven Stativ, welches an drei Aktorenhalterungen motorisierte Manipulatorarme trägt. Das Robotermodell umfasst ein kinematisches und ein geometrisches Modell, welches für die Distanzberechnung bzw. Kollisionserkennung verwendet wird. Die inverse Kinematik des motorisierten Teils und des passiven Teils wird in einem zweistufigen Verfahren geometrisch gelöst. Die optimierte Anfangskonfiguration besteht aus den Positionen der Zugänge und bei robotergestützten Interventionen zusätzlich aus den Ortskoordinatensystemen der Aktorenhalterungen, sowie der Kippung des Patiententisches. Für die Optimierung wird eine Zielfunktion definiert, welche zwölf Kriterien umfasst. Sie wird unter definierten aktiven und passiven Bedingungen optimiert. Um die hochdimensionale multimodale Zielfunktion zu optimieren, wird die Metaheuristik Seed Throwing Optimization (STO) verwendet. Die Strategie beinhaltet neben Mutations- und Rekombinationsoperatoren, einen Gradientenabstieg mit verschiedenen Anfangszuständen und einer Exploration der Pfade mit entsprechender Intensität, welche sich als gut erwiesen haben. Mit Methoden der Erweiterten Realität werden die optimierten Zugänge direkt auf den Patienten projiziert. Die Konfiguration des Telemanipulators wird durch eine virtuelle Szene visualisiert und zeigt die Abweichung des Istwerts vom geplanten Sollwert an den entsprechenden Armelementen an. Intraoperative Abweichungen der Endeffektorpositionen vom optimierten Arbeitsraum werden, im Sinne von virtuellen Schranken, durch die wahrscheinlichsten Pfade visualisiert, die zurück zum optimierten Arbeitsraum führen.

Die erforderliche Prädiktion der Trajektorie erfolgte mit einer Trefferquote von 89%. Bei der Segmentierung der Operationsphasen konnte eine Erkennungsrate von 93% bei einer Sigmaresektion erreicht werden. Die Genauigkeit der Projektion weist einen durchschnittlichen Fehler von 2.6 mm auf. Der Optimierungsalgorithmus STO wurde mit verschieden Testfunktionen getestet und mit bekannten Metaheuristiken verglichen, wobei in den meisten Fällen ein schnelleres Konvergenzverhalten gezeigt werden konnte. In der Simulationsumgebung wurden Trajektorien eines Phantomexperiments kollisionsfrei durchgeführt. Ein Beweis für die erhöhte Effizienz und Effektivität durch die wissensbasierte Planung kann jedoch nur durch die evidenzgestützte Medizin geführt werden. Ein kognitives Modell wird als Rahmenwerk für das vorgestellte System diskutiert.

Danksagung

Diese Arbeit entstand während meiner Tätigkeit als Wissenschaftlicher Mitarbeiter am Institut für Prozessrechentechnik, Automation und Robotik (IPR) des Karlsruher Institutes für Technologie (KIT). Sie wurde im Rahmen des Graduiertenkollegs 1126 und der DFG Forschergruppe 1321 von der Deutschen Forschungsgemeinschaft gefördert. Für die Unterstützung der interdisziplinären Forschung mit Informatikern, Ingenieuren und Medizinern bedanke ich mich herzlich.

Ein ganz besonderer Dank gilt meinem Doktorvater, Herrn Professor Wörn. Nicht nur wegen der verantwortungsvollen Aufgaben, die er mir übertragen hat, sondern auch für sein entgegengebrachtes Vertrauen, für den Freiraum zur Verwirklichung von Ideen, für die Möglichkeit Lehrveranstaltungen zu übernehmen, für die hervorragende Infrastruktur und Ausrüstung in seinem Institut und für seinen unermüdlichen Einsatz in der Domäne der Robotik. Von ihm konnte ich viele Dinge lernen, die weit über das Fachliche hinausgehen.

Es freut mich, dass Herr Professor Dillmann die Begutachtung meiner Dissertation übernommen hat, der mich mit seinen Vorträgen zur Kognition in der Medizintechnik begeistert hat. Des Weiteren bedanke ich mich bei Herrn Professor Längle und bei Herrn Professor Zöllner, die meine Dissertation geprüft und mir ein wichtiges Feedback gegeben haben.

Ein besonders herzlicher Dank gilt Herrn Professor Feußner, der mich durch seine charismatischen und visionären Vorträge inspiriert hat und mir eine freundschaftliche Zusammenarbeit mit dem interdisziplinären Team MITI der Technischen Universität München geboten hat.

Ebenfalls möchte ich Dr. Hannes Kenngott am Universitätsklinikum Heidelberg für seine intensiven Bemühungen und seine freundschaftliche Zusammenarbeit danken, sowie Herrn PD Dr. Beat Müller für seinen Einsatz bezüglich des Sonderforschungsbereichs SFB / TRR 125. In diesem Zusammenhang geht auch ein herzlicher Dank an Professor Büchler.

Auch an meine Kollegen am IPR geht ein herzlicher Dank. Zu aller erst möchte mich bei Andreas Schmid und Christoph Schönfelder bedanken, die mir zu Beginn meiner Arbeit geholfen haben. Außerdem bedanke ich mich bei Elke Franzke, Nina Maizik, Frank Linder und Hildegart Sauer für ihre liebenswürdige Unterstützung am IPR. Ein besonderer Dank geht an Nico Gorges, Alexander Kettler, Daniel Stein, Holger Mönnich, Marie-Therese Boll, Stefan Zimmermann, Frank Dittrich (T.B.), Markus Mehrwald, Brian Jensen, Dirk Wilhelm, Armin Schneider, Alexander Senkin, Josephin Wünscher und Felix Möhrle, die sich an meiner wissenschaftlichen Arbeit aktiv beteiligt haben. Stefanie Speidel danke ich für die freundliche und zielführende Zusammenarbeit, Jan Hergenhan für die technische Hilfe bei der Bildgestaltung, Yvonne Becher für die Arbeit am Cover und am Layout, sowie Christoph Ledermann für die Zusammenarbeit im Bereich der Single-Port Technologie.

Natürlich gilt mein Dank auch Jessica Hutzl und Andreas Bihlmaier, die meine Arbeit Korrekturgelesen haben und nun im Sonderforschungsbereich fortsetzen, sowie meiner Schwester, die mir beim Korrekturlesen behilflich war und mich dabei mit witzigen Bemerkungen aufgeheitert hat.

Viele weitere Menschen haben, oft nicht einmal bewusst, zum Erfolg dieser Arbeit beigetragen. Manchmal sind es kleine Begebenheiten, die wertvoller sind, als jahrelange mühevolle Arbeit, wie ein Funke, der das Feuer entzündet.

Zu guter Letzt gilt mein Dank auch den Männern und Frauen, die die Kultur und die Wissenschaft vorangetrieben haben. Wie Robert K. Merton sagte, stehen wir alle „auf den Schultern von Riesen.". Vielen Dank an alle, die die Kunst und die Wissenschaft vorantreiben.

Ich widme diese Arbeit meiner Mutter. Vielen Dank für die großartige Unterstützung.

Karlsruhe im Januar 2012,   Oliver Weede

Inhaltsverzeichnis

Kapitel 1

Einleitung

„Ein Problem ist halb gelöst, wenn es klar formuliert ist." - *John Dewey*

Der wissensbasierte Ansatz unterscheidet das hier vorgestellte System von bestehenden Arbeiten zur Zugangs- und Konfigurationsplanung. Im Rahmen dieser Arbeit ist die probabilistische Metaheuristik Seed Throwing Optimization entstanden. Die Analyse des Operationsverlaufs und die optimierte Anfangskonfiguration kann als Grundlage für weitere wissensbasierte Komponenten im „Operationssaal der Zukunft" genutzt werden, wie beispielsweise einer autonomen, wissensbasierten Kameranachführung für die minimal-invasive Chirurgie. Hierzu wird ebenfalls ein erster Ansatz präsentiert.

Nach einer detaillierten Beobachtung des momentanen Istzustands eines viszeralchirurgischen Eingriffs mit seinen Vorteilen, gefolgt von einer Erläuterung der Nachteile, wird ein Überblick über die Methode der wissensbasierten Planung gegeben. In den folgenden Kapiteln Patientenmodell (Kapitel 2), Operationsmodell (Kapitel 3), Robotermodell (Kapitel 4), Optimierung (Kapitel 5) und Transfer in den Operationssaal (Kapitel 6) wird die Methode im Detail vorgestellt und die jeweiligen Ergebnisse präsentiert. In Kapitel 7 werden diese zusammengefasst und abschließend in Kapitel 8 diskutiert.

Die hier vorgestellte Arbeit begann im Graduiertenkolleg 1126 „Intelligente Chirurgie – Entwicklung neuer computerbasierter Methoden für den Arbeitsplatz der Zukunft in der Weichteilchirurgie"[1] im Projekt „T1 – Kollisionsvermeidende Bahn- und Standortplanung für ein Telemanipulatorsystem in der mi-

---

[1]Sprecher GRK 1126: Professor Dr. M. W. Büchler, Stellvertretender Sprecher: Professor Dr. H. Wörn

nimalinvasiven Chirurgie". An diesem interdisziplinären Projekt sind die Universität Heidelberg, das Karlsruher Institut für Technologie sowie das Deutsche Krebsforschungszentrum Heidelberg (DKFZ) beteiligt. In der DFG Forschergruppe 1321 „Single-Port-Technologie für gastroenterologische und viszeralchirurgische endoskopische Interventionen"[2] wurde diese Arbeit fortgesetzt. In dieser Forschergruppe wird ein neues flexibles und intuitiv bedienbares Robotersystem für die Single-Port Chirurgie in einer Zusammenarbeit der Technischen Universität München mit dem Klinikum rechts der Isar und dem Karlsruher Institut für Technologie erforscht. In diesem Rahmen wurde die Erkennung von Operationsphasen erforscht. Sowohl das Graduiertenkolleg, als auch die Forschergruppe werden von der Deutschen Forschungsgemeinschaft (DFG) gefördert.

1.1 Motivation

Bei vielen Operationstypen haben minimal-invasive Operationstechniken „offene" Operationsverfahren abgelöst, da diese Techniken aufgrund des minimalen Eingriffs vorteilhaft für den Heilungsprozess des Patienten sind. Es ergeben sich jedoch für den Operateur Bewegungs- und Wahrnehmungseinschränkungen, die von einer geeigneten Wahl der minimal-invasiven Zugänge und von der Roboterkonfiguration bei robotergestützter minimal-invasiver Chirurgie abhängen. Die Hypothese dieser Arbeit ist, dass durch eine computergestützte wissensbasierte Planung die Effektivität und Effizienz der minimal-invasiven Intervention erhöht werden. Das bedeutet, dass die Operation sicherer, schonender und schneller durchgeführt werden kann.

1.1.1 Vorteile der minimal-invasiven Chirurgie

Minimal-invasive Chirurgie

Minimal-invasive Chirurgie bezeichnet Operationstechniken mit geringstem Trauma, bei denen ein chirurgischer Eingriff durch chirurgische Instrumente und Endoskope (Videokameras mit Lichtquelle) durchgeführt wird, welche in den Körper eingebracht werden. Bei den meisten Interventionen werden diese durch kleine Hautschnitte (Inzisionen) in den Körper eingebracht. Bei Single-Port-

---

[2]Sprecher FOR 1321: Professor Dr. A. Meining

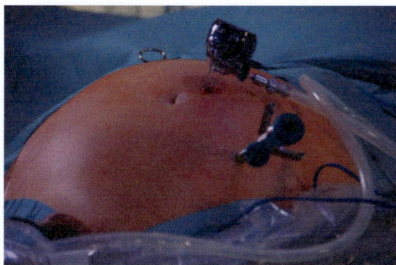 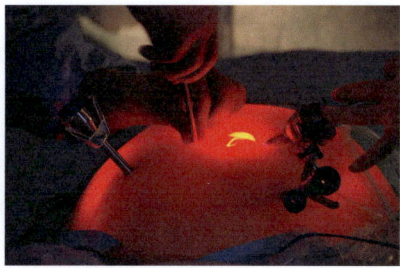

Abbildung 1.1: Trokarplatzierung und Pneumoperitoneum.

Technologie wird sogar nur ein Hauteinschnitt benötigt, und im Falle des Zugangs über natürliche Körperöffnungen (NOTES-Technologie) wird ganz auf einen Einschnitt auf der Hautoberfläche verzichtet. Werden die Operationen im Becken- oder Bauchraum (Abdomen) durchgeführt, wird auch von laparoskopischen Eingriffen gesprochen, im Bereich des Brustkorbs von Thorakoskopie. Beim Begriff der minimal-invasiven Chirurgie spielt das Einsatzgebiet keine Rolle. Techniken wie Single-Port und NOTES werden unter dem Begriff minimal-invasive Chirurgie subsumiert, wobei NOTES wiederum unter den Begriff Single-Port fällt. Die vorgestellte Zugangsplanung bezieht sich in erster Linie auf laparoskopische Eingriffe, die Analyse des Operationsverlaufs hingegen allgemeiner auf minimal-invasive Chirurgie.

Die Instrumente sowie das Endoskop werden (außer bei NOTES-Technologie) durch Trokare eingeführt. Ein Trokar besitzt einen scharfen Stift mit dem der Zugang zum Bauchraum geschaffen werden kann, nach dem Herausziehen des Stiftes bleibt der Tubus, ein Rohr mit einem Innendurchmesser von 0.5–12 mm und einer Länge von etwa 6 cm in der Bauchwand. Chirurgische Arbeitsinstrumente und Endoskope können nun durch den Tubus in den Bauchraum eingeführt werden. In Abbildung 1.1 ist der Vorgang des Einführens der Trokare zu Beginn einer robotergestützten radikalen Prostatektomie zu sehen.

Bei minimal-invasiver Chirurgie im Bauchraum wird steriles Gas (Kohlenstoffdioxid) in das Abdomen eingeleitet (Insufflation), um einen Raum (Pneumoperitoneum) zu schaffen, welcher Bewegungsfreiraum bietet. Bei den hier betrachteten Operationen: Rektumresektion und Sigmaresektion wird der Patient zudem in Kopftieflage gekippt, wodurch sich das Weichgewebe verschiebt und weiterer Freiraum im Zielgebiet entsteht.

Die Möglichkeiten der minimal-invasiven Chirurgie werden durch neue Operationsmethoden und durch die Entwicklung neuer High-Tech Instrumente wie flexible Manipulatoren, Stereoendoskope, Roboter oder wissensbasierte Assistenzsysteme erweitert. Es können mittlerweile nahezu alle Operationen minimal-invasiv durchgeführt werden. Bei vielen Operationstypen haben minimal-invasive Operationstechniken „offene" Operationsverfahren abgelöst, die bis dahin als „Goldstandard" galten.

Minimal-invasive Chirurgie ermöglicht Operationen mit hoher Effizienz und Sicherheit auszuführen. Patientenvorteile sind neben dem minimalen Eingriff auch kürzere Heilungszeiten. Es kann auf eine breite Eröffnung von Körperhöhlen verzichtet werden. Dies bedeutet für den Patienten einen geringeren Blutverlust, im Allgemeinen weniger Verwachsungen, ein geringeres Risiko für Narbenbrüche, weniger Schmerzen, eine schnellere Rekonvaleszenz (Erholung) und Mobilisation. Damit ist ein kürzerer Krankenhausaufenthalt verbunden. Die kosmetischen Ergebnisse nach der Operation sind hervorragend. Die Narben sind kaum sichtbar. Durch Endoskope ist eine Vergrößerung des Situs möglich.

Konventionelle minimal-invasive Chirurgie wird mit drei oder mehr Inzisionen und manuell geführten Instrumenten durchgeführt, wobei ein Chirurg die Arbeitsinstrumente bedient und ein weiterer Operateur die endoskopische Kamera führt. Meistens ist zudem ein Assistent an der Operation beteiligt, welcher ein weiteres minimal-invasives Instrument bedient.

Robotergestützte minimal-invasive Chirurgie

Bei robotergestützter minimal-invasiver Chirurgie werden die Arbeitsinstrumente oder das Endoskop (oder beide) durch Roboter geführt. Es werden die drei Modi der Steuerung unterschieden: telemanipuliert, autonom und im Hands-On Modus. Unter Telemanipulation wird im Allgemeinen die Unterstützung von diagnostischen und therapeutischen Maßnahmen durch ferngesteuerte Systeme der Mechatronik bezeichnet [WÖRN 08]. Bei der telemanipulierten Steuerung von Medizinrobotern in der minimal-invasiven Chirurgie führt der Operateur die Instrumente durch eine externe Konsole [WÖRN 08]. Bei autonomer Steuerung erfolgt die Bewegungsführung automatisch. Im Hands-On Modus führt der Mensch den Roboter direkt durch seine Hände. Durch Kraftrückkopplung wirkt

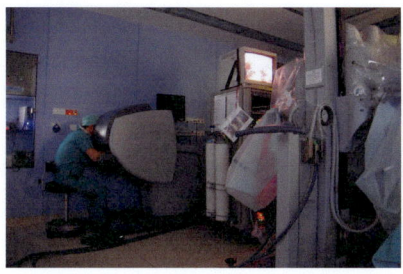 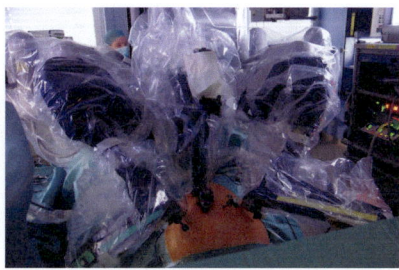

Abbildung 1.2: da Vinci® im Operationssaal. Links: da Vinci® Konsole. Rechts: da Vinci® Manipulator beim „Andocken" an die Zugänge für eine radikale Prostatektomie.

der Roboter den geführten Bewegungen entgegen, so dass eine Mensch-Roboter-Interaktion bei der Bewegungsführung stattfindet.

Die Standortplanung in dieser Arbeit bezieht sich auf das Telemanipulationssystem da Vinci® Surgical System (Intuitive Surgical Inc.). Der Chirurg operiert an einer Konsole (siehe Abbildung 1.2 links) mit einer dreidimensionalen Sicht auf den Situs und steuert die Endeffektoren, sowie das Stereoendoskop des Manipulators. Der Manipulator der hier betrachteten Version des da Vinci® Surgical System besitzt zwei Arme, welche die Arbeitsinstrumente führen, sowie einen Endoskoparm zur Führung der Kamera. Das Robotersystem wird in Krankenhäusern fast ausschließlich für radikale Prostatektomien eingesetzt. Als Beispielintervention eines robotergestützten minimal-invasiven Eingriffs wird hier die Rektumresektion betrachtet, bei der die zentrale Operationsphase robotergestützt durchgeführt wird.

Durch den Einsatz von Telemanipulatoren wurde die Präzision erhöht und die Genauigkeit mit welcher der Operateur auf kleinstem Raum operieren kann, da die Geschwindigkeit beliebig skaliert werden kann und Tremor herausgefiltert wird. Zudem bietet der Einsatz von Telemanipulatoren ergonomische Vorteile für den Chirurgen: die Hand-Auge-Koordination wird erleichtert, indem der Fulcrum-Effekt (Drehpunkteffekt) der minimal-invasiven Technik durch die Steuerung der Firma Intuitive Inc. aufgehoben wird: die Endeffektoren bewegen sich in dieselbe Richtung wie die Handgelenke. Zudem wird eine höhere Bewegungsfreiheit erreicht. Diese bezieht sich zum einen auf die Endeffektoren, die beim da Vinci® Telemanipulator dem menschlichen Handgelenk nachempfunden wurden (EndoWrist® Technologie) und im Vergleich zu herkömmlichen laparoskopischen Instrumenten zwei weitere Freiheitsgrade aufweisen. Zum anderen bezieht sich der Bewegungsfreiraum auf den Operateur selbst, welcher in einer ergonomischen Haltung operieren kann, was bei stundenlangen Eingriffen zu wesentlich weniger Ermüdungserscheinungen führt.

1.1.2   Nachteile der minimal-invasiven Chirurgie und Problemstellung

Die Problemstellung ist eng verwoben mit den Nachteilen der minimal-invasiven Chirurgie. Die Wahl der Trokarpositionen bestimmt den Arbeitsbereich. Eine unpassende Wahl der Trokarplatzierung kann zu wenig Bewegungsfreiraum oder zu völlig unerreichbaren Zielregionen führen. Der Bewegungsfreiraum hängt von der Länge und der Flexibilität der chirurgischen Instrumente ab, sowie von Kollisionen innerhalb und außerhalb des Patienten.

Der Bewegungsfreiraum der chirurgischen Instrumente kann durch aktiv steuerbare Freiheitsgrade erhöht werden, im Falle einer robotergestützten Intervention zusätzlich durch weitere Freiheitsgrade des Robotersystems und schlankere Manipulatoren. Neben der Trokarplatzierung bestimmt die Positionierung des Telemanipulators den Arbeitsbereich. Ein unpassender Aufbau des Manipulatorstativs (passive Gelenkwinkel, Position und Orientierung der Basis) kann zu unerreichbaren Zielregionen führen oder zu kollidierenden Armen des Telemanipulators. Das Analogon bei konventioneller minimal-invasiver Chirurgie ist die Positionierung des Chirurgen und des Kameraführungsassistenten. Der Bewegungsfreiraum im Äußeren des Patienten wird dadurch eingeschränkt, dass der Operateur zusammen mit dem Kameraführungsassistenten die Operation durchführen muss, welcher sich aus ergonomischer Sicht auf derselben Seite bezüglich des Patienten befinden sollte und einen ähnlichen Blickwinkel auf den Operationssitus haben sollte.

Zu Beginn einer Operation mit dem da Vinci® Surgical System wird das Roboterstativ derart platziert, dass die Pivotpunkte der chirurgischen Instrumente mit den Zugängen zusammenfallen, so dass keine Hautdehnung stattfindet, wenn die Endeffektoren bewegt werden. Abbildung 1.2 (rechts) zeigt diesen Vorgang zu Beginn einer radikalen Prostatektomie. Zudem sollte das Stativ derart aufgestellt werden, dass die da Vinci® Arme möglichst weit voneinander entfernt sind, um die Kollisionsgefahr zu minimieren.

Die Technik der minimal-invasiven Chirurgie führt bei den eingesetzten starren Instrumenten zu einer eingeschränkten Bewegungsfreiheit. Neben drei Freiheitsgraden, welche durch die Positionierung im Raum entstehen, können herkömmliche starre Instrumente lediglich um ihre eigne Achse gedreht werden. Um eine beliebige Position und Orientierung des Endeffektors zu erreichen, sind jedoch sechs Freiheitsgrade nötig. Durch einen Zugang als Pivotpunkt gehen zwei Freiheitsgrade verloren. Mit einer Erweiterung des Endeffektors um zwei Freiheitsgrade kann wiederum jede Positionierung und Orientierung angenommen werden. Bei dem da Vinci® Surgical System wurden die sechs Freiheitsgrade der „offenen" Operationsverfahren dadurch zurück erlangt, dass die Endeffektoren den menschlichen Handgelenken nachempfunden wurden und über eine Steuerungskonsole mit sechs Freiheitsgraden positioniert werden können. Dennoch bleibt, bedingt durch Kollisionen im Inneren des Patienten, der Bewegungsfreiraum durch starre Instrumentenschafte beschränkt. Selbst wenn Zielregionen kollisionsfrei erreicht werden können, bestimmen die Winkel der Endeffektoren bezüglich des Situs und die Winkel der Arbeitsinstrumente zueinander die ergonomische Ausführbarkeit der Intervention.

Weitere Nachteile ergeben sich bei der minimal-invasiven Chirurgie durch Wahrnehmungsbeschränkungen. Diese beziehen sich beispielsweise auf das eingeschränkte Sichtfeld (bisher 2D, im Gegensatz zur Verwendung des da Vinci® Surgical Systems) mit geringerer Übersichtlichkeit des Situs, oder auf Haptik. Im Falle von manuell durchgeführten laparoskopischen Eingriffen besteht eine eingeschränkte haptische Rückkopplung (Stift-Metapher), bei der Verwendung des da Vinci® Systems fehlt diese völlig. Der Sichtbereich hängt unter anderem vom Kamerazugang ab. Außerdem ist ein geeigneter Kamerazugang für die ergonomische Ausführbarkeit der Operation von Bedeutung und wirkt sich auf das Sichtfeld, die Stabilität des Kamerabildes und auf die Hand-Auge-Koordination aus. Minimal-invasive Operationen erfordern besondere Fähigkeiten der Operateure, insbesondere ein räumliches Vorstellungsvermögen, sowie ein besonderes Koordinationsvermögen bedingt durch potentiell voneinander abweichende Arbeits- und Blickrichtungen des Chirurgen. Auch der Fulcrum-Effekt der minimal-invasiven Technik, führt zu einer langsam verlaufenden Lernkurve.

Auf Grund der bestehenden Bewegungs- und Wahrnehmungseinschränkungen ist die Wahl der Zugänge und die Positionierung des Manipulators entscheidend für den Erfolg einer Intervention.

Bedingt durch die Kinematik und die Geometrie des heute eingesetzten da Vinci® Telemanipulators können Kollisionen der Arme entstehen, was den Arbeitsbereich stark einschränkt und den von den Befürwortern geschätzten Bewegungsfreiraum der Endeffektoren relativiert. Auch eine stärkere Kopftieflage ist durch den eingeschränkten Arbeitsraum des da Vinci® Manipulators zu empfehlen. Eine gewisse Kopftieflage ist auch bei konventionellen laparoskopischen Eingriffen erforderlich, um Freiraum für die Operation zu schaffen, die eine Verschiebung der Organe, des Weichgewebes und des Darms mit sich bringt, jedoch ist durch die eingeschränkte Kinematik des da Vinci® Manipulators gegebenenfalls eine stärkere Kippung nötig. Dadurch entsteht ein erhöhter Blutzufluss im Kopf und im Herzen, welcher insbesondere für herzkranke Menschen und Hypertoniker ein zusätzliches Risiko darstellt.

Der da Vinci® Manipulator wird fast ausschließlich für Prostatektomien verwendet. Der Vorteil besteht aus Sicht der Befürworter darin, dass sich insbesondere die Anastomosierung der Harnröhre sehr viel übersichtlicher und damit auch besser als beim konventionell-offenen oder laparoskopischen Vorgehen ausführen lässt. Bisher fehlt jedoch die Evidenz, dass die Prozess- und Ergebnisqualität dadurch wirklich verbessert werden kann. Der vielleicht wichtigste Nachteil des Einsatzes von Telemanipulatoren, wie dem da Vinci® System, besteht in den hohen Anschaffungs- und Betriebskosten. Diese Kosten sind in der klinischen Routine nicht zu rechtfertigen, da die „echten" Indikationen fehlen. Momentan gibt es keinen operativen Eingriff, der nicht auch auf konventionellem Wege mit gleichem, wenn nicht sogar mit besserem Ergebnis durchgeführt werden könnte. [FEUSSNER 10]

Weitere Nachteile sind die im Allgemeinen verlängerten Operationszeit und die verzögerte Zugriffsmöglichkeit bei Komplikation wie beispielsweise einer starken Blutung.

Zum einen scheinen kleinere Roboter mit mehr Bewegungsfreiraum und Flexibilität in der Konfigurierung nötig zu sein, sowie Funktionen die über die rein mechatronische Assistenz hinausgehen. Dieser Aspekt kann durch eine zunehmende Automatisierung verallgemeinert werden. Die hier vorgestellte Arbeit ist ein Schritt in Richtung eines wissensbasierten, adaptiven bzw. kognitiven Robotik-Systems.

Heutiger Ausgangspunkt

Heutige Medizinrobotiksysteme bieten keine wissensbasierte Unterstützung für den Chirurgen.

Das Platzieren des Manipulatorstativs und der Zugänge hängt von vielen Faktoren ab und beruht bislang auf Erfahrungen des Operateurs. Es gibt zwar einige Ansätze zur computergestützten Planung und Optimierung der Anfangskonfiguration, jedoch ist bisher noch kein System (kommerziell) im Einsatz. Die Wahl der Zugänge ist jedoch entscheidend für den Erfolg einer minimalinvasiven Operation, ebenso die Wahl einer Roboterkonfiguration bei robotergestützter minimal-invasiver Chirurgie. Sowohl der Patient als auch der Operateur profitieren von einer optimierten Anfangskonfiguration. Für neue Operationstechniken, bei denen nicht auf Erfahrungswissen zurückgegriffen werden kann, ist die computergestützte Planung essentiell für die Entscheidungsfindung. Auch geübten Chirurgen fällt es bei anspruchsvollen Operationen, wie beispielsweise der Rektumresektion, schwer, eine geeignete Wahl zu treffen.

Ferner werden automatisierte Kameraführungssysteme im Allgemeinen nicht im klinischen Alltag eingesetzt. Bisherige Systeme interagieren nicht in gewünschter Weise mit dem Chirurgen. Auch hier gibt es bislang keine wissensbasierte, echtzeitfähige Planung der Kameratrajektorie.

1.1.3 Hypothese, Ziel und Methode

Das Ziel dieser Arbeit besteht darin, die Anfangskonfiguration von konventionellen und robotergestützten minimal-invasiven Operationen zu optimieren, sowie Grundlagen für ein System zur wissensbasierten Operationsplanung und intraoperativen Assistenz zu schaffen. Dieses Ziel beinhaltet, durch eine passende Positionierung der Zugänge und des Manipulatorstativs die Kollisionsgefahr auszuschließen, die Erreichbarkeit der Zielregionen zu garantieren, dabei Gewebe, Gefäße und Nerven zu schonen, sowie eine ergonomische Ausführung der Operation zu ermöglichen. Dies erhöht die Sicherheit von minimal-invasiven Interventionen und führt zu einer sinkenden Mortalität und Morbidität des Patienten. Die Kollisionsvermeidung bezieht sich einerseits im Inneren des Patienten auf die chirurgischen Instrumente bezüglich Risikozonen, Muskeln und Knochen und die Kollisionsvermeidung der Instrumente selbst, andererseits außerhalb des

Patienten auf Vermeidung von Kollisionen der chirurgischen Instrumente, Roboterarme bzw. Arme des Operateurs und des Kameraführungsassistenten. Die Schonung von Gewebe, Gefäßen und Nerven ist ein Ziel, welches durch eine geeignete Wahl der Trokarpositionen erreicht werden kann. Eng damit zusammenhängend ist das Ziel der ergonomischen Ausführung der Operation.

Ein übergeordnetes Ziel ist es, die Verlässlichkeit, Sicherheit, Effizienz und Effektivität einer Intervention zu erhöhen, um die Mortalität während der Intervention und Morbidität nach der Intervention zu verringern. Die Vision besteht darin, ein System der kognitiven Medizinrobotik bereitzustellen, welches den Operateur während einer minimal-invasiven Operation, ähnlich einem menschlichen Assistenten, unterstützt.

Hypothese

Dem Operationsverlauf liegt eine inhärente und invariante Struktur zugrunde, die es ermöglicht einen Operationsplan zu erstellen und für den klinischen Einsatz zu nutzen, beispielsweise für eine Zugangsoptimierung oder eine autonome Kameraführung. Computergestützte Optimierung von Zugängen und der Roboterkonfiguration führt zu effektiverer und effizienterer Operationsweise und zu niedriger Mortalität und Morbidität. Eine Gegenhypothese könnte lauten: Das chirurgische Problem ist nicht formalisierbar oder nur ungenügend genau beschreibbar und hängt zu sehr von unvorhersehbaren Ereignissen, unbekannter Patientenanatomie und subjektiven Vorlieben des Chirurgen ab.

Programm des Projekts

„Ein Problem ist halb gelöst, wenn es klar formuliert ist." - John Dewey. Zu Beginn steht die Anforderungsanalyse, die exakte Klärung des Konzepts einer „optimalen Anfangskonfiguration". Dies bedeutet auf medizinischer Seite, eine vollständige Spezifikation der Bedingungen und Optimierungskriterien und technisch, eine Analyse und Wahl der geeigneten Methoden, sowie die Identifizierung der Komponenten für die Problemlösung, wie beispielsweise ein Umgebungs- und Wissensmodell für eine sichere Intervention. Es schließt sich die Frage nach einer intuitiven Mensch-Maschine Schnittstelle an, um das Ergebnis in den Operationssaal zu transferieren.

Im nächsten Schritt erfolgt die rechnergestützte Modellierung. Im letzten Schritt findet die medizinische Evaluation statt, welche im Phantomversuch beginnt, möglicherweise am Tierversuch fortgesetzt werden muss, wobei letztendlich eine Anwendung am Menschen angestrebt wird. Diese Schritte werden zyklisch durchlaufen, solange Schwierigkeiten festgestellt werden.

Die Methode zur Optimierung der Anfangskonfiguration

Die Position der Zugänge hängt von der Art der Intervention ab, von der Anatomie des Patienten und von den Vorlieben des Chirurgen. Es gibt verschiedene „chirurgische Schulen", deren Anhänger bei der gleichen Intervention und der gleichen Anatomie unterschiedliche Zugänge bevorzugen, obwohl die Trajektorien sich entsprechen. Es gibt verschiedene Gesichtspunkte, nach denen optimiert werden kann. Werden diese in einzelne, klar spezifizierte Kriterien gefasst, zeigt sich, dass die formulierten Kriterien teilweise gegenläufige Tendenzen bezüglich der Wahl der Zugänge aufweisen. Beispielsweise führt eine Maximierung der Separation tief im kleinen Becken zu mehr Bewegungsfreiraum, jedoch gleichzeitig zu einem geringen Manipulationswinkel, welcher ergonomisch ungünstig ist. Eine optimierte Konfiguration entsteht durch ein komplexes Zusammenspiel verschiedener Faktoren. Dies würde eine explizite Lösung nicht generell ausschließen, legt jedoch den Weg der Optimierung über Bedingungen und einer Zielfunktion, welche optimiert werden soll nahe. Die virtuelle Simulation ist eine Möglichkeit, die Plausibilität einer Operation unter gegebenen Randbedingungen zu überprüfen, ohne diese real durchzuführen, sei es am Phantom, im Tierversuch oder am Menschen. Da es unendlich viele Konfigurationen gibt und der Raum der Möglichkeiten zudem hochdimensional ist, können nicht alle Konfigurationen getestet werden, obwohl es nach einer Festlegung der Bedingungen und Optimierungskriterien gegebenenfalls eine optimale Konfiguration gibt.
Aus diesen Gründen besteht die gewählte Methode darin, den Patienten, die Operation und den Roboter zu modellieren. Das Ziel der Optimierung wird spezifiziert und formalisiert, um eine Lösung mittels mathematischer Optimierung zu erlangen, welche wiederum vom Modell auf den realen Patienten abgebildet wird.

1.2 Stand der Forschung

Es gibt Forschergruppen, die im rein medizinischen Arbeitsfeld arbeiten, sowie interdisziplinäre Forschergruppen. Die folgende Unterteilung bezüglich des Standes der medizinischen und der technischen Forschung erfolgt nach dem Fokus der Forschung.

1.2.1 Stand der medizinischen Forschung

In der Literatur finden sich Vorarbeiten zu geometrischen Aspekten einer geeigneten Positionierung der chirurgischen Instrumente. Meist handelt es sich um Winkel, die zwischen Instrumenten und verschiedenen Ebenen erhoben und in Studien mit Probanden evaluiert wurden.

Als Manipulationswinkel wird der eingeschlossene Winkel zwischen den Instrumentenschaften bezeichnet, als Elevationswinkel, der Winkel der Instrumente bezüglich der Patientenhorizontalen (Frontalebene). Der Elevationswinkel der Kamera ist, nach eigenen Überlegungen bezüglich der Ergonomie, in Relation zu den Arbeitsinstrumenten zu betrachten, bei einer entgegengesetzten Orientierung übersteigt der Winkel 90°. Dies führt zu Schwierigkeiten in den Hand-Auge-Koordination. Optimale Manipulationswinkel der Arbeitsinstrumente wurden in manuell laparoskopischen Interventionen zwischen 25 und 90° bestimmt [HANNA 97A,B], [FREDE 99], [TABAIE 99], [OPPENHEIMER 00], [CANNON 03], [FINGERHUT 10].

Cannon et al. [CANNON 03] (in Zusammenarbeit mit Selha) schlägt für eine Bypass-Operation am Herzen einen optimalen Manipulationswinkel von 60° vor. Nach ihren Erfahrungen ist ein Elevationswinkel der Arbeitsinstrumente von 45° optimal beim Knotenziehen. Den optimalen Elevationswinkel des Endoskops (mit 30° Optik) während einer Anastomose bestimmten sie mit 52°.

Oppenheimer et al. [OPPENHEIMER 00] entwickelte einen virtuellen laparoskopischen Chirurgiesimulator. Probanden evaluierten in dieser Simulationsumgebung drei Zugangskonfigurationen und führten eine Dissektion durch. Die Zugangskonfiguration wurde derart gewählt, dass die Manipulationswinkel 60, 90 und 120° betrugen. Die höchste Performanz zeigte sich bei einem Manipulationswinkel von 90°.

Hanna et al. [HANNA 97B] untersuchten die Performanz von chirurgischem Knotenziehen unter den Manipulationswinkeln 30, 45, 60, 75 und 90° und den Elevationswinkeln der Arbeitsinstrumente von 0, 30 und 60°. Die Zeit zur Ausführung der Aufgabe wurde als Performanzmaß herangezogen. Unter einem Manipulationswinkel von 60° konnte die Aufgabe am schnellsten durchgeführt werden. In Kombination mit einem 60° Elevationswinkel konnte die höchste Performanz erreicht werden. Bei der Messung des Elevationswinkels wurde jedoch keine Kippung des Patienten berücksichtigt. Die Autoren empfehlen einen Manipulationswinkel zwischen 45 und 75°. Bei zunehmendem Manipulationswinkel sollte der Elevationswinkel ebenfalls zunehmen. Zudem untersuchten die Autoren bei einer Aufgabe des Knotenziehens Endoskope mit 0, 30 und 45° Optik [HANNA 97A], bei einer Entfernung vom Zielgebiet von 50, 75, 100, 125 und 150 mm. Die Optik des Endoskops hatte keine Auswirkung auf die Performanz der Aufgabe. Die schlechtesten Ergebnisse zeigten sich bei einem Anstand von 50 mm zum Zielgebiet, die besten Ergebnisse bei einem Abstand von 75 mm. Die Autoren schlagen einen Abstand des Endoskops vom Operationsgebiet zwischen 75-150 mm vor.

Frede et al. [FREDE 99] untersuchten die Performanz beim Knotenziehen und schlägt einen Elevationswinkel von unter 55° vor. Sie schlagen einen Manipulationswinkel von nur 25-45° vor.

Fingerhut et al. [FINGERHUT 10] untersuchten ergonomische Winkel und Zugangsplatzierung bei Operationen am Zwerchfell. Die Autoren empfehlen Elevationswinkel zwischen 30 und 60°, wobei die optimale Performanz bei einem Elevationswinkel zwischen 40 und 45° erreicht wurde. Weiterhin empfehlen sie ein intra-extrakorporales Längenverhältnis der Arbeitsinstrumente von 1.0 bis 1.1. Dies bedeutet, dass die Instrumente in etwa gleich weit im Patienteninneren wie im Patientenäußeren sein sollten, mit einer leichten Tendenz in Richtung Patienteninneres. Unsere medizinischen Projektpartner der Universitätsklinik Heidelberg der Sektion Minimal-Invasive Chirurgie unter Leitung von PD. Dr. Beat Müller gehen davon aus, dass das Instrument weiter im Inneren als im Äußeren sein sollte. Fingerhut et al. [FINGERHUT 10] gehen von einem idealen Manipulationswinkel von 60° aus.

1.2.2 Planung der minimal-invasiven Zugänge und der Roboterkonfiguration

Die computergestützte Optimierung von minimal-invasiven Zugängen und des Manipulatorstativs wird bereits seit über 10 Jahren erforscht. Es gibt bisher kein kommerziell eingesetztes Planungssystem.

Tabaie (1999)

Tabaie [TABAIE 99] untersuchte optimale Zugänge und die Manipulatorkonfiguration des ZEUS^{TM} Surgical Robot Systems innerhalb einer robotergestützten Bypass-Operation am Herzen. Es fand keine computergestützte Planung statt.

Adhami und Coste Maniere (2000)

Adhami et al. [ADHAMI 00] präsentierten etwa zeitgleich mit Selha [SELHA 01] eines der ersten automatischen Systeme zur Trokarplatzierung.

Die Planung von Roboterkonfigurationen war zu dieser Zeit bereits ein wichtiges Thema in der industriellen Planung, beispielsweise optimiert das System SMAR [ZEGHLOUL 97] die beste Position eines Roboters, um eine Menge von Kriterien zu optimieren, wie die Zeit, die ein Endeffektor benötigt oder Manipulierbarkeit, unter Bedingungen von Kollisionsfreiheit und Gelenkgrenzen. Ein anderes Beispiel für die Planung einer Roboterkonfiguration im industriellen Umfeld ist Robomax [ADHAMI 01]. In diesen Ansätzen wurde jedoch der Bewegungsfreiraum nicht maximiert, sondern stattdessen Kollisionsfreiheit als Bedingung festgesetzt. Es wurden zudem nur drei Freiheitsgrade optimiert.

Die von Adhami betrachtete Operation ist die MIDCAB-Intervention (Minimally Invasive Direct Coronary Artery Bypass) mit dem da Vinci® Surgical System, in der ein Bypass am Herzen gelegt wird, um ausreichend Blutversorgung am Herzmuskel wiederherzustellen. Eine Schwierigkeit bei dieser Intervention besteht darin, dass die Zugänge zwischen den Rippen gesetzt werden müssen und dass, im Gegensatz zu Operationen im Abdomen, kein Bewegungsfreiraum durch ein Pneumoperitoneum geschaffen werden kann. Eine Folge davon ist, dass Adhami die Richtungen mit denen Instrumente angreifen können mitberücksichtigen muss und zudem sicherstellen muss, dass die Endeffektoren sich im Blickfeld des Endoskops befinden. Die Instrumente können, bedingt durch

die Rippen, nur wenig Abweichung von der Normalen zur Hautoberfläche an-
nehmen. Auf der anderen Seite schränkt dies die Wahl möglicher Trokarpositionen stark ein, was den Suchraum verkleinert. Adhami gibt nur wenige diskrete
mögliche Positionen für die Trokarpositionen vor.

Die Modellierung der Intervention erfolgt durch manuell vorgegebene Zielkegel: Operationsgebiete mit bevorzugter Angriffsrichtung. Ein Radius beschreibt
die Größe des Zielgebiets. Dieses Vorgehen ist nicht intuitiv und bildet den Vorgang einer realen Operation kaum ab.

Die Optimierung der Roboterpose beschreibt Adhami durch aktive und passive Bedingungen, sowie einem zu optimierenden Gütemaß.

- Aktive Bedingungen: Die vordefinierte Trajektorie muss kollisionsfrei durch
  die Endeffektoren erreicht werden.

- Passive Bedingungen: Diese beschreiben die räumlichen und zeitunabhän-
  gigen Bedingungen während der Operation, die sich auf die unveränderli-
  chen Zugänge beziehen. Das bedeutet, dass die Pivotpunkte der Roboterarme an den Stellen der Zugänge lokalisiert sein müssen. Aus den beiden
  Bedingungen ergeben sich mögliche Roboterposen und bedingt durch den
  Pivotpunkt auch mögliche Zugänge.

- Gütemaß: Unter den beiden Bedingungen wird ein Gütemaß maximiert,
  welches das Ziel der Optimierung beschreibt.

Die aktiven Bedingungen können nur durch die aktiven Freiheitsgrade des da
Vinci® erfüllt werden und die passiven räumlichen Bedingungen durch *einen
Teil* der passiven Freiheitsgrade, die restlichen passiven Gelenke können zur Optimierung der Pose verwendet werden. Diese Extrafreiheitsgrade können benutzt
werden, um die aktiven Bedingungen oder die passiven (zeitinvarianten Bedingungen) zu optimieren, also die Zugänge.

Für die Zugänge stellt Adhami folgende Bedingungen auf:

- Die Distanz zwischen den Zielregion und den Zugängen muss geringer sein
  als die Länge des eingeführten Instruments (Erreichbarkeit).

- Die Zielregionen müssen kollisionsfrei erreicht werden.

- Es muss ein bestimmter Bewegungsfreiraum für das endoskopische Instrument gegeben sein.

- Ein maximaler Winkel zwischen Instrumentenschaft und der Orientierung der Zielkegel darf nicht überschritten werden.

- Die Sichtbarkeit der Instrumente muss gewährleistet sein, was bedeutet, dass der Winkel zwischen Endoskoprichtung und definierten Zielgebieten eine maximale Abweichung nicht überschreiten darf.

- Es muss ein gewisser Bewegungsfreiraum für die Endeffektoren gegeben sein.

Jeder Zugang, der diese sechs Bedingungen erfüllt, wird nun durch den Grad der Bewegungsfreiheit (Separation) bewertet. Dies ist das Gütemaß für die Optimierung. Die Optimierung selbst erfolgt mit einem genetischen Algorithmus.

Selha (2001)

Selha et al. [SELHA 01] optimierten die Trokarpositionen ebenfalls für eine MIDCAB-Intervention, jedoch mit dem ZEUS^{TM} Surgical Robot System (Computer Motion, Inc., Goleta, CA). Die drei Optimierungskriterien in diesem Ansatz sind:

- Ein Performanzmaß für die Endeffektoren (Bewegungsfreiraum): Es wird über die relative Orientierung der Endeffektoren bezüglich des Situs definiert, als gewichtete Abweichung von einer optimalen Orientierung.

- Ein Performanzmaß für die Kamera (endoskopische Blickfeld): Es bezieht sich auf die Orientierung der Blickrichtung der Kamera bezüglich des Situs. Medizinische Partner bestimmten hierzu optimale Winkel der Endeffektoren und der Kamera bezüglich des Situs für zwei verschiedene Operationsphasen bzw. Operationsgebiete bestimmt: einer IMA-Mobilisation und einer Anastomose. Die optimalen Winkel ergeben eine intuitive Hand-Auge-Koordination.

- Die Grenzen des Arbeitsraums: Diese werden erreicht, wenn die gewünschte Bewegung eine Kollision erzeugt. Hierbei unterscheiden die Autoren eine Endeffektor / Endoskop / Patient - Kollision im Inneren und einer externen Roboter / Roboter / Patienten - Kollision.

Die Operationsgebiete werden manuell vorgegeben, wie auch die optimalen Winkel für die Operationsgebiete. Zudem werden mögliche Trokarpositionen manuell vorgegeben. Es findet keine Optimierung statt, nur eine Bewertung der vorgegebenen Trokarpositionen. Eine Weiterentwicklung wurde in derselben Arbeitsgruppe Cannon et al. [CANNON 03] vorgestellt.

Die Optimierungskriterien in den Ansätzen von Adhami und Selha sind stark auf Herzoperationen zugeschnitten.

Bauernschmitt (2004)

Bauernschmitt et al. [BAUERNSCHMITT 04, 07] präsentieren ein präoperativ einsetzbares System zur manuellen Planung von Zugängen für roboterassistierte Herzchirurgie. Das Operationsgebiet sowie Trokarpositionen können über ein grafisches Benutzerinterface im Patientenmodell ausgewählt werden. Ein Algorithmus zur Kollisionserkennung mit inneren Organen und Knochen kann zur Validierung herangezogen werden. Die geplanten Zugänge können, nach der Registrierung, mit einem Projektorsystem direkt auf den Patienten projiziert werden. Es findet keine Optimierung statt.

Konietschke (2004)

Konietschke et al. [KONIETSCHKE 04] optimierten am Deutschen Zentrum für Luft- und Raumfahrt die Trokarposition und die Roboterkonfiguration eines Robotersetups, welches aus DLR-KineMedic-Robotern besteht, einarmige Roboter mit sieben Freiheitsgraden und einem Endeffektor, das dem menschlichen Handgelenk nachempfunden ist.

Die Optimierung der Zugangs- und Standortkonfiguration umfasst die Position der Zugänge, der Roboter und ihre Orientierung. Die Optimierungskriterien sind Roboterperformanz, Bewegungsfreiraum, Erreichbarkeit, optimale Sicht und Kollisionsfreiheit. Der Arbeitsraum für die Operation wird segmentiert und manuell vorgegeben. Ein Fokus der Optimierung liegt hier auf den Bedingungen und dem Bewegungsfreiraum des Roboters selbst, wie genügend große Manipulierbarkeit, Positionierungsgenauigkeit und Vermeidung von Singularitäten, weniger auf Bedingungen, die sich aus medizinischer Sicht für die Optimierung ergeben, wie beispielsweise ergonomische Kriterien, oder Fragen zur Modellierung des Patienten. Durch einen ersten Prototyp von

AutoPointer werden die Zugänge im Operationssaal durch Projektion auf den Patienten visualisiert. AutoPointer ist ein portables laserbasiertes Projektorsystem. Das System wird optisch getracked. Das Laserlicht hat gegenüber projektorbasierter Projektion den Vorteil, dass es auch in heller OP-Umgebung gut gesehen wird. Konietschke beschreibt ein Konzept für die Lösung der inversen Kinematik des KineMedic. Mit dem Wissen der singulären Konfigurationen im Gelenkraum sowie im kartesischen Raum wurden Teile der inversen Kinematik in geschlossener Form berechnet, während der verbleibende Freiheitsgrad optimiert wurde.

In [KONIETSCHKE 07] beschreibt Konietschke folgende Optimierungskriterien und Bedingungen für das Design eines Roboters für die minimal-invasive Chirurgie:

- Wahrung von Gelenkgrenzen: Minimierung des Abstandes zu den Gelenkbegrenzungen.

- Vermeidung von Singularitäten.

- Minimierung von Gelenkgeschwindigkeiten.

- Vermeidung von Kollisionen der Roboterarme: In einer vorläufigen Version werden Kollisionstests zwischen Kontrollkreisen an den Ellenbogen und Gelenken des Roboters betrachtet.

- Der Bewegungsfreiraum des Endeffektors wird durch eine Maximierung zu den Gelenkgrenzen maximiert.

- Manipulierbarkeit und Positionierungsgenauigkeit werden maximiert.

- Robustheit: Durch Registrierungsungenauigkeiten entstehen Fehler. Diese Toleranz diesbezüglich wird in die Optimierung einbezogen, indem die Parameter innerhalb einer Toleranzgrenze variiert werden.

Diese Bedingungen fließen wiederum in den Optimierungsalgorithmus ein.

Hayashibe (2005)

Hayashibe et al. [HAYASHIBE 05] entwickelten eine Planungsumgebung, um Zugänge und die da Vinci® Manipulatorkonfiguration zu testen. Es fand keine Optimierung statt.

Trejos (2005)

Ein weiteres Kriterium für die Optimierung bezieht sich auf die Roboterperformanz. Der Manipulierbarkeitsindex, die Determinante der Jakobimatrix, ist eines der populärsten Maße, um die Roboterperformanz zu messen. Ist die Determinante Null, so weist dies auf eine Singularität hin, jedoch ist der Wert der Determinante kein praktisches Maß für die Distanz zur Singularität. [TREJOS 05]

Ein weiteres Maß für die Roboterperformanz ist die Isotropie: Ein Manipulator wird als isotrop bezeichnet, wenn bei einer bestimmten Konfiguration alle Singularwerte der Jakobimatrix identisch und nicht Null sind. Die Isotropie eines Manipulators gibt das Maß der Gleichförmigkeit im Verhalten an bestimmten Endeffektorpositionen an. Der globale Isotropieindex [STOCCO 98] bewertet die Isotropie über den gesamten Arbeitsbereich, indem das Verhältnis von minimalem Singulärwert der Jakobimatrix im Arbeitsbereich zu maximalem Singulärwert im gesamten Arbeitsbereich bestimmt wird. Der Index beschreibt die Gleichförmigkeit des Verhaltens des Manipulators, wie beispielsweise die Akkuratheit oder konsistente Geschwindigkeiten. Werden die Zugänge oder die Roboterpose verändert, ergibt sich ein veränderter globaler Isotropieindex. Dies nutzen Trejos et al. [TREJOS 05] zur Optimierung der Zugänge und der Positionierung des da Vinci® Surgical Systems. Sie untersuchten 12 mögliche Trokarpositionen einer Arterien-Dissektion während einer Bypass-Operation am Herzen. Die Kriterien für Zugangsoptimierung waren:

• Kollisionsvermeidung zischen den Roboterarmen, dem Patienten und Hindernissen im Operationssaal.

• Vermeidung von Singularitäten und Gelenkgrenzen.

• Kollisionen zwischen den chirurgischen Instrumenten im Patienteninneren.

• Vermeidung von Verdeckungen mit dem Sichtfeld der Kamera.

• Die Wahl von Trokarpositionen zwischen den Rippen.

• Erreichbarkeit des Operationsfeldes.

Ihre Singularitätsanalyse zeigt, dass die da Vinci® Instrumentenarme im aktiven Teil eine Singularität in der Grundstellung des prismatischen Gelenks (j_9)

aufweisen, also im Pivotpunkt des Roboters, welcher sich während der Operation an der Trokarposition befindet. Dies ist intuitiv klar, denn im Pivotpunkt müssten die Winkelgeschwindigkeiten der aktiven Gelenke unendlich groß werden, um den Endeffektor mit der gewünschten Bahngeschwindigkeit weiterzubewegen. Obwohl die Singularitäten durch die Gelenkgrenzen vermieden werden, wird die Performanz des Manipulators beeinträchtigt, wenn die Gelenkwinkel sich den Gelenkstellungen mit der Singularität annähern. Trejos et al. [TREJOS 05] zeigten, dass die Performanz bis etwa 130 cm entfernt vom Pivotpunkt, also im Inneren des Patienten, zunimmt. Womit die höchste Performanz erreicht ist, wenn sich der Zugang am weitesten entfernt vom chirurgischen Einsatzgebiet befindet. Dasselbe Ergebnis gilt für den Endoskoparm, desto weiter das Endoskop vom Zugang entfernt ist, desto performanter verhält sich der Roboter.

Das Ergebnis wurde 2007 an Patientenstudien weiter evaluiert und dabei gezeigt, dass die Performanz für den linken Instrumentenarm im Vergleich zu Zugängen, die durch Experten gewählt wurden durch ihre Optimierung um 29% gesteigert werden konnte [TREJOS 07].

Sun (2007)

Sun et al. [SUN 07A] setzen den Fokus ausschließlich auf die Performanz des Roboters, unabhängig von der ausgeführten Operation und ohne ergonomische Kriterien in Erwägung zu ziehen. Sie verwenden zwei Performanzmaße für das da Vinci® Surgical System, welche in die Optimierung der Trokarpositionen und der Roboterpose einbezogen werden. Ein Performanzmaß ist der globale Isotropieindex, welchen Trejos für die Verwendung des da Vinci® bereits einführte. Das andere Performanzmaß ist der Effizienzindex, welcher die Erreichbarkeit und die Sichtbarkeit der Endeffektoren beschreibt. Der Effizienzindex ist das Verhältnis vom Volumen des gesamten Arbeitsbereichs, ermittelt als Vereinigung der Endeffektoren der beiden Instrumente und der Kamera, jeweils als Punkt angenommen, zum Sichtbereich der Kamera. Ein Verhältnis von 1:1 signalisiert, dass jede Endeffektorposition von der Kamera wahrgenommen werden kann. Die Kamera kann jedoch rotiert werden und verschiedene Positionen anfahren. Es wird in der Veröffentlichung von Sun nicht darauf eingegangen, wie dies berücksichtigt wird. Es ist davon auszugehen, dass die Kamera, zumindest ohne ein Patientenmodell in Betracht zu ziehen, jeden Teil des Arbeitsbereiches ausleuchten kann. Zudem wird im Ansatz kein Patientenmodell verwendet, durch welches die Sicht gegebenenfalls eingeschränkt sein könnte. Die optimale Trokarposition und die Roboterpose werden durch diese beiden Performanzmaße optimiert. Zudem wird eine Kollisionsvermeidung der Roboterarme außerhalb des Patienten in die Optimierung einbezogen. Der Operationsbereich wird manuell durch einfache geometrische Volumina definiert.

Schönfelder (2008)

Schönfelder et al. [SCHÖNFELDER 07, 08] erstellte am Institut für Prozessrechentechnik, Automation und Robotik ein Konzept zur Planung der Trokarpositionen und der Telemanipulatorkonfiguration. Der Fokus lag auf dem intraoperativen Problem der Insufflation für die Planung. Zudem wurde die Projektionsgenauigkeit des Erweiterten Realitäts-Systems Probaris [HOPPE 01] zur Projektion von Zugängen auf dem Abdomen, mit einem durchschnittlichen Fehler von 2.6 mm, jedoch mit höherer Genauigkeit in Mitte des Abdomens gemessen.

Li (2011)

Um die Kinematik für einen vierarmigen Chirurgieroboter (Raven IV) in Bezug auf ihre Struktur und die Zugänge im Patienten zu optimieren, verweist Li et al. [LI 11] auf das Roboterperformanzmaß der Isotropie.

1.3 Überblick über die eigene Methode

In Abbildung 1.3 auf der nächsten Seite ist ein Überblick über die eigene Methode abgebildet. Im Zentrum befindet sich die Optimierungsschleife. Mehrere Trajektorien von Operationen des betrachteten Operationstyps, wie Sigmaresektion oder Rektumresektion, werden zusammen mit dem Koagulationssignal aufgezeichnet. Die Trajektorien werden analysiert, um die Zielgebiete und den Operationsablauf zu erlernen. Optional können auch einzelne Zielgebiete über ein graphisches Benutzerinterface im Patientenmodell angegeben werden. Zur Aufzeichnung der Operation wurden verschiedene Modalitäten implementiert. Die Interventionen können über die da Vinci® Schnittstelle aufgezeichnet werden, oder über getrackte Instrumente (beispielsweise optisch oder elektromagnetisch) einer realen Operation oder einer Operation im Phantomexperiment.

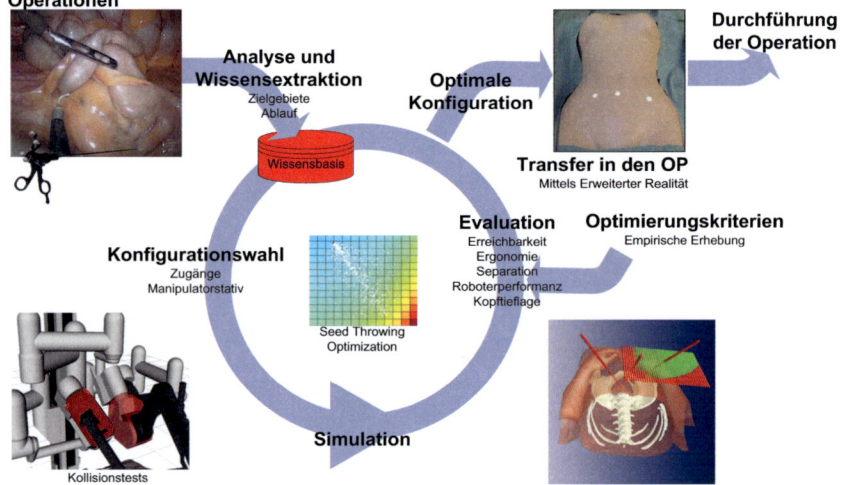

Abbildung 1.3: Überblick über die Methode. Optimierungsschleife. Eingabe: Operationsdaten. Ausgabe: Projizierte Zugänge und optimierte Roboterkonfiguration. Analyse aufgezeichneter Operationen und Wissensextraktion. Spezifikation der Optimierungskriterien. Im Zentrum die Optimierung durch die Metaheuristik Seed Throwing Optimization: Iterative Konfigurations-wahl, Simulation und Bewertung anhand der Optimierungskriterien. Transfer der optimalen Konfiguration in den Operationssaal durch Methoden der Erweiterten Realität. Durchführung der Operation.

Hierbei werden die Bewegungen der Endeffektoren aufgezeichnet. Es besteht die Möglichkeit, nur die Arbeitsinstrumente aufzuzeichnen und die Kameratrajektorie automatisch zu generieren. Um die aufgezeichneten Trajektorien in das Patientenmodell abzubilden, werden bei jedem Phantomexperiment Registrierungspunkte (Landmarken) gewählt, indem der Endeffektor des getrackten Instruments auf diese spezifizierten, markanten Punkte auf dem Phantom bzw. dem Patient gerichtet wird. Die korrespondierenden Punkte werden im Patientenmodell interaktiv über die graphische Benutzerschnittstelle eingegeben. Durch diese Korrespondenz von Punktepaaren in der Wirklichkeit (im Koordinatensystem des Trackingsystems) und im Modell (Koordinatensystem des virtuellen Patientenmodells) werden die aufgezeichneten Trajektorien in das Patientenmodell abgebildet werden. Dieser Vorgang wird als Registrierung bezeichnet. Das Modell der Operation wird in einer probabilistischen Wissensbasis gespeichert. Es wird eine Anfangskonfiguration bestehend aus Zugängen und gegebenenfalls einer Roboterkonfiguration gewählt. Es folgt eine Simulation mit einer Bewertung der Operation anhand von empirisch bestimmten Optimierungskriterien. Eine Metaheuristik gibt die Strategie vor, mit der während einer Optimierungsschleife verschiedene Anfangskonfigurationen getestet werden. Nach mehreren Durchläufen wird die optimierte Konfiguration über Methoden der Erweiterten Realität in den Operationssaal transferiert. Das Konzept der eigenen Methode wurde erstmals in [WÖRN 09] vorgestellt.

Modellierung und Anwendung

Das wissensbasierte Planungssystem besteht, neben einem System der Erweiterten Realität, aus einem Patientenmodell, einem Modell der Intervention und einem Robotermodell, sowie einer Modellierung der Optimierungskriterien. Das System ist die generische Basis für die wissensbasierte Planung, insbesondere der Optimierung der Zugänge und der Roboterkonfiguration für verschiedene Operationstypen im Abdomen. Das Modell wurde in einem Softwarerahmenwerk implementiert, welches die medizinische Anwendung ermöglicht.

Die Anwendung verläuft in folgenden Schritten:

1. Datenerfassung - Aufzeichnen von Operationen eines Typs als Trainingsdatensatz.

2. Vorverarbeitung des Trainingsdatensatzes.

3. Analyse und Wissensextraktion aus dem Trainingsdatensatz.

4. Optimierung der Anfangskonfiguration (ggf. in einer separaten Optimierung für verschiedene Teile der Operation).

5. Verifikation der Anfangskonfigurationen.

6. Transfer in den Operationssaal.

7. Feinjustierung der Zugänge.

Schritte 1. bis 5. werden als präoperative Lernphase bezeichnet. Nach dieser Lernphase können weitere Patientenmodelle zügig integriert werden und Ergebnisse der Optimierung als Ausgangsbasis für eine individuelle Optimierung verwendet werden, welche rasch erfolgt. Dieser Zyklus wiederholt sich bei jedem Operationstyp. Als Typ einer Operation werden vor allem Unterscheidungen in der Art des Eingriffs verstanden, wie Rektumresektion, Sigmaresektion oder radikale Prostatektomie. Jedoch können auch Variationen verschiedener Chirurgen als separater Operationstyp aufgefasst werden. Der gelernte Operationsverlauf kann ferner für eine intraoperative Kameraführung genutzt werden.

Die Analyse und Wissensextraktion aus dem Trainingsdatensatz mündet in einer Wissensbasis für den Operationstyp. Sie erfolgt in folgenden sieben Schritten:

1. Clusteranalyse bezüglich der Endeffektorpositionen.

2. Entfernung von Clustern nahe der Bauchdecke.

3. Merkmalsextraktion für die Bestimmung der chirurgischen Phase.

4. Klassifikation nach Operationsphasen.

5. Bestimmung der Verweildauer der Endeffektoren in Operationsregionen.

6. Bestimmung des Bewegungsablaufs innerhalb einzelner Operationsphasen.

7. Gegebenenfalls Zusammenfassung von Teilen der Operation, die über dieselbe Zugangstriade durchgeführt werden.

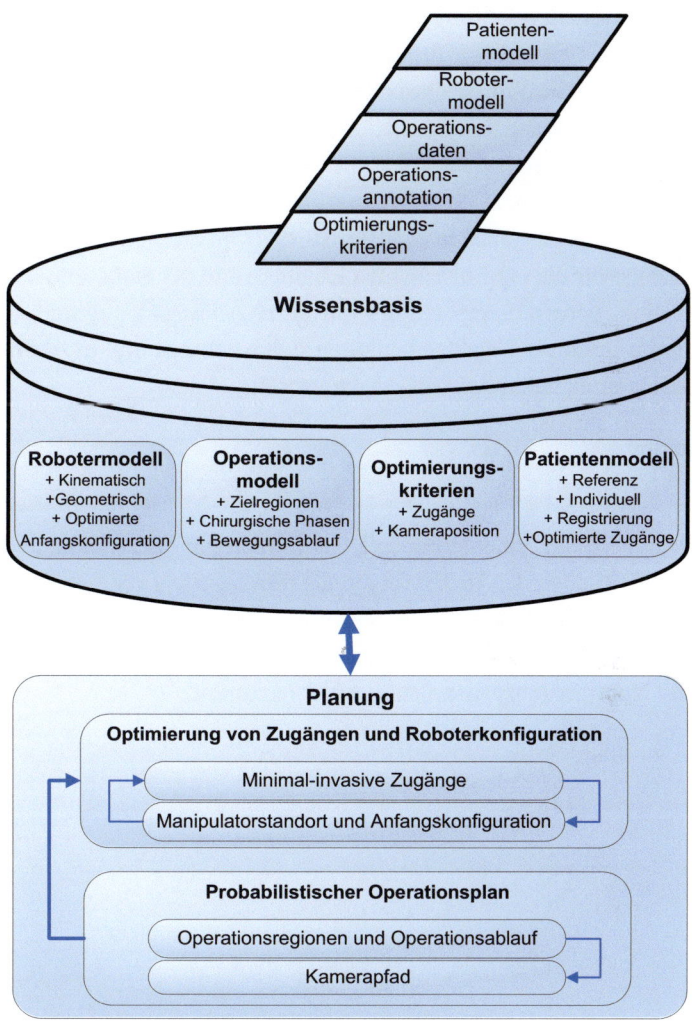

Abbildung 1.4: Wissensbasierte Planung in der minimal-invasiven Chirurgie. Schematische Darstellung.

Die Basis für das wissensbasierte Planungssystem besteht aus einem Patientenmodell, einem Robotermodell, aufgezeichneten und annotierten Operationen sowie aus spezifizierten Optimierungskriterien. Der maschinell gelernte Operationsplan dient als Grundlage für die Optimierung. Das Ergebnis der Planung fließt wiederum in die Wissensbasis ein, in Form eines Operationsmodells und einer optimierten Anfangskonfiguration des Manipulators und optimierten Zugängen für die Operation. Aus probabilistisch modellierten Operationsregionen der Arbeitsinstrumente und einem Operationsverlauf, wird ein Kamerapfad berechnet. Der daraus entstehende probabilistische Operationsplan ist die dynamische Grundlage für die Optimierung der Zugänge und der Roboterkonfiguration. Die Wahl eines Manipulatorstandorts mit einer Anfangskonfiguration und die Wahl minimal-invasiver Zugänge bedingen sich wechselseitig. In Abbildung 1.4 sind diese Zusammenhänge detailliert dargestellt.

Modellierung

Um die wissensbasierte Planung durchzuführen werden die beteiligten Komponenten modelliert: das Patientenmodell, das Modell der Intervention und das Robotermodell. Diese werden in den folgenden drei Kapiteln vorgestellt. Jedes dieser Modelle besitzt ein Basiskoordinatensystem innerhalb des modellierten Operationssaals (Weltkoordinatensystem). Durch eine Registrierung wird die relative Lage dieser Koordinatensysteme zueinander bestimmt.

Kapitel 2

Patientenmodell

„Modelle sollten sich bemühen, dem Porträt ähnlich zu sehen." - Salvador Dali

Das Patientenmodell ist ein Polygonmodell, welches aus bildgebenden Verfahren erzeugt wird. Es besitzt ein intrinsisches Koordinatensystem, welches sich im Weltkoordinatensystem der modellierten Szene befindet. Zur Orientierung werden im Folgenden anatomische Richtungsbezeichnungen eingeführt, es folgt eine Beschreibung des Modells und der notwendigen Registrierung.

2.1   Koordinatensystem und Richtungsbezeichnungen

Patientenkoordinatensystem

Richtungsbezeichnungen im Patienten beziehen sich auf den aufrecht stehenden Menschen in Bezug auf das Körperzentrum. Es wird zwischen den Richtungen

- superior (kopfwärts) und inferior (fußwärts),
- lateral-rechts (ausgehend vom Körperzentrum hin zur rechten Hand) und lateral-links (entsprechend zur linken Hand), sowie
- posterior (rückenwärts) und anterior (bauchwärts)

unterschieden. Diese beziehen sich entsprechend auf die

- Longitudial-Achse (Körperlängsachse oder vertikale Achse), die
- Transversal-Achse (horizontale Achse) und die

27

- Sagittal-Achse (Tiefenachse).

Die Körperachsen definieren auch die Körperebenen.

- Die Frontalebene (parallel zur Stirn), wird durch die longitudiale Achse und die transversale Achse definiert.

- Die Sagittalebene wird durch die Sagittal- und die Longitudialachse gebildet und unterteilt in linke und rechte Körperseite.

- Die Transversalebene (waagrechter Querschnitt) wird durch die sagittale und die transversal Achse gebildet.

Mit diesen Bezeichnungen bestehen folgende Beziehungen zu den definierten Achsen des Patientenkoordinatensystems.

- Die x-Achse ist transversal. Die Richtung ist lateral-rechts. Sie zeigt also in Richtung der rechten Hand. Die entgegengesetzte Richtung ist lateral-links.

- Die y-Achse des Patientenkoordinatensystems ist die sagittale Achse. Die Richtung ist posterior. Sie verläuft vom Bauch ausgehend in Richtung Rücken. Die entgegengesetzte Richtung ist anterior.

- Die z-Achse verläuft longitudinal. Die Richtung ist superior, also vom Kopf ausgehend in Richtung der Füße. Die entgegengesetzte Richtung ist inferior.

Weltkoordinatensystem

Das Weltkoordinatensystem wird aus dem Patientenkoordinatensystem des liegenden, ungekippten Patienten abgeleitet. Es beschreibt den Raum des modellierten Operationssaals. Ohne Einschränkung wird davon ausgegangen, dass der kartesische Basisvektor der x-Achse des Weltkoordinatensystems beim liegenden, ungekippten Patienten der Körperlängsachse entspricht (inferior) (siehe Abbildung 2.1). Der Boden des Operationssaals liegt in der x-y-Ebene des Weltkoordinatensystems. Diese Ebene ist beim liegenden, ungekippten Patienten parallel zur Frontalebene. Eine Kippung des Basiskoordinatensystems des Patientenmodells erfolgt über die Kinematik des Patiententisches.

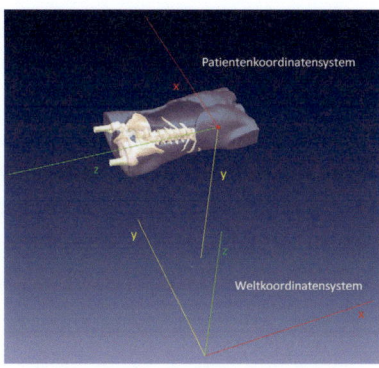

Abbildung 2.1: Patientenkoordinatensystem und Weltkoordinatensystem.

Wir betrachten, wie in Abbildung 2.1 auf der nächsten Seite dargestellt, den Operationssaal aus der Perspektive des Chirurgen, welcher zur linken Körperseite des Patienten steht. Aus dieser Perspektive zeigt die y-Achse des Weltkoordinatensystems in die Tiefe der Szene (lateral), die x-Achse verläuft von links nach rechts (inferior). Die z-Achse gibt die Höhe im Raum an (anterior). Es wird davon ausgegangen, dass der Manipulator entweder zur linken Hand des Patienten platziert wird oder zwischen dessen Füßen.

2.2   Segmentierung und Polygonmodell

Die Basis für das Patientenmodell sind in erster Linie die bildgebenden Verfahren der Computer Tomographie (CT) und der Magnetresonanztomographie (MRT). Beide Verfahren liefern eine Voxeldatenmenge, die dadurch entsteht, dass an regelmäßigen Abständen die Dichte des Materials gemessen wird. Die Datenmenge besteht im Allgemeinen aus einer Folge von zweidimensionalen Schnittbildern der Transversalebenen im Abdomenbereich. Im Falle von Computer Tomographie, wird die Dichteskala als Houndsfield-Skala bezeichnet. Luft hat hierbei einen Wert von -1000 HU (Houndsfield Unit), die Organe im Abdomen haben einen Wert zwischen 20-70 HU und Knochen einen Wert zwischen 250 bis 1500 HU. Durch diese Unterschiede in der Dichte ist es insbesondere einfach, Knochen zu segmentieren.

In der Voxeldatenmenge erfolgt eine Segmentierung der benötigten Strukturen: die Knochen, insbesondere das kleine Becken, die umliegenden Muskeln, welche während der Operation unverletzt bleiben sollten, sowie die Bauchdecke. Es gibt verschiedene Segmentierungsverfahren. Einerseits erfolgte in dieser Arbeit eine Segmentierung durch den Region Growing Algorithmus. Ausgehend von einem initialen Saatpunkt werden iterativ benachbarte homogene Bildelemente mit ähnlicher Dichte verschmolzen bis kein weiteres Wachstum der Region mehr möglich ist. Die segmentierten Regionen können dann manuell nachbearbeitet werden. Nach der Segmentierung wird aus der Voxeldatenmenge der einzelnen Strukturen ein Polygonmodell der Oberflächen erzeugt. Dies geschieht mit dem Marching Cubes Algorithmus [LORENSEN 87], welcher zudem zur Segmentierung selbst verwendet werden kann. Dreiecke werden im Marching Cubes Algorithmus so aneinandergefügt, dass sie die Oberfläche der segmentierten Strukturen nachbilden. Hierzu wird das Objekt in kleine Würfel zerlegt. Während von einem Würfel zum nächsten „marschiert" wird, wird bestimmt, welche Teile des Würfels als innerhalb oder außerhalb des Objekts klassifiziert werden. Hierzu wird ein Schwellwert (bzw. Schwellbereich) auf der Houndsfield-Skala gewählt, um zu bestimmen, ab welcher Dichte (bzw. innerhalb welcher Grenzen) das Objekt segmentiert werden soll. Es gibt 256 Möglichkeiten, wie eine beliebige Oberfläche die acht Ecken eines Würfels aufteilen kann, wovon 15 Fälle strukturell verschieden sind, wenn die Symmetrie außer Acht gelassen wird. Diese Fälle werden im Marching Cubes Algorithmus berücksichtigt. Für jeden Würfel werden die Dreiecke und deren Oberflächennormale gemerkt, welche die Oberfläche innerhalb des Würfels approximieren. Diese Dreiecke definieren letztendlich die polygonale Oberfläche des Objekts. Für jeden Teil des Patientenmodells erfolgt eine separate Segmentierung.

Das gesamte Patientenmodell besteht aus einem Polygonmodell der Oberfläche der Knochen im Abdomenbereich mit umliegenden Muskeln, sowie der Oberfläche der nicht insufflierten Bauchdecke, gewonnen aus der präoperativen Bildgebung. Zudem besteht das Patientenmodell aus mehreren insufflierten Bauchdecken. Durch Interpolation können zudem verschiedene Grade der Insufflation simuliert werden. Die Optimierung erfolgt am Modell mit insufflierter Hautoberfläche. Das gewählte Modell sollte der tatsächlichen insufflierten Bauchdecke des Patienten während der Operation nahe kommen. (Natürlich wäre es auch umgekehrt möglich. „Modelle sollten sich bemühen, dem Porträt ähnlich zu sehen." - Salvador Dali) Da die Form der Bauchdecke zum Zeitpunkt der präoperativen Planung unbekannt ist, erfolgen mehrere Optimierungen. Nach dem Scannen der realen Bauchdecke des Patienten werden die Ergebnisse der Optimierung verwendet, welche die ähnlichste Bauchdecke aufweist. Es folgt eine Feinjustierung der geplanten Zugangspositionen.

Das Patientenmodell wird als Referenzmodell der Planung verwendet, um ein standardisiertes Patientenkoordinatensystem zu wahren. Bei der Aufzeichnung von Operationen werden diese vom realen Patienten auf das Modell registriert und bei der Projektion der Zugänge wiederum auf den Patienten im Operationssaal registriert. Durch die Wahl einer nicht-rigiden Transformation werden patientenindividuelle Unterschiede berücksichtigt.

Die CT-Daten des Referenzmodells stammen von einem anonymen Patienten. Die insufflierte Oberfläche wurde mit dem Erweiterten Realitäts-System Probaris eingescannt. Für die Evaluation wurde von den medizinischen Partnern der Universitätsklinik Heidelberg aus den CT-Daten durch Rapide Prototyping das Patientenphantom HELIOS hergestellt, ein originalgetreuer Kunststofftorso mit Organen aus weichem Silikon, welcher für die Phantomexperimente in dieser Arbeit verwendet wurde. Ein weiteres Patientenmodell, welches als Referenzmodell verwendet werden kann, wurde aus einem frei verfügbaren CT-Datensatz erzeugt (Visible Human Project®) [VISIBLE HUMAN].

Verwendung eines individuellen Patientenmodells

Zur Abklärung einer Operationsindikation wird bei gegebener Notwendigkeit eine Computer Tomographie durchgeführt. Es besteht die Möglichkeit ein Patientenmodell aus diesen Daten durch eine Segmentierung der gewünschten Strukturen zu erzeugen. Das individuelle Modell kann wiederum auf das Referenzmodell registriert werden, um es in der Simulation zu verwenden. Zur Registrierung werden korrespondierende Landmarken in beiden Modellen gewählt. Die Landmarken werden im lokalen Koordinatensystem der Modelle gemessen und über den Algorithmus von Horn aufeinander abgebildet.

2.3 Registrierung

Die Abbildung von einem Koordinatensystem in ein anderes, insbesondere von einem Koordinatensystem im realen Raum in das Koordinatensystem eines Modells und umgekehrt, wird im Kontext der Medizintechnologie als Registrierung bezeichnet. Die wohl bekanntesten Algorithmen zur Registrierung sind die Landmarkentransformation [HORN 87, 88] und der Iterative-Closest-Point-Algorithmus (ICP) [ZHANG 94] [BESL 92]. Der Algorithmus von Horn berechnet eine Punkt-zu-Punkt Abbildung zwischen den gewählten korrespondierenden Landmarken durch eine geschlossene Formel, was ihn performanter und robuster macht als den Iterative-Closest-Point-Algorithmus, welcher die Transformation zwischen Punktewolken ohne bekannte Korrespondenz bestimmen kann. Die Lösung des Algorithmus von Horn ist deterministisch und eindeutig, im Gegensatz zum ICP Algorithmus, welcher ausgehend von einer ggf. randomisierten Anfangsschätzung ein lokales Optimum bestimmt.

Der Algorithmus von Horn, wie auch der ICP-Algorithmus, sind in der Lage, eine

- rigide Transformation oder Bewegung, eine
- Ähnlichkeitstransformationen, oder eine
- affine Transformationen

herzuleiten. Die rigide Transformation besteht aus Translation und Rotation (6 Freiheitsgrade). Die Ähnlichkeitstransformationen besitzt zusätzlich eine isotropische Skalierung (7 Freiheitsgrade) und die affine Transformation eine Skalierung in allen Koordinatenrichtungen (9 Freiheitsgrade).

Werden zwei Patientenmodelle aufeinander abgebildet, wird die erhaltene Transformation auf jeden Punkt im Polygonmodell des Patientenmodells angewendet (bzw. auf das lokale Koordinatensystem des Patientenmodells). Danach kann das transformierte Oberflächenmodell das Referenzpatientenmodell ersetzen. Wird eine Trajektorie in ein Patientenmodell abgebildet, so wird die Transformation auf jeden Punkt der Trajektorie angewendet. Durch die Wahl einer affinen Transformation im Gegensatz zu einer Ähnlichkeitstransformation ergibt sich der Vorteil, dass verschiedene Beckenformen berücksichtigt werden

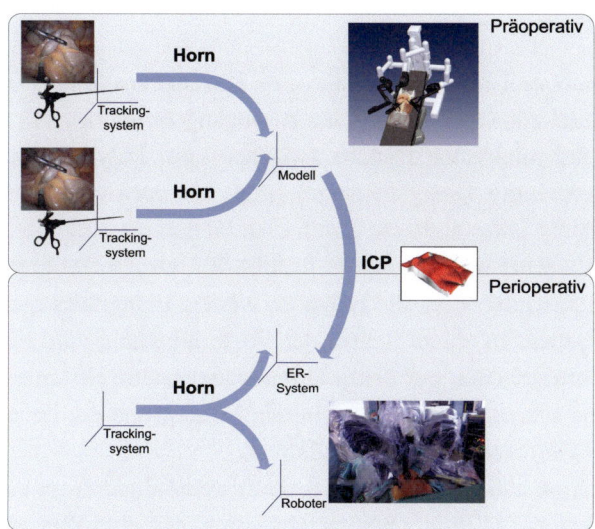

Abbildung 2.2: Systemregistrierung präoperativ und perioperativ. Trajektorien werden präoperativ mit dem virtuellen Modell registriert, dieses wiederum perioperativ mit dem realen Patienten im Operationssaal. Bei robotergestützter Intervention ist zudem eine Registrierung des Roboters notwendig. Zur Registrierung wird der Algorithmus von Horn, sowie der ICP-Algorithmus verwendet.

können (oval-kreisförmig, eng-breit). Hierzu sind mindestens sechs Landmarken zur Registrierung zu verwenden. Bei der Aufzeichnung einer Operation findet eine Registrierung vom Trackingkoordinatensystem in das Patientenkoordinatensystem statt. Dies geschieht im Allgemeinen dadurch, dass korrespondierende Landmarken an exponierten Stellen des Körpers gewählt werden und die Transformation mit dem Algorithmus von Horn hergeleitet wird. Bei der Verwendung von getrackten chirurgischen Instrumenten ist die Geometrie des Instruments zu berücksichtigen, falls der Sensor bzw. die optischen Marker nicht direkt am Endeffektor angebracht werden. Beim optischen Tracking wird hierzu die Transformation vom Koordinatensystem des getrackten Rigid Bodys bis zum Endeffektor jeweils mit der vom Trackingsystem gemessenen Lage verkettet.

In Abbildung 2.2 (oben) ist die Registrierung der Operation in das Patientenmodell bzw. in das Weltkoordinatensystem im Rahmen der gesamten Systemregistrierung dargestellt. Die perioperative Registrierung des realen Patienten im Operationssaal wird in Abschnitt 6.1.1 beschrieben.

Distanzberechnung

Das Patientenmodell ist die Basis für eine Distanzberechnung zur Kollisionsvermeidung und zur Optimierung des Bewegungsfreiraums. Für eine schnelle
Berechnung der minimalen Distanz zwischen zwei Polyedern wird die PQP-
Bibliothek (Proximity Query Package) [PQP 12] verwendet, welche die Ab-
standsberechnung unter anderem durch eine Hierarchie von Swept-Sphere Volumen als Hüllkörper beschleunigt [LARSEN 00]. Das Polygonmodell des Patienten wird hierzu traversiert, die Polygone werden trianguliert und als Dreiecke
an PQP übergeben. In einem Schritt der Vorverarbeitung wird eine Hierarchie
aus Hüllkörpern gebildet, auf deren Grundlage schnelle Distanzanfragen möglich sind. Eine schnelle Distanzberechnung ist aufgrund der hohen Anzahl der
Polygone des Patientenmodells unabdingbar.

Die Separation und die minimale Distanz zweier allgemeiner Polyeder im $\mathbb{R}^3$
mit n Ecken kann in $O(\log n^2)$ berechnet werden, was eine Vorverarbeitung vor-
aussetzt, in welcher die Polygone der Polyeder hierarchisch repräsentiert werden
[DOBKIN 90]. Dobkin und Kirkpatrick beweisen zudem, dass diese Vorverarbeitung im schlechtesten Fall in $O(n)$ Schritten möglich ist. Durch die Dynamik der
Instrumente bzw. der Roboterarme bei der Distanzberechnung ergibt sich damit
theoretisch eine lineare Zeitkomplexität für die Distanzberechnung zu einem gegebenen Zeitpunkt bzw. für eine Evaluation der Anfangskonfiguration bei einer
gegebenen Zielregion im Rahmen der Optimierung.

Kapitel 3

Operationsmodell

„Alles hängt von einer leichten Bewegung ab." - Titus Livius

3.1 Überblick

Präoperative Analyse der Operation und Wissensextraktion

Ausgehend von der Fragestellung, wie der Ablauf einer Operation modelliert werden kann wurde ein maschinelles Lernverfahren entwickelt, welches die Operation probabilistisch beschreibt. Dieses Modell wird im Folgenden beschrieben. Aus den annotierten Trajektorien und dem Koagulationssignal werden Informationen über die Zielregionen der Operation und deren Ablauf abgeleitet. Diese Information wird in einer hierarchisch strukturierten probabilistischen Wissensbasis auf drei Ebenen gespeichert (siehe Abbildung 3.1).

Auf der höchsten Ebene wird der Operationstyp vom Operateur festgelegt, hier exemplarisch die Rektumresektion und die Sigmaresektion. Für jeden Operationstyp wird ein separates probabilistisches Modell erzeugt. Die Annotation der Trajektorie besteht in der Auszeichnung der chirurgischen Phase, sowie der Festlegung der Konfiguration bezüglich robotergestützter bzw. konventioneller Laparoskopie durch einen Experten.

Auf der nächsten darunter liegenden Ebene, werden die aufgezeichneten Operationen eines bestimmten Operationstyps durch ein überwachtes Lernverfahren (dynamische Bayes Klassifikation) automatisch in die einzelnen chirurgischen Abschnitte segmentiert, welche der Operateur annotiert hat. Hierzu werden Merkmale abgeleitet, die verschiedene chirurgische Phasen charakterisieren.

Auf der untersten, feingranularen Ebene wird die Häufigkeit und die Abfolge der Zielregionen durch ein unüberwachtes Lernverfahren gelernt. Die Operationsgebiete werden durch eine Vektorquantisierung der Endeffektorpositionen bestimmt. Dies bedeutet, dass der kontinuierliche Raum möglicher Positionen auf einen diskreten Raum von Operationsregionen abgebildet wird. Ähnlich einem Voronoi-Diagramm, in welchem jede Region durch ein Zentrum repräsentiert wird und alle Punkte umfasst, die bezüglich der euklidischen Distanz näher an dem Zentrum der Region liegen, als an allen anderen Zentren. Im hier vorgestellten Ansatz wird zusätzlich zur euklidischen Distanz auch die Varianz in die Raumrichtungen einbezogen (Maximum Likelihood Klassifikation mit normalverteilten Wahrscheinlichkeitsverteilungen). Um diese Vektorquantisierung zu berechnen, werden die Operationsgebiete aller Trajektorien der Wissensbasis durch eine Clusteranalyse (Complete-Linkage Algorithmus) bestimmt. Diese Cluster repräsentieren die Zielregionen der Operation eines bestimmten Typs. Die Operationen der Wissensbasis werden Punkt für Punkt traversiert und nach Zugehörigkeit zu einer Phase klassifiziert, sowie nach Zugehörigkeit zu einem Positionscluster. Die a-priori-Wahrscheinlichkeit einzelner Positionscluster wird durch die relative Häufigkeit in Bezug auf die Operationen der Lernphase bestimmt. Die Clusterrepräsentanten werden als Zustände eines Markov-Modells zweiter Ordnung verwendet, durch welches Operationswege probabilistisch modelliert werden. Für jede Operationsphase werden die Übergänge zwischen den Positionsclustern ermittelt. Hierzu werden beim Traversieren aller Trajektorien der Wissensbasis die Übergänge vom jeweils letzten Positionscluster und dem aktuellen Positionscluster hin zum Nächsten gespeichert. Anhand dieser Information wird die Transitionsmatrix einer Markov-Kette zweiter Ordnung erstellt. Für jede Operationsphase wird hierbei eine separate Markov-Kette verwendet.

Die Übergangswahrscheinlichkeiten werden intraoperativ auch für die Prädiktion des weiteren Operationsverlaufs verwendet. Für eine Operation, wie die Rektumresektion, für welche mehr als zwei Zugänge für die Arbeitsinstrumente notwendig sind, wird die Operation in entsprechende Teiloperationen unterteilt, für welche eine separate Optimierung der Zugänge erfolgt.

Für jeden Operationstyp wird also die relative Häufigkeit der Endeffektoren in bestimmten Operationsregionen ermittelt, sowie der Operationsverlauf auf zwei hierarchischen Ebenen: auf einer höheren Ebene der Operationsphasen und auf

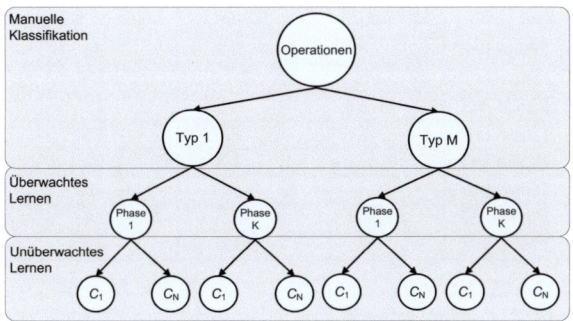

Abbildung 3.1: Probabilistische Wissensbasis der Operationen. Manuell bestimmte Operations-typen, Ablauf der Operationsphasen, Ablauf der Operationsregionen bzw. Positionscluster inner-halb der Phasen.

einer feingranularen Ebene, innerhalb der Operationsphasen. Für verschiedene Operationsteile werden die Zugänge separat optimiert.

Intraoperative Phasenklassifikation und Bewegungsprädiktion

Intraoperativ wird die aktuelle Phase der Operation bestimmt. Es wird die nächs-te Phase prädiziert (Long Time Prediction). Innerhalb der Phase wird der Aufent-halt in der Region eines Positionsclusters bestimmt und mit dem Markov-Modell der entsprechenden Phase die Endeffektorposition prädiziert (Mid Time Predic-tion). Nach einer medizinischen Beschreibung der Operation wird dieses Modell detailliert dargestellt.

3.2 Medizinische Beschreibung der Operationen

Es wurden exemplarisch zwei Operationstypen betrachtet. Die Sigmaresektion und die Rektumresektion.

3.2.1 Ablaufbeschreibung der Sigmaresektion

In der laparoskopischen Sigmaresektion wurden von den medizinischen Part-nern des Klinikums rechts der Isar neun chirurgische Phasen identifiziert. Die Zeitdauern für die einzelnen Phasen sind Tabellen 3.1 auf der nächsten Seite zu entnehmen. Die durchschnittliche Zeit μ_i für Phase i wurde aus den aufgezeich-

Zeit [Min.]	Minimum $t_{i,min}$	Mittel μ_i	Maximum $t_{i,max}$
Phase i=1	3	6.7	30
Phase i=2	6	14.0	50
Phase i=3	5	6.5	15
Phase i=4	3	3.8	15
Phase i=5	7	7.3	20
Phase i=6	3	3.6	10
Phase i=7	4	4.5	20
Phase i=8	3	3.9	15

Tabelle 3.1: Zeitdauer der Operationsphasen der Sigmaresektion. Minimum und Maximum sind durch die medizinischen Partner bestimmt. Das Mittel wurde experimentell ermittelt.

neten Operationsdaten empirisch ermittelt. Die Angaben für die minimal und maximal möglichen Zeiten wurden von den medizinischen Partnern erfragt, um mögliche Komplikationen in ihrer Gesamtheit zu erfassen.

Beschreibung des Ablaufs der Sigmaresektion im Tierversuch

Folgende neun Operationsphasen erfolgen nacheinander [FEUSSNER 12]:

1. Mobilisierung des linken Hemicolons. Das rechte Arbeitsinstrument (i. A. das dominante Instrument) ist eine Fasszange. Das nicht-dominante Instrument ist während der gesamten Operation eine Fasszange.

2. Skelettierung des Mesenteriums. Eine hochfrequente Koagulationsdichte charakterisiert diese Phase. Das dominante Instrument ist eine Fasszange.

3. Endoskopischer Vortransport der Andruckplatte. Das dominante Instrument ist wiederum eine Fasszange.

4. Proximales Stapling. Zu Beginn dieser Phase findet der erste Instrumentenwechsel statt. Das dominante Instrument ist ein linearer Stapler.

5. Distales Durchtrennen des Dickdarms. Eine hochfrequente Koagulationsdichte und die erste Benutzung einer Schere charakterisieren diese Phase. Zudem wird eine Fasszange als dominantes Instrument verwendet.

6. Transrektales Bergen des Resektats. Das dominante Instrument ist eine Fasszange.

7. Verschluss des offenen Rektumstumpfes mittels Stapler. Die dominanten Instrumente sind Fasszangen, ein Stapler und gegebenenfalls eine Schere.

8. Vordrücken der Andruckplatte im proximalen Stumpf, Inzision, Hervorluxieren des Dorns. Die dominanten Instrumente sind eine Fasszange und eine Schere.

9. Vereinigung der Andruckplatte mit dem transrektal eingeführten Klammernahtgerät, Abfeuern der Anastomose. Die dominanten Instrumente sind wiederum eine Fasszange und eine Schere.

3.2.2 Ablaufbeschreibung der Rektumresektion

Die Resektion des Rektums, das letzte Segment des Dickdarms bevor es in den Anus übergeht, ist eine häufige Operation, die im Allgemeinen dazu dient, potentiell bösartige Tumore zu entfernen.

Diese anspruchsvolle Operation wurde als Beispieloperation für die Optimierung verwendet, denn der große Arbeitsraum ist nur mit wechselnden Trokarpositionen erreichbar. Ein weites Gebiet im oberen und unteren linken Abdomen muss erreicht werden, aber auch der enge Bereich im kleinen Becken. Hier ist der Arbeitsbereich stark beschränkt und schwer zugänglich, was die Wahl der Trokarpositionen stark einschränkt. Wenige Chirurgen führen die Operationsphase am Ende der Rektumresektion, die im kleinen Becken ausgeführt wird, bereits mit dem da Vinci® Surgical System durch. Hiermit handelt es sich um eine hybride Operation, die zu Beginn manuell laparoskopisch und später robotergestützt ausgeführt wird.

Der folgende Ablauf der Rektumresektion ist auf Zielgebiete fokussiert und auf die Dauer der chirurgischen Phasen [WÜNSCHER 11].

1. Anlage des Pneumoperitoneums: Der Optik-Trokar wird in direkter Nähe zum Bauchnabel platziert. Weitere drei bis vier Trokare werden dann unter Sicht gelegt. Verschiedene Zugangskonfigurationen werden vorgeschlagen, die auf der Erfahrung und den Vorlieben verschiedener Operateure beruhen [DULUCQ 05], [BREUKINK 05], [MORINO 03]. Dauer: 5-10 Minuten.

2. Diagnostische Laparoskopie: Es findet eine Inspektion der gesamten Bauchhöhle statt, um beispielsweise Metastasen zu finden. Dauer: 0-10 Minuten.

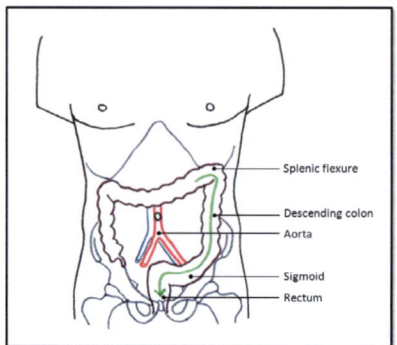

Abbildung 3.2: Arbeitsbereich bei der Rektumresektion. Operationsverlauf in grün [WÜNSCHER 11].

3. Mobilisation des Sigmas: Ablösen von Adhäsionen zwischen Sigma und Peritoneum. Die Instrumente bewegen sich im linken Unterbauch. Typische Aktionen sind das Greifen mit dem nicht-dominanten Instrument und das Spannen von Gewebe. Das Sigma wird von den bindegewebigen Verbindungen zu seiner Umgebung getrennt. Dauer: 10-20 Minuten.

4. Stammnahes Absetzen der Arteria mesenterica inferior: Zuerst bewegen sich die Instrumente langsam Richtung zentralem Bauchbereich. Es folgt das Freipräparieren der äußeren Gefäßwand. Dauer: 15-30 Minuten.

5. Absetzen der Vena mesenterica inferior am Unterrand des Pankreas. Das Vorgehen ist wie in der vorigen Phase, jedoch superior lokalisiert.

6. Resektion des oberen Sigmas bzw. unteren Colon descendenz im linken Unterbauch. Dauer: 5-10 Minuten.

7. Mobilisation linke Kolonflexur. Ablösen von Adhäsionen an Omentum majus und Milz. Es wird an der linken Bauchwand entlang, superior weiterpräpariert, um Verwachsungen zwischen Darm und Bauchwand zu entfernen. Manchmal wird Phase 7 nicht bis zum Ende ausgeführt. In diesem Fall, entfällt Phase 8.

8. Mobilisation von linksseitigem Kolon transversum bis zum Pankreas Unterrand. Die Schritte hier sind ähnlich wie in der vorigen Phase. Es wird

ausgehend von der linken Bauchwand, am höchsten Punkt des Darms in Richtung rechter Bauchwand vorgearbeitet. Dauer: 10-15 Minuten.

9. Durchführung der TME bzw. Präparation des Rektums. In dieser zentralen Phase, wird unter anderem das Beckenbodenperitoneum eröffnet. Es findet die dorsale und bilaterale Präparation des Mesorektums statt, sowie eine ventrale Präparation entlang der Denonvillier-Faszie. Zunächst wird fußwärts entlang der Steißbeinbiegung präpariert (zwischen Rektumwand und Steißbeinknochen). Dann wird jeweils zu beiden Seiten des Rektums bauchwärts präpariert (dabei aber auch immer fußwärts), bis sich vorne im Bauchbereich die Präparation schließt bzw. trifft und das Rektum rundherum frei beweglich ist. Hierbei wird fast im gesamten Bereich des kleinen Beckens nahe am Beckenknochen operiert. Bei diesem schwer zugänglichen Gebiet ist die Wahl geeigneter Trokarpositionen entscheidend. Die Instrumentenbewegungen beginnen in dieser Phase an der Beckeneingangsebene, wobei während dieser 2-3 Stunden langen Phase immer weiter fußwärts gearbeitet wird. In dieser Phase wird das da Vinci® Surgical System eingesetzt. Wenn die Trokare zu weit lateral (zur rechten Seite des Patienten hin) platziert werden, kollidiert das Instrument mit den Beckenknochen und tiefere Regionen können nicht erreicht werden.

10. Resektion des Rektums mit einem Linearstapler. Dauer: 10-20 Minuten.

11. Entfernung des Resektates über eine der Trokarinzisionen. Diese wird vergrößert, so dass das Resektat hindurch passt und entnommen werden kann. Dauer: 5 Minuten.

12. Konnektieren von Zirkularstapler und Andruckplatte (Re-Anastomosierung der beiden Darmenden). Beide Darmenden werden zusammengefügt.

13. Anastomosen-Kontrolle.

3.3 Erfassung von Operationen als Trainingsdatensatz

Durch Trackingverfahren (z.B. optisch oder elektromagnetisch) oder durch das Auslesen der Gelenkparameter eines Robotersystems kann die Trajektorie einer

Operation zu diskreten Zeitpunkten erfasst und aufgezeichnet werden. Für ein optisches und ein elektromagnetisches Tracking der chirurgischen Instrumente wurden diese jeweils mit Sensoren ausgestattet. Durch das Aufzeichnen entsteht bei n chirurgischen Instrumenten ein $3n$-dimensionales diskretes Signal, welches die Trajektorie beschreibt. Die Daten liegen vorerst im Koordinatensystem des Trackingsystems bzw. des Roboters vor und werden in das Patientenmodell registriert. In den Phantomexperimenten wurde ein optisches Trackingverfahren verwendet, im Operationssaal hingegen ein elektromagnetisches Trackingverfahren, welches weniger genaue Positionsdaten liefert, jedoch keine freie Sicht auf die Trackingkörper erfordert und damit robustere Daten liefert.

Bei der Datenerfassung werden zwei Datenquellen fusioniert: Das Positionssignal der Instrumententrajektorien und ein Audiosignal des Elektroskalpells, welches Koagulationshinweistöne enthält, welche das Anlegen von Koagulationsstrom signalisieren. Bei Koagulationen wird hochfrequenter Wechselstrom durch das Gewebe geleitet. Koagulationen werden eingesetzt, um Weichgewebe zu durchtrennen, aber auch um Weichgewebe zusammen zu schweißen, beispielsweise um Blutungen zu stillen.

In Zusammenarbeit mit den medizinischen Partnern des Klinikums rechts der Isar wurden drei Sigmaresektionen im Tierversuch durchgeführt[1]. Hierbei wurden die Trajektorien von zwei Fasszangen, einer Schere und der endoskopischen Kamera mit dem elektromagnetischen NDI Aurora System bei einer Abtastrate von 40 Hz aufgezeichnet. Zusätzlich wurde das Audiosignal des Hochfrequenz Elektroskalpells aufgezeichnet und zur Trajektorie synchronisiert. Darüber hinaus wurden acht künstlich erzeugte Trajektorien erzeugt. Hierzu wurden Teile der Trajektorie herausgeschnitten, die nicht notwendig zu der Operation gehören, wie beispielsweise Erklärungen zur Anatomie, Inspektionen des Situs, Zeiten in denen externe Instrumente präpariert wurden oder das Festnähen des Darms, um Übersicht über den Situs zu erlangen. Zusätzlich wurde die Zeit, welche für Instrumentenwechsel benötigt wurde geringfügig variiert, sowie wenige Koagulationen an beliebigen Stellen eingefügt oder ausgelassen. Wenige Millimeter Versatz wurde auf Teile der Trajektorie gelegt, um Variationen im Ort zu erhalten. Die Trajektorien wurden von den medizinischen Partnern der Klinik rechts der Isar mit den neun Operationsphasen annotiert. Jedoch wurde die neunte Phase

[1]Operateur: Dr. Dirk Wilhelm, Ablaufplan der Sigmaresektion: Prof. Dr. Hubertus Feußner

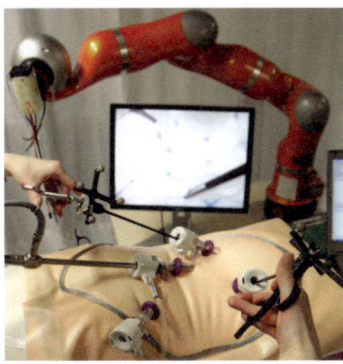

Abbildung 3.3: Phantomexperiment mit dem HELIOS Phantom und optisch getracketen Instrumenten. Trokare in der elastischen Bauchdecke.

beim Erkennungsprozess nicht betrachtet, da in zwei der drei aufgezeichneten Operationen keine Daten zu dieser Phase aufgezeichnet werden konnten.

Im Phantomexperiment wurden in einem Prototyp des Phantoms HELIOS von unseren medizinischen Partnern neun stilisierte Rektumresektionen aufgezeichnet und hierbei 13 Phasen annotiert. Diese Operationen wurden mit dem NDI Polaris System aufgezeichnet. Jede dieser Operationen wurde in 5 bis 10 Minuten durchgeführt und derart stilisiert, dass der grobe zeitliche Ablauf erhalten bleibt, sowie alle Zielregionen angefahren werden. In Abbildung 3.3 ist das Phantom HELIOS während eines Phantomexperiments zu sehen.

Es wurden weitere Phantomexperimente durchgeführt und zur Evaluation der Trajektorienprädiktion und Kameraführung verwendet (siehe Abschnitt 3.7.4).

3.4 Vorverarbeitung des Trainingsdatensatzes

3.4.1 Registrierung, Annotation und Robustheit

Nach dem Aufzeichnen einer Operation findet eine Vorverarbeitung in acht Schritten statt.

1. Entfernung fehlerhafter Daten.

2. Datenreduktion durch Tiefpassfilterung gefolgt von Unterabtastung.

3. Registrierung der Operation in das Patientenmodell.

4. Bestimmung der Teile der Trajektorien, welche im Patienteninneren liegen.

5. Kollisionstests mit dem Patientenmodell.

6. Annotation der Trajektorie.

7. Erkennung der Koagulationen.

8. Synchronisation und Fusion.

Im ersten Schritt der Vorverarbeitung des Trainingsdatensatzes werden fehler-
hafte Daten des Trackingsystems entfernt bzw. interpoliert. Im Falle des optischen Trackings können die Marker bei Verdeckungen nicht erkannt werden.
Beim elektromagnetischen Tracking, kann die Beschleunigung zu hoch sein. Koagulationsstrom kann zudem die Positionserfassung stören.

Im zweiten Schritt werden die Daten reduziert, indem die Trajektorie durch
einen Moving Average Filter, beispielsweise der Ordnung $n = 4$ bei einer Abtastrate von 40 Hz tiefpassgefiltert wird und dann jeder n-te Wert beibehalten
wird.

Im dritten Schritt werden die Operationen mit dem Algorithmus von Horn
[HORN 87] auf das Referenz-Patientenmodell abgebildet. Die Transformation
wird auf alle Punkte der Trajektorie angewendet. Somit sind die einzelnen Trajektorien in einem einheitlichen Koordinatensystem repräsentiert.

Im vierten Schritt erfolgt die Bestimmung der Teile der Trajektorie, welche
im Patienteninneren liegen. Um dies zu bestimmen, wird eine Frontalebene T in
der Höhe des Bauchnabels definiert (siehe auch Abbildung 3.10). Die Trajektorien werden Punkt für Punkt traversiert. Wenn die Trajektorie eines Endeffektors
die Ebene von oben nach unten durchquert und der Abstand zum Zugang kleiner
als eine Schwelle $t_{port} = 5$ cm ist, wird der Punkt der Trajektorie als „innerhalb
des Patienten" ausgezeichnet. Alle Teile der Trajektorien außerhalb des Körpers
werden entfernt. Zudem wird die Anzahl der Instrumentenwechsel gespeichert,
welche für die Erkennung der Operationsphasen benötigt wird. Wenn die Trajektorie im Patienteninneren ist und die Trajektorie des Endeffektors die Ebene in
Zugangsnähe von unten nach oben durchquert, wird ein Instrumentenwechsel detektiert. Instrumentenwechsel, die weniger als fünf Sekunden nach dem vorigen
Instrumentenwechsel geschehen, werden nicht als Instrumentenwechsel gezählt.

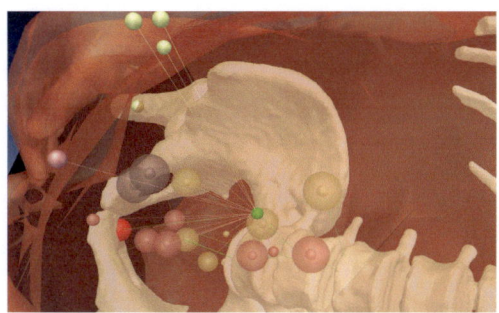

Abbildung 3.4: Kollisionstest. Positionscluster im Patientenmodell. Clusterzentren durch Kugeln dargestellt. Dominante Trajektorie: sandfarben. Nicht-dominante Trajektorie: rosa. Endoskoptrajektorie: grau. Ausgangspunkt für den Kollisionstest: grüne Kugel. Linien zwischen diesem Ausgangspunkt und den Positionsclustern. Minimale Distanzen dieser Linien zum Knochen durch grüne Linien dargestellt. Valide Positionscluster durch große, durchsichtige Kugeln gekennzeichnet. Kollidierender Positionscluster als rote Kugel dargestellt.

Diese zeitliche Schwelle wird eingeführt, da bisweilen „ruckelnde Bewegungen" beim Herausziehen des Instruments aus dem Trokar notwendig sind.

Im fünften Schritt erfolgt ein Kollisionstest mit dem Patientenmodell. Eine Voraussetzung für die Optimierung von Trokarpositionen ist, dass die registrierten Trajektorien nicht mit Risikozonen (Knochen und Muskeln) kollidieren. Dies ist durch Fehler im Registrierungsprozess möglich, da häufig nahe an den Risikozonen operiert wird. Um den Planungsalgorithmus robust zu gestalten, wird nach der Aufzeichnung und der Registrierung jeder Trajektorie ein Kollisionstest durchgeführt. Im Kollisionstest wird ausgehend von einem Punkt im Inneren des Abdomens (grün in Abbildung 3.4) eine Linie zu den einzelnen Punkten der Trajektorie auf Kollisionen mit den Risikozonen durchgeführt und Punkte eliminiert, bei denen Kollisionen auftreten. Durch eine geringfügige Veränderung der virtuell gesetzten Landmarken, oder durch eine Translation der Trajektorie, kann die Kollision behoben werden. In Abbildung 3.4 ist dieser Kollisionstest für Positionscluster abgebildet.

Im sechsten Schritt werden die Trajektorien annotiert. Der Operateur bestimmt den Anfangs- und den Endzeitpunkt $t_{p,min}$ und $t_{p,max}$ von jeder Operationsphase $p \in \{1, ..., K\}$. Zudem gibt er vor, welche Operationsphasen robotergestützt und welche konventionell laparoskopisch durchgeführt werden sollen. Beispielsweise erfolgt die TME in der Rektumresektion robotergestützt, während die anderen Phasen konventionell laparoskopisch durchgeführt werden. Es wird ein K-dimensionaler binärer Vektor $\mathbf{r}$ erzeugt, der eine Eins an Komponente p enthält, genau dann, wenn Phase $p \in \{1, ..., K\}$ robotergestützt durchgeführt werden soll. Zudem gibt der Operateur vor, wie viele Zugänge berechnet werden sollen.

Der Abschnitt der Trajektorie mit Zeitstempeln zwischen $t_{p,min}$ und $t_{p,max}$ wird algorithmisch bestimmt und mit der entsprechenden Phase p annotiert. Dies erfolgt für alle Operationsphasen, so dass jeder Punkt der Trajektorie mit der entsprechenden chirurgischen Phase annotiert ist. Durch die Annotation entsteht eine Folge

$$(\mathbf{t})_{0,1,2,...} = \begin{pmatrix} \mathbf{l} \\ \mathbf{r} \\ \mathbf{e} \\ p \\ r_p \end{pmatrix}_{t=0,1,2,...} \quad \mathbf{l}, \mathbf{r}, \mathbf{e} \in \mathbb{R}^3, p \in \{1, ..., K\}, r_p \in \{0,1\} \quad (3.1)$$

mit den Zeitstempeln t, den Positionen des linken und des rechten Endeffektors $\mathbf{l}$ und $\mathbf{r}$, der Position des Endoskops $\mathbf{e}$, der Phase p und der Annotation r_p die charakterisiert, ob der Teil der Intervention roboterassistiert (1) oder konventionell (0) durchgeführt wird. Im Folgenden wird Allgemein vom dominanten und nichtdominanten Arbeitsinstrument gesprochen, anstatt vom linken und rechten Arbeitsinstrument.

Im siebten Schritt werden die Koagulationen erkannt. Dies wird im folgenden Abschnitt detailliert erläutert.

Im achten Schritt erfolgt eine Synchronisation der aufgezeichneten Signale. Die Trajektorien werden durch die Koagulationen annotiert.

Aus dieser Folge werden dann Merkmale extrahiert, welche die chirurgischen Phasen charakterisieren. Damit ist es möglich, intraoperativ die Operationsphase automatisch zu erkennen. Die Merkmalsextraktion und die Erkennung der Operationsphasen wird im Abschnitt 3.6.2 detailliert beschrieben. Für die Optimierung der Anfangskonfiguration werden Zielgebiete der Operation mit einer Verweildauer extrahiert. Dies wird in Abschnitt 3.5.3 erläutert.

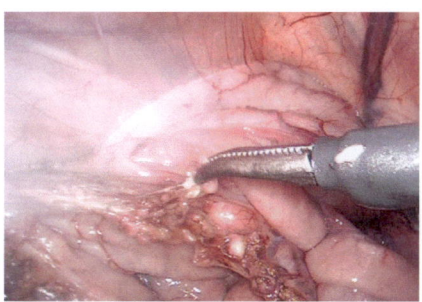

Abbildung 3.5: Endoskopisches Video bei der Rektumresektion. Rauchentwicklung während der Elektrokoagulation.

3.4.2 Erkennung von Koagulationshinweistönen im Audiosignal

Durch Elektrokoagulation wird, wie erwähnt, Wechselstrom mit hoher Frequenz durch das Weichgewebe geleitet. Dadurch ist es möglich, Gefäße zu zerschneiden und gleichzeitig zu verschließen, was den Blutfluss stillt.

In Abbildung 3.5 ist die Elektrokoagulation, an der Rauchentwicklung zu erkennen. Das Hochfrequenz Elektroskalpell signalisiert das Anlegen von Koagulationsstrom durch einen Signalton. Der Ton ist harmonisch und besitzt damit ganzzahlige Vielfache der Grundfrequenz als Obertöne. Zudem ist der Ton statisch und weist eine Rechteckfunktion als zeitliche Hüllkurve auf. Die Tonhöhe bleibt auf der gleichen Frequenz. Das Ziel ist es, diese Hinweistöne zu detektieren, sowie die korrespondierenden Positionen des dominanten Instruments zu bestimmen.

Lernen der Struktur des Hinweistons

Eine Kurzzeit-Spektralanalyse des Audiosignals $x(n)$ mit einer Abtastrate von $f_S = 22.05$ kHz wurde durchgeführt. Hierzu wurde eine Schnelle Fourier-Transformation (FFT) mit einer Länge von 4096 Samplen, einem Blackman-Fenster mit 50% Überlappung durchgeführt und daraus das normierte N-Punkt DFT Amplitudenspektrum

$$|X[k]| = |FFT[x(n), N]|/N, N = 1024 \qquad (3.2)$$

berechnet. $X[k]$ ist das Spektrum der diskreten Fourier-Transformation (DFT-Spektrum). Aus den Koeffizienten k ergibt sich die Frequenz aus dem Zusam-

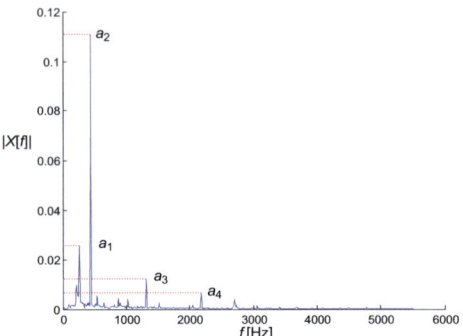

Abbildung 3.6: Amplitudenspektrum des Hinweistons. Vier dominante Frequenz-Peaks mit Amplituden $a_1, ..., a_4$.

menhang $f = f_S k/N$ Hz. Die vier dominanten Frequenz-Peaks an den Stellen 220.7, 441.4, 1313.5 und 2185.6 Hz (Koeffizienten k=40, 81, 243, 405) und ihr Amplitudenverhältnis ($a_1 : a_2 : a_3 : a_4$) wurden algorithmisch durch eine Maximum-Suche in einem Ausschnitt des gesamten Frequenzbereiches bestimmt, welcher für die nächste Maximums-Suche jeweils iterativ verkleinert wurde.

Abbildung 3.6 zeigt das über alle Fenster gemittelte Amplitudenspektrum des Hinweistons, sowie die vier dominanten Frequenzpeaks mit ihrem Amplitudenverhältnis. Da der Ton statisch ist, unterscheiden sich die Amplitudenspektren der einzelnen Fenster kaum. Der Grundton (0. Harmonische) liegt bei etwa $f_0 = 110$ Hz. Die Harmonischen befinden sich an Vielfachen der Grundfrequenz f_0. Hier sind die 2., 4., 12. und 20. Harmonischen des Tons dominant.

Erkennen des Hinweistons

Die durchgeführte DFT fungiert als Band-Pass-Filter mit 1024 Bändern. Um den Ton zu detektieren werden die vier Frequenzbänder i betrachtet, die durch die berechneten Fourierkoeffizienten repräsentiert werden.

Um eine dynamische Schwelle für Störgeräusche t_n zu berechnen wird das Ausgangssignal eines Amplitude Follower [ZÖLZER 02] verwendet, welcher die Amplitude aller DFT-Koeffizienten über ein Zeitfenster von zwei Sekunden aufsummiert. Wenn die Amplitude in einem Frequenzband größer als t_n ist, wird

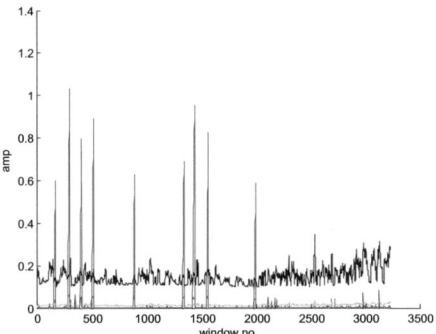

Abbildung 3.7: Erkennung des Koagulations-Hinweistons im Audiosignal. Amplitude des Ko-effizienten (blau), Schwelle für Störgeräusche t_n (grün), Detektionsschwelle t_d (schwarz), sum-mierte Energie im Frequenzband (rot) als Indikator für einen Koagulations-Hinweiston im be-trachteten Frequenzband.

ein Gate [ZÖLZER 02] geöffnet und die Energie in dem entsprechenden Band summiert.

Für jedes Band wird zudem eine dynamische Detektionsschwelle t_d bestimmt. Der Wert ergibt sich in Abhängigkeit der gelernten Amplitude a_i des betrachteten Bands i und der Schwelle t_n. Eine Detektionsschwelle von $t_d = 40a_i t_n$ wurde experimentell ermittelt. Wenn die summierte Energie in Band i größer ist als t_d, ist dies ein Indikator für einen Koagulations-Hinweiston.

Abbildung 3.7 zeigt beide dynamischen Schwellwerte und die summierte Energie für das erste Frequenzband. Das Muster wird als Koagulations-Hinweis-ton klassifiziert, wenn die Dauer und die summierte Energie für jedes Band zwi-schen einem spezifizierten Intervall liegt.

Der Detektions-Algorithmus wurde an zwei Interventionen mit 27 und 62 Ko-agulationen getestet. Es gab keine falsch positive Klassifikation und 96.3% der Hinweistöne wurden erkannt. Durch eine akustische Abschirmung des Aufnah-megeräts kann das Ergebnis verbessert werden.

Die Trajektorien werden durch die erkannten Koagulations-Zeitpunkte an-notiert. Hierzu wird die Trajektorie zu jedem Zeitpunkt t mit einem binären Wert c annotiert, welcher eine Eins genau dann enthält, wenn der Anfang eines Koagulations-Signals zum Zeitpunkt t erkannt wurde.

Damit bestehen die Trajektorien nach der Vorverarbeitung aus einer Folge von Vektoren

$$
(\mathbf{t})_{0,1,2,\dots} = \begin{pmatrix} \mathbf{l} \\ \mathbf{r} \\ \mathbf{e} \\ p \\ r_p \\ c \end{pmatrix}_{t=0,1,2,\dots} \qquad \mathbf{l},\mathbf{r},\mathbf{e} \in \mathbb{R}^3, p \in \{1,\dots,K\}, r_p \in \{0,1\}, c \in \{0,1\}.
$$

(3.3)

mit den Zeitstempeln t, den Positionen des linken und des rechten Endeffektors $\mathbf{l}$ und $\mathbf{r}$, der Position des Endoskops $\mathbf{e}$, der Phase p, der Annotation r_p die charakterisiert, ob der Teil der Intervention roboterassistiert (1) oder konventionell (0) durchgeführt wird und der Annotation c, welche die Koagulationen beschreibt.

3.5   Bestimmung der Operationszielgebiete

Die Bestimmung der Operationszielgebiete ist ein wesentlicher Schritt für alle hier vorgestellten Komponenten der wissensbasierten Planung. Nachdem mehrere Operationen desselben Typs, wie Rektumresektion oder Sigmaresektion, aufgezeichnet, vorverarbeitet und registriert wurden, wird eine Clustermethode angewendet, um die typischen Positionen der Operationen zu ermitteln. Es handelt sich um eine Vektorquantisierung der Ortsvektoren. Orte mit ähnlichen Positionen werden mit einem Repräsentanten assoziiert. Der Erwartungswert (Zentrum) der Clusters wird bestimmt, sowie die Kovarianzmatrix, aus welcher sich die Varianz in alle Raumrichtungen errechnen lässt. Jeder Cluster repräsentiert eine „typische Positionskombination" der Endeffektoren der beiden Arbeitsinstrumente. Die Operationen werden Punkt für Punkt traversiert und mit einem Maximum Likelihood Klassifikator bezüglich der Positionscluster klassifiziert. Zudem wird die relative Häufigkeit der Klassifikation zu verschiedenen Clustern ermittelt.

3.5.1   Clusteranalyse der Endeffektorpositionen

Die Clusteranalyse der Trajektorien erfolgte mit dem Complete-Linkage Clustering Algorithmus [KING 67, GOWER 69]. Es handelt sich um eine agglomera-

Abbildung 3.8: Positions-Clusteranalyse. Drei Trajektorien des dominanten Instruments während eines Phantomexperiments. 20 Cluster.

tive hierarchische Clustermethode, die vom Single-Linkage Algorithmus abgeleitet ist, welcher aus der Graphentheorie stammt und mit welchem Minimal-Aufspannende-Bäume [GOWER 69] konstruiert werden können. Zum Beginn der Prozedur ist jedes Datenelement ein separater Cluster, dann werden iterativ die ähnlichsten Cluster zusammengefasst. Im Single-Linkage Algorithmus wird die Ähnlichkeit (oder Distanz) zweier Cluster durch ihr ähnlichstes Element bestimmt (also das Element mit dem geringsten Abstand); im Complete-Linkage Algorithmus wird dagegen das unähnlichste Element aus beiden Clustern betrachtet.

Für die Clusteranalyse der Interventionen ist es vorteilhaft, den Complete-Linkage Algorithmus zu verwenden, da dieser nicht zu einer Kettenbildung ("chaining phenomenon") führt. Eine Kettenbildung in den Daten entsteht dadurch, dass in Folge jeweils zwei Cluster zusammengefügt werden, deren äußere Elemente dicht beieinander liegen. Durch den Single-Linkage Algorithmus entstehen damit im Allgemeinen Cluster mit sehr unterschiedlicher Elementanzahl. Der Complete-Linkage Algorithmus hingegen liefert Cluster mit ähnlicher Elementanzahl und ähnlichem Durchmesser (ähnlicher Varianz).

Abbildung 3.8 zeigt drei Trajektorien des dominanten Instruments in einem Phantomexperiment und das Resultat des Complete-Linkage Algorithmus. Die Transparenz ist proportional zu der Elementanzahl der Cluster (a-priori-Wahrscheinlichkeit). Cluster mit wenigen Elementen werden transparenter dargestellt, als Cluster mit vielen Elementen. Die Varianz wird durch die Form der Ellipsoide visualisiert. Um eine spezielle Aufgabe auszuführen, sind die Bewegungen der Endeffektoren im Allgemeinen stark korreliert. Beispielsweise zieht der Operateur häufig mit dem nicht-dominanten Instrument Gewebe beiseite und präpariert mit dem dominanten Instrument Weichgewebe frei. Deswegen werden die Positionen $\mathbf{l}$ und $\mathbf{r}$ des dominanten und des nicht-dominanten Endeffektors als ein 6-dimensionales Positions-Tupel

$$\mathbf{p} = \begin{pmatrix} \mathbf{r} \\ \mathbf{l} \end{pmatrix} \in \mathbb{R}^6, \mathbf{l}, \mathbf{r} \in \mathbb{R}^3 \tag{3.4}$$

zusammengefasst. Die Clusteranalyse wird über alle Trajektorien $\tau = 1, ..., \Theta$ der Wissensbasis durchgeführt. Seien s_τ die Anzahl der Positionstupel von Trajektorie τ und $t_\tau = 1, ..., s_\tau$ die Zeitstempel der Positionstupel der Trajektorie. Um die Clusteranalyse über alle Trajektorien $\left((\mathbf{p})_{i=1,...,s_\tau} \right)_{\tau=1,...,\Theta}$ durchzuführen, werden diese als eine Folge behandelt mit insgesamt

$$s = \sum_{\tau=1,...,\Theta} s_\tau \tag{3.5}$$

Folgegliedern. Die Clusteranalyse erfolgt für die Menge aller Folgeglieder

$$O = \left\{ \mathbf{q}_k \, \text{mit } k = s_1 + ... + s_\tau + i \, \middle| \, \left((\mathbf{p})_{i=1,...,s_\tau} \right)_{\tau=1,...,\Theta} \right\}. \tag{3.6}$$

Also, für die Menge aller Positionstupel aus allen Trajektorie zu jedem Zeitpunkt.

Beim Linkage Clustering Algorithmus wird hierzu eine symmetrische $(s \times s)$-Distanzmatrix mit den Komponenten

$$d_{i,j} = \left\| \mathbf{q}_i - \mathbf{q}_j \right\|, i, j = 1, ..., s \tag{3.7}$$

berechnet. Die Anzahl der zu erzeugenden Cluster N wird festgelegt. Zuerst ist jedes Element ein separater Cluster. In einer iterativen Vorgehensweise wird die minimale Distanz in der Matrix bestimmt und die beiden Zeilen und Spalten in der Matrix, welche die Cluster i und j repräsentieren, werden zusammengefasst und das Maximum beider Zeilen (bzw. Spalten) übernommen.

Wenn N Cluster erzeugt wurden, wird der Vorgang abgebrochen. Um eine bestmögliche Trennung der Cluster zu erhalten, kann auch eine Schwellwertoperation als Abbruchkriterium verwendet werden. Ist das Verhältnis des letzten minimalen Abstandes zum aktuellen minimalen Abstand unter dem festgelegten Schwellwert $t \in [0,1]$, so endet dann die Vereinigung von Clustern.

Die Speicherkomplexität für den Single-Linkage und den Complete-Linkage Algorithmus ist bedingt durch die Größe der Distanzmatrix $O(s^2)$. Die Zeitkomplexität ist $O(s^2 \log s)$ [JAIN 99]. Bei hohen Datenmengen ist die Anwendung des k-Means Algorithmus zu empfehlen (vgl. Abschnitt 3.6.2).

Bestimmung der Cluster Parameter

Die Cluster werden für eine Maximum Likelihood Klassifikation mit normalverteilten Klassen verwendet. Dazu wird der Erwartungswert (Clusterzentrum) $\bar{c}_r = E[X] \in \mathbb{R}^3$ und die (3×3)-Kovarianzmatrix $C_r = Cov(X)$ für jeden Cluster der Trajektorie des dominanten Arbeitsinstruments berechnet. Mit den n Elementen $\mathbf{p}_j = (p_{j,1}, p_{j,2}, p_{j,3})^T, j = 1,...,n$ eines Clusters wird der Erwartungswert als

$$E[x_i] = \frac{1}{n} \sum_{j=1,...,n} p_j, i = 1,2,3 \tag{3.8}$$

geschätzt und die Kovarianzmatrix als

$$Cov(X) = \begin{pmatrix} Var[x_1] & Cov[x_1,x_2] & Cov[x_1,x_3] \\ Cov[x_2,x_1] & Var[x_2] & Cov[x_2,x_3] \\ Cov[x_3,x_1] & Cov[x_3,x_2] & Var[x_3] \end{pmatrix} \tag{3.9}$$

mit

$$Cov(x_i, x_j) = E\left[(x_i - E[x_i])(x_j - E[x_j])\right], i, j = 1,2,3 \tag{3.10}$$

und

$$Var(x_i) = Cov(x_i, x_i), i = 1,2,3. \tag{3.11}$$

Analog werden die Clusterzentren $\bar{c}_l$ und die Kovarianzmatrix C_l für das nichtdominante Arbeitsinstrument geschätzt. Die Positionen beider Endeffektoren werden durch ein einziges Cluster repräsentiert, welches aus einem Positionstupel

für die Clusterschwerpunkte besteht, sowie jeweils einer Kovarianzmatrix. Auch
in der im Folgenden beschriebenen Klassifikation werden beide Endeffektorpositionen als stochastisch abhängig betrachtet.

Hiermit sind für jeden Cluster C_i die Clusterparameter $(\overline{\mathbf{c}}_\mathbf{r}, \mathbf{C}_\mathbf{r}, \overline{\mathbf{c}}_\mathbf{l}, \mathbf{C}_\mathbf{l})$ berechnet, die Kovarianzmatrix und der Erwartungswert für die beiden Arbeitsinstrumente. Nach der im folgenden Abschnitt beschriebenen Klassifikation kann zudem die relative Häufigkeit $P(C_i)$ berechnet werden.

3.5.2 Klassifikation der Endeffektorpositionen

Die Cluster werden als Klassen eines Klassifikators betrachtet. Sei $\mathbf{p} \in \mathbb{R}^6$ wiederum die beobachtete Endeffektorposition des dominanten und des nicht-dominanten Arbeitsinstruments (siehe Gleichung 3.4 auf Seite 52). Die Zufallsvariable C mit den möglichen Werten $\{C_1, ..., C_N\}$ repräsentiert die Hypothese, dass
die Beobachtung der aktuellen Endeffektorpositionen $\mathbf{p}$ zur Klasse C_i gehört.
Die Wahrscheinlichkeit $P(C_i)$ wird als a-priori-Wahrscheinlichkeit der Klasse C_i
bezeichnet. Die Wahrscheinlichkeitsdichte $p(\mathbf{p}|C_i)$ beschreibt die Wahrscheinlichkeit des Auftretens der Endeffektorposition $\mathbf{p}$ bei vorgegebener Klasse C_i
(klassenbedingte Wahrscheinlichkeitsdichte oder Likelihood). Die a-posteriori-
Wahrscheinlichkeit $P(C_i|\mathbf{p})$ kann über die Bayes'sche Regel berechnet werden.
Es ist die Wahrscheinlichkeit, dass die Position $\mathbf{p}$ aus der Klasse C_i stammt, also
der Operationsregion C_i zugeordnet wird.

Die Wahrscheinlichkeit jeder der N Hypothesen C_i (a-posteriori-Wahrscheinlichkeiten) ergibt sich durch die Bayes'sche Regel als

$$P(C_i|\mathbf{p}) = \frac{p(\mathbf{p}|C_i)P(C_i)}{\sum\limits_{j=1,...,N} p(\mathbf{p}|C_i)P(C_i)}. \tag{3.12}$$

Der Nenner der Bayes´schen Regel dient zur Normierung und beschreibt die
Wahrscheinlichkeit $P(\mathbf{p})$ für die Beobachtung einer Position $\mathbf{p}$ ohne eine vorgegebene Klasse (Evidenz). Die a-priori-Wahrscheinlichkeit $P(C_i)$ für jeden Positionscluster wird in der präoperativen Lernphase als gleichwahrscheinlich angenommen, die Verteilung der Endeffektorpositionen in jedem Cluster als normalverteilt. Damit werden die klassenspezifischen Wahrscheinlichkeitsdichten
$p(\mathbf{p}|C_i), i = 1, ..., N$ (Beobachtung unter der Hypothese „Zugehörigkeit zu Klas-

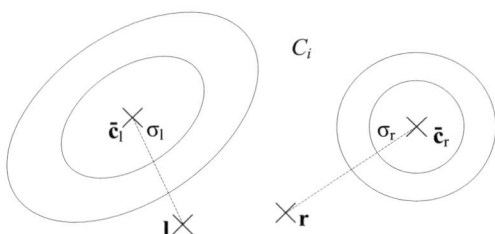

Abbildung 3.9: Klassifikation der Endeffektorpositionen mit normalverteilten Klassen. Cluster C_i, Endeffektoren **l** und **r**. Clusterzentrum $\bar{\mathbf{c}}_l$ und $\bar{\mathbf{c}}_r$, Standardabweichung σ_l und σ_r.

se C_i"), durch Gaußsche Normalverteilungen modelliert. Hierzu werden die klassenspezifischen Wahrscheinlichkeitsdichten $p(\mathbf{l}|c_i)$ und $p(\mathbf{r}|c_i)$ für die Endeffektorpositionen der beiden Arbeitsinstrumente jeweils durch die Normalverteilung

$$\varphi(d,\sigma) = \frac{1}{\sigma\sqrt{2\pi}} \exp\left(-\frac{1}{2}\left(\frac{d}{\sigma}\right)^2\right) \tag{3.13}$$

modelliert. Hierbei sind die beiden Parameter der Normalverteilung $\varphi(d,\sigma)$ die Distanz d_r und die Standardabweichung σ_r für den Endeffektor des dominanten Instruments und analog d_l und σ_l für das nicht-dominante Instrument. Die Distanz d_r ist der euklidische Abstand der aktuellen Endeffektorposition des dominanten Arbeitsinstruments zum Clusterzentrum $\bar{\mathbf{c}}_r$ des Clusters C_i und d_l entsprechend der Abstand des nicht-dominanten Arbeitsinstruments zum Clusterzentrum $\mathbf{c}_l$. Die Standardabweichung σ_r wird als Standardabweichung in die Richtung von der Endeffektorposition **r** hin zum Clusterzentrum $\mathbf{e}_r$ berechnet (siehe Abbildung 3.9). Mit Hilfe des normierten Richtungsvektors

$$\mathbf{v}_r = \frac{\bar{\mathbf{c}}_r - \mathbf{r}}{\|\bar{\mathbf{c}}_r - \mathbf{r}\|} \tag{3.14}$$

kann diese durch

$$\sigma_r = \sqrt{\mathbf{v}_r^T \mathbf{C}_r \mathbf{v}_r} \tag{3.15}$$

berechnet werden. Analog zur Standardabweichung σ_r für den Endeffektor des dominanten Arbeitsinstruments wird die Standardabweichung σ_l für das nicht-dominante Arbeitsinstrument berechnet. Um die Korrelation beider Endeffek-

toren zu berücksichtigen, werden die Werte beider Wahrscheinlichkeitsdichte-
funktionen multipliziert. Die Wahrscheinlichkeitsdichte für das Positionstupel $\mathbf{p}$
ergibt sich damit als

$$p(\mathbf{p}|C_i) = p(\mathbf{r}|C_i)p(\mathbf{l}|C_i). \tag{3.16}$$

Im Maximum Likelihood Klassifikator und im Bayes Klassifikator werden die
a-posteriori-Wahrscheinlichkeiten $P(C_i|\mathbf{p})$ der Bayes'schen Regel (siehe Glei-
chung 3.12) mit der Entscheidungsregel kombiniert, die wahrscheinlichste Hypothese zu wählen. Werden die Klassen als gleichwahrscheinlich angenommen,
spricht man vom Maximum Likelihood Klassifikator, ansonsten vom Bayes Klassifikator.

Da die Wahrscheinlichkeit der Beobachtung ohne eine vorgegebene Klasse
(der Nenner) konstant ist, kann diese bei einem Vergleich vernachlässigt werden. Da zudem gleichverteilte Wahrscheinlichkeiten für die einzelnen Cluster
verwendet werden, kann der Index der wahrscheinlichsten Hypothese dadurch
bestimmt werden, dass die Werte der klassenspezifischen Wahrscheinlichkeitsdichten (siehe Gleichung 3.16) miteinander verglichen werden. Der Index der
Klasse ergibt sich damit zum diskreten Zeitpunkt t als

$$C_{ML} = \underset{j=1,...,N}{argmax}\left(p(\mathbf{p}|C_i)\right). \tag{3.17}$$

3.5.3 Operationszielgebiete

Durch das Traversieren der Trajektorien der Wissensbasis und der beschriebenen Klassifikation mit dem Maximum Likelihood Klassifikator kann direkt aus
der relativen Häufigkeit der Klassifikationen, entsprechend der frequentistischen
Wahrscheinlichkeitsbetrachtung, die relative Verweildauer in Operationszielgebieten ermittelt werden. Im Sinne der Bayes Klassifikation ist dies die a-priori-
Wahrscheinlichkeit

$$P(C_i), i = 1,...,N \tag{3.18}$$

der N Positionscluster.

Zielgebiete mit einer relativen Verweildauer unter einem kleinen positiven
Schwellwert ε (beispielsweise $\varepsilon = 1/(2N)$), werden nicht in die Menge der

Operationszielgebiete aufgenommen, um die Berechnung bei der Optimierung zu beschleunigen. Der Beitrag einer Zielregion zum Ergebnis der Optimierung ist abhängig von der relativen Verweildauer. Deswegen beeinflussen sehr selten vorkommende Zielgebiete das Ergebnis der Optimierung kaum. Die Operationszielgebiete OT bestehen, unter der genannten Einschränkung, aus den Positionen der Clusterzentren

$$\bar{\mathbf{c}}_i = \begin{pmatrix} \bar{\mathbf{c}}_{r,i} \\ \bar{\mathbf{c}}_{l,i} \end{pmatrix} \tag{3.19}$$

der Cluster C_i und jeweils einer relativen Verweildauer, der a-priori-Wahrscheinlichkeit $P(C_i), i \in \{1,...,N\}$.

$$OT = \{(\bar{\mathbf{c}}_i, P(C_i)) \,|\, P(C_i) > \varepsilon, i = 1,...,N\} \tag{3.20}$$

Für Operationen mit einer Zugangstriade sind hiermit die Operationszielgebiete bestimmt.

Zielgebiete bei Operationen mit mehr als einer Zugangstriade

Für Operationen, die mit mehr als drei Zugängen durchgeführt werden sollen, werden die Operationszielgebiete für jede Zugangskonfiguration zusammen mit ihrer relativen Verweildauer durch folgendes unüberwachtes Lernverfahren berechnet. Die Grundlage dafür ist die Segmentierung der Trajektorie in K chirurgische Phasen, welche im folgenden Abschnitt detailliert beschrieben wird.

Im ersten Schritt werden im Sinne der frequentistischen Wahrscheinlichkeitsbetrachtung die phasenabhängigen a-priori-Wahrscheinlichkeiten $P_p(C_i)$ für den Aufenthalt der Endeffektoren in den Operationszielgebieten C_i innerhalb der chirurgischen Phasen $p = 1,...,K$ berechnet. Hierzu werden die Trajektorien der Wissensbasis traversiert und die Anzahl der Zuordnungen zu einem der N Positionscluster C_i für jede Phase gezählt und normiert, so dass

$$\sum_{i=1,...,N} P_p(C_i) = 1, p = 1,...,N \tag{3.21}$$

gilt.

Im zweiten Schritt wird ermittelt, welche Operationsphasen über dieselbe Zugangskonfiguration durchgeführt werden. Dies ist zum einen davon abhängig, ob der Teil der Operation robotergestützt oder konventionell durchgeführt wird und zum anderen vom Bereich innerhalb des Körpers, indem operiert wird. Um eine räumliche Unterscheidung der Bereiche durchzuführen, in denen operiert wird, werden die Positionsschwerpunkte der chirurgischen Phasen $p = 1, ..., K$ als

$$\bar{l}_p = \sum_{i=1,...,N} P_p(C_i)\bar{c}_{l,i} \text{ und } \bar{r}_p = \sum_{i=1,...,N} P_p(C_i)\bar{c}_{r,i}. \tag{3.22}$$

berechnet. Die binären Größen $r_p, p = 1, ..., K$ (siehe Gleichung 3.3 auf Seite 50) geben an, ob Phase p robotergestützt ($r_p = 1$) oder konventionell ($r_p = 0$) durchgeführt wird. Aus dieser Information und den Positionsschwerpunkten werden nun für alle K Phasen Merkmalsvektoren $\mathbf{x}_p$ gebildet. Diese Merkmalsvektoren

$$\mathbf{x}_p = (\bar{l}_{p,x}, \bar{l}_{p,y}, \bar{l}_{p,z}, \bar{r}_{p,x}, \bar{r}_{p,y}, \bar{r}_{p,z}, \gamma r_p), p = 1, ..., K \tag{3.23}$$

werden durch Clusteranalyse mit dem Single-Linkage Algorithmus gruppiert und

$$c = \lfloor z/3 \rfloor + 1 \tag{3.24}$$

Dichtezentren bestimmt, wobei z die Anzahl der gewünschten Zugänge beschreibt. Pro Optimierung wird eine Zugangstriade optimiert, die aus zwei Zugängen für Arbeitsinstrumente und einem Zugang für das Endoskop besteht. Die Konstante γ wird hinreichend groß gewählt (größer als der maximale Abstand zwischen allen Clustern, z.B. $\gamma = 1000$), so dass robotergestützte und konventionelle Interventionen sicher in verschiedene Cluster fallen.

Die Größe c beschreibt die Anzahl der durchgeführten Optimierungen von Zugangstriaden. Im Falle der Rektumresektion sind beispielsweise $z = 4$ Zugänge gewünscht. Es werden damit $c = 2$ Gruppen berechnet, eine Gruppe von Zielregionen, in welchen robotergestützt interveniert werden soll und eine Gruppe, in der manuell gearbeitet wird.

Die Skalare $z_p \in \{1, ..., c\}, p = 1, ..., K$ sollen nun die Zuordnung der Merkmalsvektoren $\mathbf{x}_p$ zu den entstandenen c Gruppen der Clusteranalyse bezeichnen. Für jede der Gruppen soll eine separate Optimierungen durchgeführt werden. Hierfür ist es nötig, die relative Verweildauer in den Zielregionen zu kennen.

A-priori-Wahrscheinlichkeiten der Zielgebiete

Sei $P^j(C_i)$ die a-priori-Wahrscheinlichkeit einer Zielregion C_i für die Optimierung $j \in \{1,...,c\}$. Um diese Wahrscheinlichkeiten zu berechnen wird die Menge POT_j der chirurgischen Phasen bestimmt, die mit einer Anfangskonfiguration $j \in \{1,...,c\}$ assoziiert sind. Formal kann diese Menge durch

$$POT_j = \{p|z_p = j, p = 1,...,K\}, j = 1,...,c \qquad (3.25)$$

beschrieben werden, also die Menge aller chirurgischen Phasen p, die der Gruppe j zugeordnet sind. $P(S_p)$ bezeichnet die a-priori-Wahrscheinlichkeit der chirurgischen Phase p, also der prozentuale zeitliche Anteil der Phase während der gesamten Operation. Damit ergibt sich die a-priori-Wahrscheinlichkeit vom Zielgebiet C_i für die Optimierung j als

$$P^j(C_i) = \sum_{p \in POT_j} P_p(C_i)P(S_p), j \in \{1,...,c\} \qquad (3.26)$$

Hiermit können wiederum die Operationszielgebiete für die c Optimierungen angeben werden.

$$OT_j = \{(\bar{\mathbf{c}}_i, P^j(C_i))|P^j(C_i) > \varepsilon, i = 1,...,N\}, j \in \{1,...,c\} \qquad (3.27)$$

In Abbildung 3.10 auf der nächsten Seite sind exemplarisch zwei Teiloperationen mit ihren Operationszielgebieten dargestellt. Während den K Operationsphasen wird in verschiedenen Regionen operiert, welche durch die Positionscluster C_i bzw. ihre Zentren $\bar{\mathbf{c}}_i$ repräsentiert sind.

Für jede der c Gruppen erfolgt eine separate Optimierung einer Zugangstriade. Es ergeben sich also $3c$ Zugänge. Um die gewünschte Anzahl von Zugängen $z < 3c$ zu erhalten, werden die optimierten Zugangspositionen vereint. Dieser Vorgang wird in Abschnitt 5.1.3 beschrieben.

Zielgebiete, die nicht vorkommen, sind mathematisch betrachtet Zielgebiete mit einer a-priori-Wahrscheinlichkeit von $P(C_i) = 0$. Für eine schnelle Berechnung werden diese und sehr selten vorkommende Zielgebiete entfernt. Mathematisch betrachtet bestehen die Operationsregionen aus N Clusterzentren $\bar{\mathbf{c}}_i$ mit

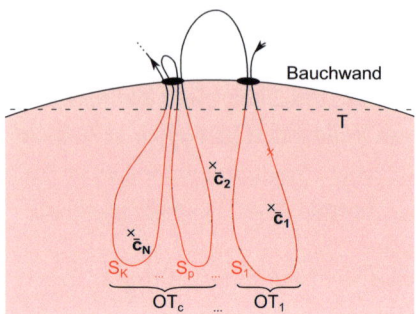

Abbildung 3.10: Operationszielgebiete in verschiedenen Abschnitten der Operation. Operationszielgebiete OT_i umfassen Positionscluster aus verschiedenen Operationsphasen S_p. Frontalebene
T. N Positionscluster repräsentiert durch ihre Schwerpunkte $\bar{c}_i$. K Operationsphasen S_i.

ihrer a-priori-Wahrscheinlichkeit $P(C_i)$ bzw. $P_j(C_i)$ für die j-te Optimierung einer Zugangstriade.

3.6 Erkennung von Operationsphasen

Der Erkennung und Segmentierung von chirurgischen Phasen liegt die Annahme
zugrunde, dass es eine inhärente Struktur einer Operation eines speziellen Typs
gibt, die verschiedenen Operationen desselben Typs zugrunde liegt und die invariant ist. Identifizierbare, in sich abgeschlossene Operationsphasen, die in einer
spezifischen Abfolge durchgeführt werden, sollten damit erkennbar sein.

3.6.1 Stand der Forschung

Es gibt Arbeiten, die kurze, zeitlich begrenzte und in sich abgeschlossene Aufgaben (Skills) wie Knotenziehen identifizieren [SPEIDEL 09]. Im Gegensatz hierzu
werden hier ganze chirurgische Phasen einer Operation identifiziert. In der Sigmaresektion wurden beispielsweise die beschriebenen neun Phasen herausgearbeitet, die sequentiell abgearbeitet werden.

Neumuth et al. [NEUMUTH 08] führen ein formales Modell ein, einen chirurgischen Prozess zu modellieren. Es handelt sich in erster Linie um ein ge-
nerisches Rahmenwerk, um Daten bereitzustellen. Die Autoren beschreiben ein
Konzept eines Datenwarenhauses und legen den Fokus auf die Identifizierung

von relevanten Relationen um den Prozess zu modellieren. Im Gegensatz hierzu wird hier auf low-level Signalen, in erster Linie auf dem Positionssignal der Trajektorien, gearbeitet. Der Fokus liegt auf der Identifizierung von relevanten Merkmalen, durch die eine Operation in chirurgische Phasen segmentiert werden kann.

Mit demselben Fokus, benutzen Ahmadi et al. [AHMADI 06] einen dynamischen Time-Warp Algorithmus, der auf 17 Merkmalen operiert, um verschiedene Aufzeichnungen einer Cholecystectomie mit 14 Operationsphasen zeitlich zu registrieren. Intraoperativ wird dann die erhaltene zeitliche Abbildung auf die aktuelle Intervention angewendet, um die momentane Phase zu bestimmen. In diesem Ansatz konnte eine Erkennungsrate von 92% mit einer Toleranzrate von fünf Sekunden erreicht werden.

Blum et al. [BLUM 08] verwenden Hidden-Markov-Modelle, um die Operationsphasen einer laparoskopischen Cholecystectomie zu erkennen. Die Autoren diskutieren verschiedene Hidden-Markov-Modell-Topologien, um die Operation zu modellieren. Ein Gesamtfehler von 6.73% konnte erreicht werden, 18.4% durch ausschließliche Verwendung des endoskopischen Videos [BLUM 10].

Katic et al. [KATIC 10] erkennen vier Phasen einer zahnärztlichen Implantat-Operation basierend auf Trajektorieninformation durch einen deduktiven Ansatz (Wenn-Dann-Struktur) in Kombination mit einem fallbasierten induktiven Ansatz, welcher einen Inferenzmechanismus beinhaltet. Merkmale wie „nah", „fern" und „zunehmender Abstand" werden durch Unscharfe Prädikate modelliert. Ein semantisches Modell repräsentiert die aktuelle Situation unter Verwendung von Beschreibungslogiken. Die Situation wird durch Relationen zwischen dem Bohrer und anderen Objekten der Szene beschrieben.

Lalys et al. [LALYS 10] kombinieren eine Support Vector Machine mit einem diskreten Hidden-Markov-Modell, um die sechs Phasen einer neurochirurgischen Intervention basierend auf einem Mikroskopvideo zu erkennen. Support Vector Maschinen werden trainiert, um Informationen aus den Videobildern der chirurgischen Szene zu extrahieren. Diese werden dann als Beobachtungen eines diskreten Hidden-Markov-Modells verwendet, dessen Zustände die sechs chirurgischen Phasen repräsentieren.

Der hier vorgestellte Ansatz, die chirurgischen Phasen mit einem dynamischen Bayes Klassifikator zu erkennen, welcher eine Rückkopplungsschleife enthält, ist neu. Darüber hinaus wurden, nach bestem Wissen, die Merkmale Instrumentendistanz, Anzahl von Koagulationen bzw. hochfrequenten Koagulationsdichten, Zeit innerhalb einer Phase, normalisierte Anzahl von Bewegungen pro Minute und die Anzahl bisheriger Instrumentenwechsel bisher noch nicht für eine Klassifikation von Operationsphasen verwendet.

Zudem zeigen erste Resultate, eine vielversprechende Erkennungsrate.

3.6.2 Merkmale für die Klassifikation chirurgischer Phasen

Aus einer Fülle von Merkmalen wurden elf Merkmale ausgewählt, welche sich während verschiedenen Operationsphasen unterscheiden. Diese Merkmale werden aus den Trajektorien extrahiert, welche für jeden Abtastzeitpunkt den elfdimensionalen Merkmalsvektor $\mathbf{x}$ für die Phasenklassifikation definieren. Jedes der Merkmale hat einen diskreten Wertebereich. Im Folgenden werden die einzelnen Merkmale dargestellt.

A. Instrumentenwechsel und Instrumentenidentifikation

Merkmal x_1: Die Anzahl bisheriger Instrumentenwechsel seit dem Beginn der Operation. Dieses Merkmal wurde bereits in der Vorverarbeitung ermittelt, während getestet wurde, wann sich die Endeffektoren im Patienteninneren befinden (Kapitel 3.4.1). Jedes Herausziehen eines Instruments aus dem Trokar wird als Instrumentenwechsel detektiert.

Merkmal x_2: Das benutzte Instrument der dominanten Hand. Identifikation „1" bezeichnet die Fasszange, Identifikation „2" die Schere.

B. Pfandlänge, Geschwindigkeit und Endeffektordistanz

Merkmal x_3: Die aktuell zurückgelegte Pfandlänge des dominanten Instruments. Diese wird durch eine Summierung der Abstände zwischen aufeinanderfolgenden Trajektorienpunkten berechnet und auf Dezimeter quantisiert.

Merkmal x_4 und x_5: Die momentane Geschwindigkeit des dominanten und des nicht-dominanten Instruments. Um die momentane Geschwindigkeit, robust gegenüber Schwankungen in der Positionserfassung oder dem Tremor des Chirurgen zu erfassen, wird die Geschwindigkeit innerhalb eines zwei Sekunden Fensters gemittelt. Die Geschwindigkeiten werden auf fünf Clusterzentren 18 ("burst"), 12 („schnell"), 7 („mittlere Geschwindigkeit"), 3 („langsam") und 0.75

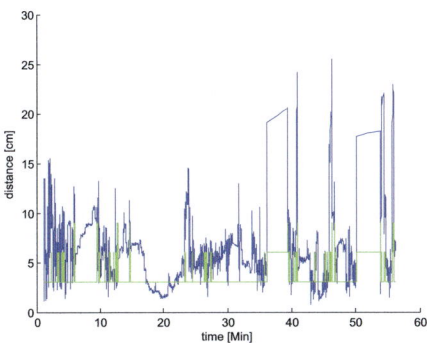

Abbildung 3.11: Endeffektordistanz bei einer Sigmaresektion. Rohdaten (blau), Instrumentendistanz geglättet und quantisiert (grün).

(,,Stillstand") cm/s quantisiert. Diese Quantisierungsstufen selbst werden durch eine Clusteranalyse der Trajektorien der Lernphase mit dem k-Means Algorithmus berechnet.

Beim k-Means Algorithmus werden zu Beginn k Clusterzentren zufällig verteilt. Jedes Datenelement wird dann iterativ dem ähnlichsten Clusterzentrum zugeordnet (minimale Distanz) und anschließend der Schwerpunkt neu berechnet. Dieses Vorgehen wird solange iteriert, bis eine maximale Iterationstiefe erreicht wurde oder sich die Schwerpunkte um weniger als eine festgelegte Distanz bewegen. Bei n Elementen und l Iterationen ist die Zeitkomplexität von k-Means $O(nkl)$ und die Speicherkomplexität $O(k)$ [JAIN 99]. Es werden $k = 5$ Cluster und eine konstante Anzahl von Iterationen gewählt. Damit ergibt sich eine Zeitkomplexität von $O(n)$. Dies ist der Grund dafür, dass k-Means bei großen Datensätzen eine sehr populäre Clustermethode ist [JAIN 99].

Merkmal x_6: Endeffektordistanz. Für die Berechnung der Distanz zwischen beiden Endeffektoren wird ebenfalls ein zwei Sekunden Fenster herangezogen und das arithmetische Mittel in diesem Fenster berechnet. Die Distanzen werden auf die Clusterzentren 3 (,,enges Zusammenarbeiten"), 6, 9 und 17 cm (,,weite Entfernung") quantisiert. In Abbildung 3.11 ist das Signal der Instrumentendistanzen während einer Sigmaresektion zu sehen, sowie die Quantisierung.

C. Anzahl von Koagulationen, hochfrequente Koagulationsdichte und Anzahl von hochfrequenten Koagulationen

Merkmal x_7: Anzahl der Koagulationen. Zu jedem Zeitpunkt wird die Anzahl der Koagulationen seit dem Beginn der Operation berechnet.

Merkmal x_8: Hochfrequente Koagulationsdichte. Um hochfrequente Koagulationsdichte zu berechnen wird die Anzahl der Koagulationen innerhalb eines 60 Sekunden-Fensters bestimmt. Die Anzahl wird auf die Werte 0, 2, 4 und 6 quantisiert. Teile der Trajektorie mit Werten größer als zwei werden als Phasen mit „hochfrequenter Koagulationsdichte" bezeichnet.

Merkmal x_9: Anzahl von hochfrequenten Koagulationen. Da die Anzahl der Koagulationen zwischen verschiedenen Operationen stark variiert, aber es typischerweise Agglomerationen von Koagulationen gibt, die mit verschieden Operationsphasen verbunden sind, wird das Konzept „Anzahl von hochfrequenten Koagulationen" eingeführt. Wenn das Signal der hochfrequenten Koagulationsdichte größer als 2 ist und auf 0 absinkt, wird der Zähler „Anzahl von hochfrequenten Koagulationen" um Eins erhöht.

Es erscheint generell vorteilhaft, zeitlich integrierende Merkmal zu verwenden, wie die Pfandlänge, oder die bisherige Anzahl eines bestimmten Ereignisses, da diese im Allgemeinen weniger Schwankungen unterliegen. Die Geschichte führt zu Informationsgewinn.

D. Koagulationsregionen

Merkmal x_{10}: Koagulationsregionen. Dieses Merkmal beschreibt die Klassenzugehörigkeit zu einer Region in der häufig Koagulationsstrom angelegt wird. Diese Regionen sind besonders wichtig innerhalb einer Operation. Um diese Gebiete zu bestimmen, werden die Positionen der Trajektorie an denen Koagulationen vorkommen mit demselben Verfahren gruppiert und klassifiziert, mit dem auch die Positionscluster C_i bestimmt wurden. Wegen anatomischen Unterschieden wird nur eine relativ grobe Unterteilung des Arbeitsraums in fünf Regionen vorgenommen. Die Klassifikation beinhaltet eine Schwelle von 3 cm. Wenn der euklidische Abstand der Trajektorien größer als 3 cm entfernt von jedem der Clusterzentren ist, erfolgt keine Klassifikation zu einer der Koagulationsregionen. In Abbildung 3.12 auf der nächsten Seite sind die Koagulationsregionen einer Sigmaresektion abgebildet.

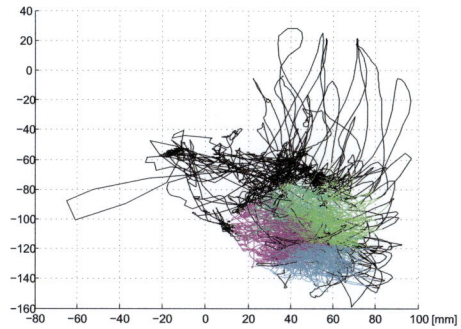

Abbildung 3.12: Trajektorie einer Sigmaresektion. Koagulationsregionen gefärbt. Teile der Trajektorie, die zu keiner Koagulationsregion zugeordnet wurden sind in schwarz eingezeichnet. Einheit [mm].

E. Aktivität – Normalisierte Bewegungen pro Minute

Merkmal x_{11}: Aktivität. Das Konzept Bewegungen pro Minute wurde durch Datta et al. [DATTA 01] im Kontext von Bewertung chirurgischer Fähigkeiten eingeführt. Die Anzahl der Maxima in der tiefpassgefilterten (geglätteten) Geschwindigkeitskurve pro Zeitintervall ist ein Indikator für die Expertise des Chirurgen. Durch Bewegungen pro Minute wird eine Gleichförmigkeit der Geschwindigkeit beschrieben. Experten vollführen durchgängigere Bewegungen, setzen weniger ab und vollführen weniger zögernde Bewegungen. Bei hektischen Aktivitäten oder wenn Blutungen gestillt werden müssen, nimmt die Größe dieses Signals zu. Es gibt Schritte in einer Operation, in denen, durch die Aktivität an sich bestimmt, mehr Bewegungen pro Minute zu vollführen sind, als in anderen Schritten. Um Unterschiede in der Expertise auszuschließen wird das Signal der Bewegungen pro Minute durch die durchschnittliche Anzahl der Bewegungen pro Minute seit Beginn der Intervention geteilt. Das Merkmal wird für das dominante Instrument berechnet und beschreibt einen Grad der Aktivität. Die Werte werden quantisiert und auf die Werte 0.5 („niedrige Aktivität"), 1.3 („mittlere Aktivitätsdichte") und 2 („hohe Aktivität") abgebildet.

In Abbildung 3.13 auf der nächsten Seite ist dieses quantisierte Signal bei einer Sigmaresektion zusammen mit den Operationsphasen dargestellt. Es ist erkennbar, dass die Aktivität während verschiedener Operationsphasen variiert.

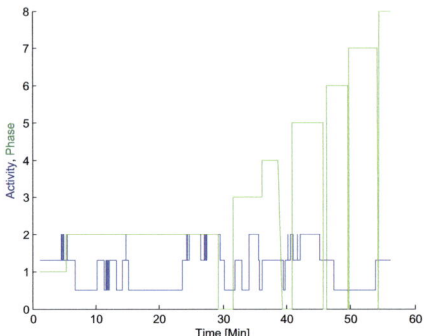

Abbildung 3.13: Aktivität während einer Sigmaresektion. Normierte Anzahl von Bewegungen pro Minute (blau) und Operationsphasen (grün).

Beispielsweise ist in Phase 5 die höchste Aktivität erkennbar.

G. Zeitpunkte für den Anfang einer neuen Operationsphase

Es ist vorteilhaft, die Phase selbst als Merkmal der Phasenklassifikation einzuführen, denn es gibt eine spezielle Reihenfolge, in der die Operationsphasen durchgeführt werden. Während des gesamten Operationsverlaufs ausschließlich die a-priori-Wahrscheinlichkeit anzunehmen bedeutet, nicht alle Informationen für die Klassifikation zu verwenden. Der zeitliche Fortschritt innerhalb einer Operation ist ein wesentliches Kriterium für die Klassifikation. Gibt es in einer früheren Phase Komplikationen, so ist die absolute Zeit als Merkmal (die Zeitdauer seit Beginn der Operation) jedoch für jede folgende Phase ein falscher Indikator für eine Phasenzuordnung. Statt die absolute Zeit als Merkmal zu verwenden, wird ein Konzept eingeführt, dass die vergangene Zeit innerhalb einer Phase mit potentiellen Phasenwechseln verknüpft. Hier wird die Phasenabfolge in der Operation berücksichtigt. Zu jedem diskreten Zeitpunkt t_i in Phase i, welcher durch die Abtastrate des Trackingsystems vorgegeben ist, wird die Wahrscheinlichkeit eines Wechsels in eine nächste Phase k bestimmt. Dieses Merkmal erweitert den Naiven Bayes Klassifikator durch Dynamik. Es handelt sich um einen zeitdiskreten Markov-Prozess erster Ordnung mit zeitvarianten Transitionen. Das Konzept wird detailliert in Abschnitt 3.6.3 auf der nächsten Seite beschrieben.

3.6.3 Dynamische Bayes Klassifikation

Zu jedem Abtastzeitpunkt innerhalb der Trajektorien, sowohl in der präoperativen Trainingsphase, als auch in der intraoperativen Erkennung der Operationsphasen, werden die erwähnten Merkmale, kombiniert in dem Merkmalsvektor $\mathbf{x}$, klassifiziert.

A. Bayes Klassifikation

Die chirurgischen Phasen werden als K Klassen $S_i, i = 1, ..., K$ modelliert. Im Falle der Sigmaresektion, an welcher dieser Ansatz evaluiert wurde, ist $K = 8$.

Die a-posteriori-Wahrscheinlichkeit der Klasse S_i kann als

$$P(S_i|x) = \frac{P(S_i)P(\mathbf{x}|S_i)}{\sum\limits_{k=1,...,K} P(S_k)P(\mathbf{x}|S_k)} \tag{3.28}$$

berechnet werden. Die a-priori-Wahrscheinlichkeit $P(S_i), i = 1, ..., K$ wird entsprechend der frequentistischen Wahrscheinlichkeitsbetrachtung als relative Häufigkeit der Phase i in Bezug auf alle Trajektorien der überwachten Lernphase berechnet. Die Wahrscheinlichkeitsverteilung $P(\mathbf{x}|S_i)$ enthält den d-dimensionalen Merkmalsvektor $\mathbf{x}$. Es werden die erwähnten $d = 11$ Merkmale verwendet.

Die Annahme des Naiven Bayes Klassifikators ist, dass die Merkmale stochastisch unabhängig sind, womit die Wahrscheinlichkeitsverteilungen durch

$$P(\mathbf{x}|S_i) = \prod\limits_{j=1,...,d} P(x_j|S_i) \tag{3.29}$$

berechnet werden können. Phase S_i wird ausgewählt, falls

$$P(S_i|\mathbf{x}) = \max_k P(S_k|\mathbf{x}). \tag{3.30}$$

B. Schätzung der Wahrscheinlichkeitsverteilungen der Merkmale

Die unbekannten Wahrscheinlichkeitsverteilungen $P(x_j|S_i)$ in Gleichung 3.29 werden aus den Trajektorien der Trainingsmenge geschätzt. Es handelt sich um eine nichtparametrische Schätzung der Wahrscheinlichkeitsverteilung, da aufgrund der unbekannten Form der Verteilung keine parametrische Verteilung, wie beispielsweise die Normalverteilung, angenommen werden kann.

Für die Schätzung werden die Merkmale $x_j, j = 1, \ldots, d$ aus den Phasen separat behandelt, ebenso die einzelnen durch den Experten annotierten Operationsphasen S_i. Alle Merkmale haben diskrete Werte, welche als endliche Anzahl von „Bins" eines Histogramms für ein Merkmal aufgefasst werden. Für jedes Merkmal wird die Häufigkeit des Auftretens jedes einzelnen Wertes y_i innerhalb einer Operationsphase $S_i, i \in \{1, \ldots, K\}$ berechnet und normalisiert, um die Wahrscheinlichkeitsverteilungen aller Merkmale in der Operationsphase zu erhalten. Für jede Operationsphase wird dieser Vorgang wiederholt. Diese Methode wird Histogrammschätzer für die Wahrscheinlichkeitsverteilung genannt. Abbildung 3.14 auf der nächsten Seite zeigt die Wahrscheinlichkeitsverteilung für das Merkmal x_1 „Anzahl der Instrumentenwechsel" und Abbildung 3.15 auf der nächsten Seite für das Merkmal x_8 „Hochfrequente Koagulationsdichte".

Da nur wenige Interventionen in der Trainingsphase verwendet wurden ergibt sich durch den beschriebenen Histogrammschätzer im Allgemeinen keine glatte Schätzung. Werden bei jedem Auftreten eines Wertes $y_i, i = 1, \ldots, n$ auch Werte in der Nachbarschaft durch eine gewichtete Kernfunktion erhöht, spricht man vom Kernschätzer. Dies kann für das Merkmal x_j als

$$\hat{p}_h(x_j) = \frac{1}{nh} \sum_{i=1,\ldots,n} K\left(\frac{x_j - y_i}{h}\right) \tag{3.31}$$

mit der Bandbreite h und der Kernfunktion $K(u)$ definiert werden, beispielsweise mit dem Gaußkern oder Parzen-Fenster

$$K(u) = \frac{1}{\sqrt{2\pi}} exp(-\frac{u^2}{2}) \tag{3.32}$$

[PARZEN62]. Die Kernfunktion $K(u)$ ist beim Wert $u = 0$ maximal, achsensymmetrisch bezüglich der y-Achse und für $u > 0$ monoton fallend. Die Werte der Kernfunktion summieren sich zu eins auf. Zur einfachen Berechnung wird eine Trägerintervall $[-3h, +3h]$ der Kernfunktion als Bandbreite definiert. Die Bandbreite ist jeweils abhängig von der Anzahl möglicher Werte eines Merkmals. Für die nominalen Merkmale x_2 und x_{10} wird der Histogrammschätzer verwendet, für die anderen Merkmale der Kernschätzer mit Gaußkern.

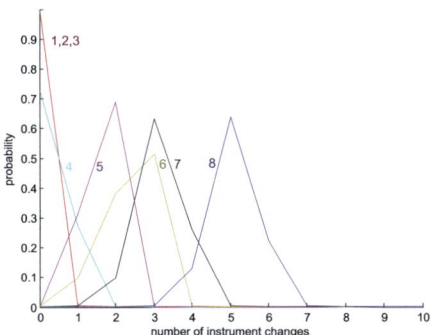

Abbildung 3.14: Wahrscheinlichkeitsverteilung der Anzahl der Instrumentenwechsel x_1 während den Phasen der Sigmaresektionen. Phase 1 bis 8. Kein Instrumentenwechsel in Phase 1 bis 3.

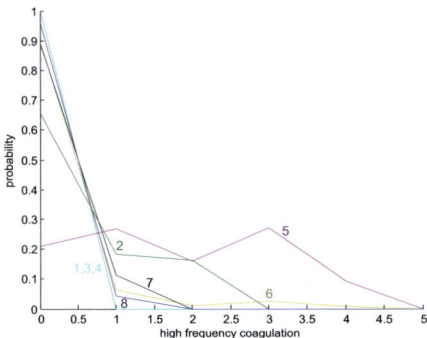

Abbildung 3.15: Wahrscheinlichkeitsverteilung der hochfrequenten Koagulationsdichten x_8 während der Phasen der Sigmaresektionen.

C. Modellierung des Phasenverlaufs durch einen Markov-Prozess

Der Naive Bayes Klassifikator wird durch eine dynamische Wahrscheinlichkeits-verteilung erweitert, welche die Zeit für einen Wechsel von Phase i zu einer näch-sten Phase im nächsten Abtastzeitpunkt beschreibt, also durch einen zeitdiskre-ten Markov-Prozess mit zeitvarianten Übergangswahrscheinlichkeiten. Die ver-gangene Zeit seit dem Beginn der Phase i wird als t_i bezeichnet.

Zu jedem Zeitpunkt wird die Wahrscheinlichkeit eines Wechsels in eine der anderen K Phasen durch einen binären K-dimensionalen Vektor modelliert, wel-cher eine Eins in Komponente k aufweist, genau dann, wenn im nächsten Zeit-schritt ein Wechsel zu Klasse k stattfindet, ansonsten enthält der Vektor Nullen. Durch ein Traversieren der Trainingsmenge, der Erstellung des Histogramms und der anschließenden Normierung entsteht eine Wahrscheinlichkeitsverteilung mit den Komponenten $P_{i,k}(t_i), k = 1, ..., K$, die den Wechsel von Phase i zu Phase k zum Zeitpunkt t_i beschreibt. Im Falle der Sigmaresektion folgt nach Phase i im-mer Phase $i+1$. Damit ergibt sich $P_{i,k}(t_i) = 0$ für alle Zeitpunkte t_i mit $k \neq i+1$.

Statt diese Wahrscheinlichkeitsverteilung nur aus den Trainingsdaten zu ler-nen, was zu sehr dünn besetzten Wahrscheinlichkeitsfunktionen führt, wird die-se durch zusätzliches Expertenwissen modelliert. Die medizinischen Partner des Klinikums rechts der Isar spezifizierten die minimal und maximal möglichen Zeitdauern für einzelne Phasen $t_{i,min}$ und $t_{i,max}$ (vgl. Tabelle 3.1 auf Seite 38). Nur der Mittelwert μ_i wird aus den experimentellen Daten ermittelt. Mit die-ser Information wird die Komponente der Wahrscheinlichkeitsverteilung $P_{i,k}(t_i)$, welche nicht Null ist, generalisiert und als Dreiecksverteilung mit dem wahr-scheinlichsten Wert (Mode) μ_i, der unteren Grenze $t_{i,min}$ und der oberen Grenze $t_{i,max}$ modelliert. Damit gilt $P_{i,k}(t_i) = 0$, für alle Zeitstempel $t_i < t_{i,min}$ und $t_i \geq t_{i,max}$ und

$$\sum_{k,t_i} P_{i,k}(t_i) = 1. \tag{3.33}$$

Diese Wahrscheinlichkeitsverteilung beschreibt, dass ein Wechsel genau zum Zeitpunkt t_i in Phase i stattfindet, also t_i Minuten nachdem Phase i begonnen hat. Abbildung 3.17 zeigt diese Wahrscheinlichkeitsverteilung für die zweite Opera-tionsphase. Die Wahrscheinlichkeit für einen Wechsel bis zum Zeitpunkt t_i kann durch die kumulative Wahrscheinlichkeitsfunktion

$$F_T^{i,k}(t_i) = P_{i,k}(T \leq t_i), k = 1, ..., K \tag{3.34}$$

berechnet werden. Die Zufallsvariable T beschreibt hierbei den Zeitpunkt des Wechsels. Es gilt

$$\lim_{t_i \to \infty} \sum_{k=1,...,K} F_T^{i,k}(t_i) = 1. \tag{3.35}$$

Die Wahrscheinlichkeitsfunktion $F_T^{i,k}(t_i)$ beschreibt die Wahrscheinlichkeit, dass in Phase i zum Zeitpunkt t_i ein Wechsel in die nächste Klasse k stattfindet. In unserem Fall der sequentiellen Abfolge der Phasen sind wieder alle Komponenten $k = 1, ..., K$ zu allen Zeitpunkten Null, außer der Wahrscheinlichkeitsfunktion mit dem Index $k = i + 1$. Diese Wahrscheinlichkeitsfunktion ist am Beispiel der zweiten Phase in Abbildung 3.17 auf Seite 73 abgebildet, zusammen mit der zugehörigen Dreiecksverteilung.

Die Wahrscheinlichkeit, dass kein Phasenwechsel stattfindet ist

$$F_T^{i,i}(t_i) = 1 - \sum_{k=1,...,K} F_T^{i,k}(t_i). \tag{3.36}$$

Werden diese Resultate kombiniert, erhält man die dynamische Wahrscheinlichkeitsverteilung

$$P_{t_i}(S_i) = \left(F_T^{i,1}(t_i), ..., F_T^{i,i-1}(t_i), 1 - \sum_{k=1,...,k} F_T^{i,k}(t_i), F_T^{i,i+1}(t_i), ..., F_T^{i,K} \right)^T. \tag{3.37}$$

Wenn in Phase i, ausschließlich die Möglichkeit gegeben ist in Phase $i+1$ zu wechseln, dann sinkt Komponente i monoton vom Wert Eins auf den Wert Null, was zum Zeitpunkt $t_i = t_{i,max}$ der Fall ist und Komponente $i + 1$ steigt monoton vom Wert Null hin zum Wert Eins an, was ebenfalls zum Zeitpunkt $t_i = t_{i,max}$ der Fall ist. Alle anderen Komponenten bleiben Null. Also ist ein Klassenwechsel vor dem Zeitpunkt $t_{i,min}$ ausgeschlossen und nach $t_{i,max}$ sicher.

Abbildung 3.16 visualisiert die Rückkopplung des vorgestellten dynamischen Bayes Klassifikators. Diese Architektur kann als Eingabe-Ausgabe Hidden-Markov-Modell [BENGIO96] oder als Markovsches gemischtes Expertensystem

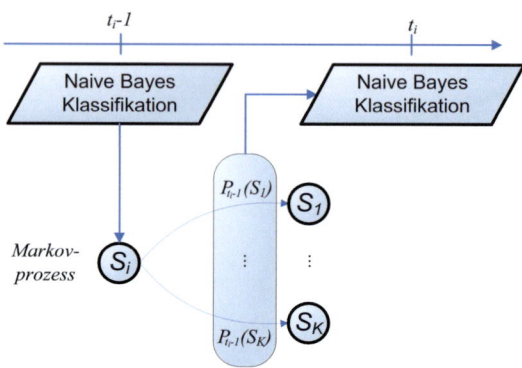

Abbildung 3.16: Dynamischer Bayes Klassifikator. Hybride Klassifikation. Naiver Bayes Klassifikator in Kombination mit einem zeitdiskreten Markov-Prozess erster Ordnung mit zeitvarianten
Transitionen: Die Wahrscheinlichkeitsverteilung $P_{t_i-1}(S_i)$ für den Folgezustand zum Zeitpunkt
$t_i - 1$ fließt in die Klassifikation zum Zeitpunkt t_i ein.

[MEILA96] aufgefasst werden.

Zu jedem Zeitpunkt t_i wird damit die Phase S_p gewählt mit dem Index

$$p = \underset{i}{argmax} \left(P(S_i) P_{t_i-1}(S_i) \prod_{j=1,\dots,d} P(x_j|S_i) \right). \qquad (3.38)$$

3.6.4   Ergebnisse zur Erkennung der Operationsphasen

Die Evaluation der Erkennung der Operationsphasen erfolgte mit sechs Datensätzen einer Sigmaresektion im Tierversuch. Ein Datensatz stammte aus einer nicht
variierten Operation, die anderen Datensätze aus künstlich erzeugten Trajektorien (vgl. Abschnitt 3.3). Keiner der Datensätze, die für die Evaluation benutzt
wurde befand sich in der jeweils gelernten Trainingsmenge.

Zu jedem Zeitpunkt wurde die klassifizierte Phase mit der vom Experten annotierten Phase verglichen. Eine falsche Klassifikation wird als Fehler gewer-
tet. 6.8 % der Klassifikationen stellten sich, mit einer Standardabweichung von
3.8%, als Fehler. Umgekehrt wurden 93.2% aller Zeitstempel als wahr-positiv
klassifiziert.

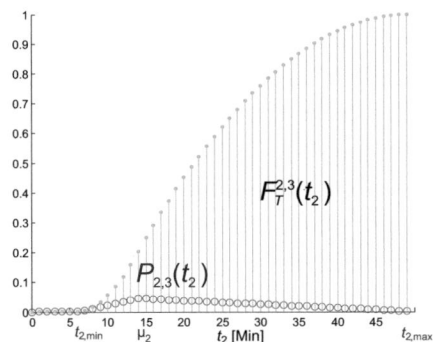

Abbildung 3.17: Wahrscheinlichkeitsverteilung für Phasenwechsel. Wahrscheinlichkeitsverteilung $P_{2,3}(t_2)$ (blau) und kumulative Wahrscheinlichkeitsfunktion $F_T^{2,3}(t_2)$ welche die Wahrscheinlichkeit für den Wechsel von Phase 2 zu Phase 3 beschreibt (grün).

Merkmal	Fehler [%]	σ
x_3: Pfadlänge (dominantes Instrument)	23.7	5.6
- Zeit (absolut)	38.9	21.7
x_7: Anzahl von Koagulationen	47.5	13.0
x_9: Anzahl von hochfrequenten Koagulationen	50.4	14.2
x_1: Anzahl von Instrumentenwechseln	65.8	7.4
x_2: Instrument in Benutzung	73.0	5.8
x_{11}: Aktivität	76.1	8.3
x_4: Geschwindigkeit (dominantes Instrument)	83.7	3.7
x_8: Koagulationsfrequenz	84.9	3.5
x_{10}: Koagulationsregion	85.3	3.1
x_6: Instrumentenabstand	85.9	3.1
x_5: Geschwindigkeit (nicht-dominantes Instrument)	91.3	1.9

Tabelle 3.2: Mittlerer Fehler einzelner Merkmale für die Unterscheidung von Operationsphasen. Mittelwert und Standardabweichung σ. Sortiert nach dem Potential chirurgische Phasen zu unterscheiden.

Es wurde untersucht, wie gut die einzelnen Merkmale separat betrachtet zu einer Unterscheidung der Operationsphasen führen. Tabelle 3.2 zeigt den prozentualen Anteil der Fehlklassifikationen. Pfadlänge stellte sich als das signifikanteste Merkmal zur Unterscheidung von Phasen heraus. Dies ist intuitiv einleuchtend, denn im Gegensatz zur Zeit, welche durch Inspektionen oder Inaktivität voranschreitet, ist dies bei der zurückgelegten Strecke nicht der Fall. Die absolute Zeit wurde als Referenzwert hinzugefügt, jedoch nicht als Merkmal betrachtet. Durch die multiplikative Verknüpfung der Wahrscheinlichkeitsverteilungen der Bayes Klassifikation ergibt sich ein Synergieeffekt. Die Kombination der Merkmale, zeigt deutlich bessere Ergebnisse, als jedes Merkmal einzeln zu betrachten. Sogar Merkmale, die Phasenzugehörigkeit am wenigsten diskriminieren, wie die Geschwindigkeit des nicht dominanten Instruments oder die Instrumentendistanz führten zu verbesserten Ergebnissen, wenn sie bei der Klassifikation berücksichtigt werden.

Beispielsweise kann die Aktion „Greifen und Wegziehen von Weichgewebe, während mit dem dominanten Instrument gearbeitet wird" durch eine hohe Instrumentendistanz, Stillstand im linken Instrument und langsamer Bewegung im rechten Instrument beschrieben werden. Diese Kombination tritt selten in Phase 3, 5 und 6 auf, jedoch sehr oft in Phase 4.

Die Aktion des aktiven Zusammenarbeitens beider Instrumente während Koagulationsstrom angelegt wird, kann beschrieben werden durch langsame Bewegungen in beiden Instrumenten, einer niedrigen Instrumentendistanz in Kombination mit einer Koagulationsdichte die nicht Null ist. Diese Kombination tritt nur in Phase 2 und 5 auf.

Diskussion zur Erkennung von Operationsphasen

Die Verwendung des Bayes Klassifikators hat den Vorteil, beispielsweise im Vergleich zu Neuronalen Netzwerken, dass die Datenrepräsentation für den Menschen leicht verständlich ist. Die Wahrscheinlichkeitsverteilungen der Merkmale sind leicht interpretierbar und können durch Expertenwissen manuell modelliert oder angepasst werden, beispielsweise durch die Proposition: Bis zum Beginn der Phase „Verschluss des offenen Rektumstumpfs" können ein bis fünf Instrumentenwechsel auftauchen, im Durchschnitt sind es drei. Zudem kann der Bayes Klassifikator elegant mit dem Markov-Prozess kombiniert werden, welcher wiederum als Merkmal des Bayes Klassifikators aufgefasst werden kann. Bei bekannter Likelihood liefert der Bayes Klassifikator ein optimales Ergebnis. Der erwähnte Synergieeffekt beruht auf einer stochastischen Abhängigkeit der Merkmale. Ein Bayes Netz, welches keine sternförmige Struktur aufweist, könnte zu verbesserten Ergebnissen führen.

Die quantisierten Werte der Merkmale sind ebenfalls leicht verständlich und können durch Prädikate wie „kleiner-", „mittlerer-" oder „großer Instrumentenabstand" beschrieben werden.

Die Erkennungsrate von 96.3% der Koagulationshinweistöne scheint ausreichend zu sein und kann leicht durch akustische Abschirmung verbessert werden. Die Ergebnisse der Segmentierung der chirurgischen Phasen können mit einer Auswertung des endoskopischen Videos durch weitere Merkmale angereichert werden. Beispielsweise kann der lineare Stapler oder die Andruckplatte im Endoskopbild automatisch erkannt werden. Dieser Ansatz wurde in Zusammenarbeit mit der TUM bereits weiter verfolgt [WEEDE 12B]. Außerdem können Schneidevorgänge der Schere aus dem Video ermittelt werden und analog zum Koagulationssignal in die Trajektorie integriert werden. So kann hochfrequentes Schneiden oder die Anzahl bisheriger hochfrequenter Schneidevorgänge als Merkmal eingeführt werden.

Der vorgestellte Ansatz zur Erkennung der Operationsphasen zeigt vielversprechende Ergebnisse und kann auf andere Interventionen generalisiert werden. Insbesondere durch den hybriden Ansatz, die Naive Bayes Klassifikation mit einem Markov-Prozess zu kombinieren, ist der Ansatz für verschiedene Operationstypen generalisierbar. Bei vielen Operationstypen ist die Ausführung oder die Abfolge von chirurgischen Phasen abhängig von der Anatomie und der Diagnose. Durch die Feedbackschleife in Kombination mit einem Markov-Prozess (siehe Abbildung 3.16) kann die zeitabhängige Abfolge der Operationsphasen bei der Klassifikation berücksichtigt werden. Durch den hier vorgestellten Ansatz können Variationen in der Abfolge probabilistisch modelliert werden. Die Operationsphasen bilden den Rahmen für die Optimierung von Zugangstriaden für verschiedene Teile der Operation, sowie für die intraoperative Bewegungsprädiktion.

3.7 Bewegungsprädiktion

Die Bewegungsprädiktion der Endeffektoren dient zur intraoperativen Führung.
Zudem wird sie für die vorausschauende Planung des Kamerapfads verwendet.

Für die Bewegungsprädiktion innerhalb einer Operationsphase wird die diskrete Sequenz der Positionscluster, die beim Traversieren der Trajektorien der
Wissensbasis und der Maximum Likelihood Klassifikation entsteht, als Zustandsmenge einer Markov-Kette verwendet. Wie bei einem Histogrammschätzer werden beim Traversieren der Operationen der Wissensbasis die Übergänge von einem Zustand zum nächsten gemerkt und hieraus für jede Operationsphase eine separate Transitionsmatrix berechnet. Paare von aufeinander folgenden Zuständen werden gesammelt, welche die möglichen Operationspfade beschreiben.
Durch die Wahrscheinlichkeiten der Transitionsmatrix wird die Wahrscheinlichkeit eines bestimmten weiteren Operationsverlaufes innerhalb der Operationsphase beschrieben. Die Übergangswahrscheinlichkeit von einer Operationsphase
zur nächsten wird, wie im vorigen Abschnitt beschrieben, durch den inhomoge-
nen Markov-Prozess (siehe Gleichung 3.37) modelliert, also durch die dynamischen Erweiterung des Naiven Bayes Klassifikators.

Intraoperativ werden die Merkmale zur Phasenklassifikation zum gegenwär-
tigen Zeitpunkt beobachtet. Die aktuelle Operationsphase wird als probabilistische Funktion der Merkmale bestimmt. Es wird die zur entsprechenden Operationsphase gehörende Markov-Kette gewählt und anhand dieser die Endeffektorpositionen prädiziert. Durch die Abfolge der durchlaufenen Zustände des
Markov-Modells entsteht ein Navigationspfad. Intraoperativ wird jeweils der aktuelle Teil des Navigationspfades, sowie eine mittelfristige Prädiktion visualisiert. Je nach Wahrscheinlichkeit werden die möglichen Wege transparent (niedrige Wahrscheinlichkeit) oder weniger transparent (hohe Wahrscheinlichkeit) dargestellt.

3.7.1 Stand der Forschung

Die automatische Berechnung von Pfaden, um dem Operateur aus gelernten Trajektorien eines Experten Hilfestellungen bezüglich einer auszuführenden Aufgabe zu geben, wurde bereits in einigen Forschungsarbeiten untersucht (beispielsweise [PEZZEMENTI 07, LI 04, GIBO 09]). Solche Hilfestellungen werden als

Virtual Fixtures bezeichnet. Das Konzept wurde von Rosenberg eingeführt und bezeichnet das Überlagern von sensorischen Informationen (z. B. haptisch, visuell) in den Arbeitsbereich, um die Performanz beim Ausführen einer Aufgabe zu erhöhen [ROSENBERG 93]. Im Ansatz von Pezzementi et al. [PEZZEMENTI 07] wird der Benutzer durch automatisch generierte Virtual Fixtures so durch den Arbeitsbereich geführt, dass seine Bewegungen idealerweise denen eines Experten gleichen. Das Auffinden der korrespondierenden Stelle in der Trajektorie des Benutzers bezüglich der Trajektorie des Experten geschieht hier durch die Bestimmung der minimalen euklidischen Distanz innerhalb eines Zeitfensters in der Experten-Trajektorie. Das Zeitfenster bewegt sich in konstanter Zeit innerhalb der ablaufenden Intervention. Dies macht die Anwendung für längere Operationen kaum möglich, da Interventionen hinsichtlich des zeitlichen Ablaufs stark variieren. Eine Navigationshilfe, die einem Operateur vollautomatisch einen Pfad vorgibt, die passende Stelle innerhalb des geplanten Pfades auch während einer längeren Operation auffindet, um den Operateur stetig und robust in der Bewegungsführung anzuleiten, ist nicht bekannt.

Eine Voraussetzung für die mittelfristige oder langfristige Prädiktion ist ein semantisches Verständnis der Operation. In dem hier vorgestellten Ansatz wird eine mittelfristige Prädiktion mit einer langfristigen Prädiktion auf Basis der Operationsphasen verknüpft. Eine robuste und präzise Prädiktion einer gesamten chirurgischen Intervention ist eine ungelöste Forschungsaufgabe, welche eng verwandt ist mit der autonomen Ausführung einer Operation. Eine Prädiktion zu jedem Zeitpunkt kann direkt als Anweisung für eine Bewegungsführung aufgefasst werden. Der hier vorgestellte Ansatz ist ein Schritt in diese Richtung. Dieser Zusammenhang verbindet Bewegungsprädiktion, Bewegungsführung und Bahnplanung mit dem Thema der Ablauferkennung und Bewegungserkennung. Das Anwendungsgebiet erstreckt sich über viele Domänen, wie Robotik, mobile Agenten, Überwachung, Verkehrsnavigation und minimal-invasive Chirurgie. Die Algorithmen sind im Allgemeinen generisch einsetzbar.

Bewegungsprädiktion und virtuelle Magneten

Bei Abweichungen vom Arbeitsbereich, für den die Anfangskonfiguration optimiert wurde, weisen Pfeile hin zum optimierten Arbeitsbereich unter Nutzung der Prädiktion (siehe Abbildung 3.18).

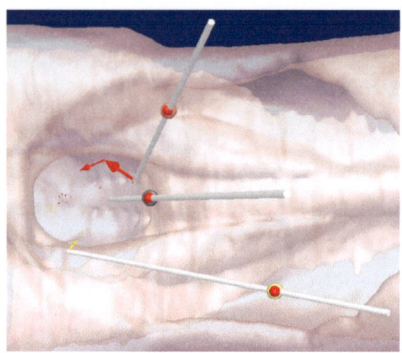

Abbildung 3.18: Prädiktion durch Pfeile visualisiert.

3.7.2 Präoperative Lernphase

Generierung des Markov-Modells für die Trajektorienprädiktion

Die Klassen (Operationsregionen), welche durch die Clusteranalyse erzeugt wurden, werden als Zustandsmengen $S = C_1, ..., C_N$ eines diskreten Markov-Prozesses aufgefasst. Für jede Operationsphase wird ein separates Markov-Modell erzeugt. Die Abtastzeitpunkte der Operationen werden mit $t = 0, 1, 2, ...$ und die Zustände zu diesen Zeitpunkten mit $C_{i,t}$ bezeichnet.

Eine Markov-Kette n-ter Ordnung auf der Zustandsmenge S ist als stochastischer Prozess $X = (X_t)_{t=0,1,2,...}$ mit Werten in S definiert und der Eigenschaft, dass die Wahrscheinlichkeitsverteilung für den Zustand zum Zeitpunkt $t + 1$ nur von den letzten n vorhergehenden Zuständen abhängt:

$$P(X_{t+1} = C_{i,t+1} | X_t = C_{i,t}, ..., X_0 = C_{i,0}) =$$

$$P(X_{t+1} = C_{i,t+1} | X_t = C_{i,t}, ..., X_{t-(n-1)} = C_{i,t-(n-1)}). \qquad (3.39)$$

In einer Markov-Kette erster Ordnung hängt der aktuelle Zustand nur vom vorherigen Zustand ab, bei einer Markov-Kette zweiter Ordnung vom aktuellen Zustand und dem Vorgängerzustand. Eine Markov-Kette zusammen mit einem Anfangszustand bzw. einer Wahrscheinlichkeitsverteilung π wird als Markov-Modell bezeichnet. [ALPAYDIN 08]

Die Wahrscheinlichkeitsverteilung auf dem Zustandsraum S zum Zeitpunkt t wird durch den Maximum Likelihood Klassifikator zum Zeitpunkt t bestimmt oder „beobachtet" (beobachtbares Markov-Modell). Sei $(x(t)_1, ..., x(t)_N)^T$ der binärer Vektor, der das Klassifikationsergebnis dadurch beschreibt, dass die Komponente $x(t)_i = 1$ gesetzt wird für

$$i = \underset{i=1,...,N}{argmax}\left(p(\mathbf{p}|C_i)\right) \tag{3.40}$$

und $x(t)_j = 0$ für alle $j \neq i$ (vgl. Gleichung 3.17). Als Anfangszustand π wird der Zustand C_i verwendet, der durch die Klassifikation der minimal-invasiven Zugänge entsteht.

Das Ziel ist es herauszufinden, in welche Regionen sich die Endeffektoren bewegen werden. Aus diesem Grund wird das Modell derart vereinfacht, dass nur Übergänge von einem Zustand zu einem neuen Zustand betrachtet werden und die reflexiven Übergänge im Modell nicht betrachtet werden. Ein Zustand C_i modelliert also eine Zugehörigkeit zu einer Operationsregion für eine unbestimmte diskrete Anzahl an Zeitschritten. Die Übergangswahrscheinlichkeiten $P_{i,j}$ von Zustand i zum Zustand j wird also innerhalb einer Operationsphase als unabhängig vom zum Zeitpunkt t betrachtet (homogene Markov-Kette) und für das Markov-Modell erster Ordnung als

$$P_{i,j} = P(X_{t+1} = C_j | X_t = C_i), i, j = 1, ..., N \tag{3.41}$$

definiert. Die (N, N)-Matrix dieser Übergangswahrscheinlichkeiten wird als Transitionsmatrix der Markov-Kette erster Ordnung $\mathbf{T_1} := \left(P_{i,j}\right)_{i,j=1,...,N}$ bezeichnet.

Um die Komponenten $P_{i,j}$ der Transitionsmatrix $\mathbf{T_1}$ der Markov-Kette erster Ordnung zu berechnen, werden die K Trajektorien der Wissensbasis Punkt für Punkt traversiert und die Zugehörigkeit zweier aufeinanderfolgender Punkte der Trajektorie bestimmt. Es wird ein Histogramm dieser Übergänge erzeugt. Um die reflexiven Übergänge außer Acht zu lassen wird $P_{i,i} = 0, i = 1, ..., N$ gesetzt. Es folgt eine Normierung, so dass von jedem Zustand aus eine Wahrscheinlichkeitsverteilung zu den N Zuständen gegeben ist. Die Transitionsmatrix kann demnach wie folgt beschrieben werden

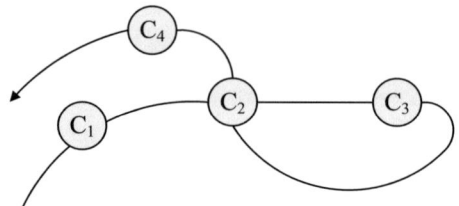

Abbildung 3.19: Sich selbst überschneidende Trajektorie aus vier Zuständen.

$$\mathbf{T_1} := \left(P_{i,j}\right)_{i,j=1,\dots,N} = \alpha \sum_{t,k} x(t)_i x(t+1)_j \qquad (3.42)$$

wobei α eine Konstante für die Normalisierung ist, so dass gilt:

$$\sum_{j=1,\dots,N} P_{i,j} = 1, i = 1,\dots,N. \qquad (3.43)$$

Um Richtungen der Endeffektorbewegungen zu unterscheiden, wie hin zu oder weg von einem Gebiet, in den Körper hinein oder aus dem Körper heraus, sowie Voraussagen bei Selbstüberschneidungen der Trajektorie zu treffen, wird ein Markov-Modell zweiter Ordnung verwendet, welches die Übergänge von einem Zustand C_i über C_j hin zu einem Zustand C_k modelliert. Wenn in Abbildung 3.19 der aktuelle Zustand C_2 ist und der Vorgängerzustand C_1, so wird der Zustand C_3 prädiziert. Ist der Vorgängerzustand jedoch C_3, so wird C_4 prädiziert. In einem Markov-Modell erster Ordnung wäre eine positive (gleichverteilte) Wahrscheinlichkeit für beide Zustände, C_3 und C_4, gegeben.

Analog zur Berechnung der Transitionsmatrix erster Ordnung $\mathbf{T}_1$ wird eine (N,N,N)-Transitionsmatrix

$$\mathbf{T}_2 = \begin{pmatrix} P_{1,1,1} & \cdots & P_{1,1,N} \\ \vdots & \ddots & \vdots \\ P_{1,N,1} & \cdots & P_{1,N,N} \\ \vdots & & \vdots \\ P_{N,1,1} & \cdots & P_{N,1,N} \\ \vdots & \ddots & \vdots \\ P_{N,N,1} & \cdots & P_{N,N,N} \end{pmatrix}, \sum_{i,j=1,\dots,N} P_{i,j} = 1, k = 1,\dots,N \qquad (3.44)$$

berechnet, welche die Wahrscheinlichkeit eines Übergangs zu einem neuen Zustand C_k bezeichnet, wenn der aktuelle Zustand C_j und vorherige Zustand C_i ist, mit $i \neq j$ und $j \neq k$. Analog zur Markov-Kette erster Ordnung sind die Komponenten durch

$$P_{i,j,k} = P(X_{t+1} = C_k | X_t = C_j, X_{t-1} = C_i,), i,j,k = 1,...,N \qquad (3.45)$$

definiert.

Wiederum werden nur Wechsel der Zustände betrachtet und reflexive Übergänge im Transitionsgraphen nicht berücksichtigt. Es wird also $P_{i,i,k} = 0$ gesetzt, für alle $i,k \in \{1,...,N\}$, sowie $P_{i,j,j} = 0$ für alle $i,j \in \{1,...,N\}$.

Es ist möglich, dass in den Trajektorien, ausgehend vom letzten Zustand C_i und dem aktuellen Zustand C_j, keine Transitionen nach C_k existiert. Die Wahrscheinlichkeit für den Folgezustand k wird dann als gleichwahrscheinlich angenommen. Für alle Zeilen i dieser Matrix mit

$$\sum_{j=1,...,N} P_{i,j} = 0 \qquad (3.46)$$

wird also $P_{i,j} = 1/N, j = 1,...,N$ gesetzt.

Berechnung des Arbeitsraumes

Zu jedem Zeitpunkt t erfolgt wie beschrieben eine Klassifikation zu einem Cluster, dieser sei C_j. Zudem wird jeweils der vorherige Zustand C_i mit $i \neq j$ gemerkt. Es wird ein Segment $S_{i,j}(t)$ definiert, welches das Volumen des aktuellen Arbeitsgebiets einschließlich der unmittelbaren Vergangenheit beschreibt. Diese Segmente werden durch Swept-Sphere Objekte $S_{i,j}$ definiert, welche aus dem Volumen bestehen, dass dadurch entsteht, dass eine Kugel um einen Clusterschwerpunkt $\bar{c}_i$ auf einer Linie hin zum Clusterschwerpunkt $\bar{c}_j$ verschoben wird (siehe Abbildung 3.20 auf der nächsten Seite, links). Der Arbeitsraum einer Operation wird durch eine Folge von Segmenten

$$\left(S_{i,j}(t) \right)_{t=0,1,2,...} \qquad (3.47)$$

erfasst. Der Radius der Kugel r wird durch ein Konfidenzintervall bestimmt. Wird als Radius der maximale Abstand der Clusterelemente zur Linie zwischen

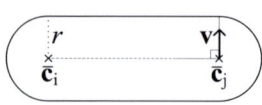
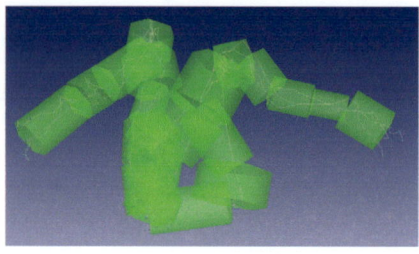

Abbildung 3.20: Segmente des Arbeitsraums. Links: Swept-Sphere Objekt um Clusterzentrum $\bar{c}_i$ und $\bar{c}_j$. Rechts: Arbeitsraum der dominanten Trajektorie. Folge von Swept-Sphere Objekten (als Zylinder visualisiert)

$\bar{c}_i$ und $\bar{c}_j$ verwendet, so umschließt das Swept-Sphere Objekt die Clusterelemente bzw. die zugrunde liegende Trajektorie völlig. In dieser Arbeit wurde der Radius vom Maximum der beiden Standardabweichungen der Cluster C_i und C_j abgeleitet. Sei $\mathbf{v}$ ein normierter Vektor senkrecht zur Linie durch die beiden Clusterschwerpunkte $\bar{c}_i$ und $\bar{c}_j$ (siehe Abbildung 3.20 rechts). So kann die Standardabweichung in diese Richtung für die Trajektorie des dominanten Arbeitsinstruments als

$$\sigma_{r,i} = \sqrt{\mathbf{v}_r^T \mathbf{C}_{r,i} \mathbf{v}_r} \qquad (3.48)$$

berechnet werden, wobei $\mathbf{C}_{r,i}$ die Kovarianzmatrix des Clusters C_i für die dominante Trajektorie ist. Damit wird der Radius durch

$$r = 2max(\sigma_{r,i}, \sigma_{r,i}) \qquad (3.49)$$

berechnet.

Swept-Sphere Objekte erlauben sehr effiziente Abstandsberechnungen bzw. Punktanfragen. Der Abstand von einem Punkt zu einem Swept-Sphere Objekt ergibt sich durch den Abstand vom Punkt zur Linie des Swept-Sphere Objekts, abzüglich des Radius r. Die Distanz zweier Swept-Sphere Objekte kann analog durch den Abstand Linie-Linie abzüglich der Radien der beiden Swept-Sphere Objekten berechnet werden. Eine Punktanfrage, die beantwortet, ob sich ein Punkt innerhalb des Swept-Sphere Objekts befindet, ergibt sich durch den Vergleich des Abstandes vom Punkt zur Linie mit dem Radius.

Der Arbeitsraum W wird durch die Menge aller Segmente mit einer Wahr-

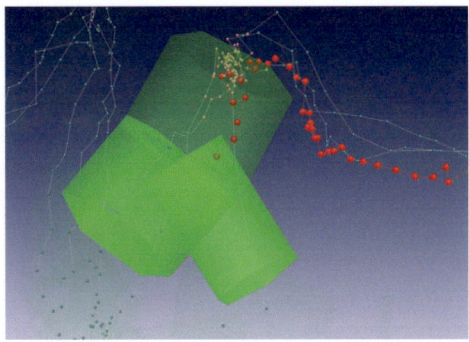

Abbildung 3.21: Kreuzung im Navigationspfad. Ein Ausschnitt aus dem Navigationspfad. Aktuelles Segment $S_{i,j}(t)$ der dominanten Trajektorie und zwei prädizierte Segmente. Intraoperative Trajektorie des dominanten Instruments in rot. Drei Trajektorien der Wissensbasis, durch Linien verbunden.

scheinlichkeit über $\varepsilon > 0$ definiert, beispielsweise $\varepsilon = 1/(10N)$:

$$W = \left\{ S_{j,k} | P_{i,j,k} > \varepsilon, j,k = \{1,...,N\} \right\}. \tag{3.50}$$

Eine Anfrage, ob sich die Endeffektoren im Arbeitsbereich befinden, ergibt sich effizient durch eine Punktanfrage der Endeffektorpositionen zu den Swept-Sphere Objekten der Menge W. Abbildung 3.20 auf der vorherigen Seite (rechts) zeigt den Arbeitsraum der dominanten Trajektorie eines Phantomexperiments.

Intraoperativ wird das aktuelle Segment, und die prädizierten Segmente visualisiert. Die Menge der Segmente, die sich beim Traversieren einer Operation ergeben, werden als „Navigationspfad der gesamten Operation" bezeichnet. Die Menge aller Segmente, die intraoperativ bis zum aktuellen Zeitpunkt durchlaufen wurden, werden als der „aktuelle Navigationspfad" bezeichnet. Alternativen im aktuellen Navigationspfad werden als „Kreuzungen" bezeichnet. Abbildung 3.21 zeigt eine Kreuzung, sowie das aktuelle Segment $S_{i,j}(t)$ des Navigationspfads. „Verbotene Zonen" (im Sinne von Virtual Fixtures) werden als das Kompliment des Arbeitsbereichs definiert.

3.7.3 Intraoperative Bewegungsführung

Intraoperativ wird, nach der Phasenerkennung, die aktuelle Endeffektorposition nun durch den Bayes Klassifikator anstatt des Maximum Likelihood Klassifikators zugeordnet, da die a-priori-Wahrscheinlichkeiten $P_p(C_i)$ nun bekannt sind. Der jeweils letzte verschiedene Zustand wird gemerkt. Damit ist das aktuelle Segment $S_{i,j}(t)$ bestimmt. Das Markov-Modell zweiter Ordnung der Operationsphase wird verwendet, um die Folgezustände zu prädizieren. Prädizierte Zustände mit einer Wahrscheinlichkeit über einer Schwelle ε werden visualisiert.

A. Verwendung des Markov-Modells zur Prädiktion

Nachdem das Segment $S_{i,j}(t)$ bestimmt wurde, kann aus der Transitionsmatrix $\mathbf{T}_2$ direkt die Wahrscheinlichkeitsverteilung des prädizierten Zustands

$$\mathbf{y} = \left(P_{i,j,1}, ..., P_{i,j,N}\right)^T \tag{3.51}$$

zum Zeitpunkt t abgelesen werden. Die Komponenten von $\mathbf{y}$ werden mit der Schwelle ε verglichen. Die Zustände $C_1, ..., C_p$ seien die p Zustände mit einer Wahrscheinlichkeit größer als ε.

B. Visualisierung der Prädiktion

Die Visualisierung enthält den aktuellen Teil der Trajektorie beider Arbeitsinstrumente, welcher innerhalb eines fünf Sekunden Fensters, mit zunehmendem zeitlichem Fortschritt transparenter dargestellt wird. Das aktuelle Segment $S_{i,j}(t)$ wird dargestellt, sowie die prädizierten Segmente $S_{i,1}(t), ..., S_{i,p}(t)$. Diese Segmente werden je nach ihrer Wahrscheinlichkeit transparent dargestellt.

In Abbildung 3.22 auf der nächsten Seite wird jeweils ein Folgesegment prädiziert. Wenn sich der Endeffektor außerhalb des Arbeitsbereichs W befindet für den die Zugänge optimiert werden, verfärben sich die grün dargestellten Segmente rot. Damit erhält der Operateur zusätzlich zur Information, dass die Anfangskonfiguration nicht für die aktuelle Endeffektorposition optimiert wurde, eine wissensbasierte Führung für die Endeffektorbewegung, um wieder in den Arbeitsbereich einzutreten für den die Konfiguration optimiert wurde. Die Prädiktion kann auch wie in Abbildung 3.18 dargestellt als Pfeile visualisiert werden.

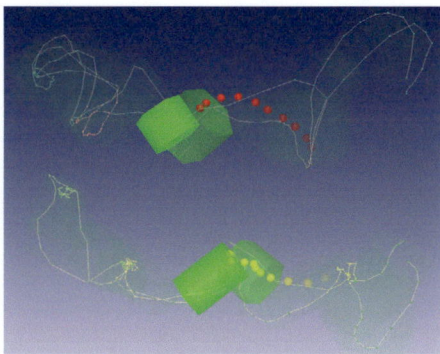

Abbildung 3.22: Ausschnitt aus dem Navigationspfad. Aktuelles Segment $S_{i,j}$ der dominanten und der nicht-dominanten Trajektorie. Jeweils ein prädiziertes Segment. Intraoperative Trajektorie des dominanten (bzw. nicht-dominanten) Instruments in rot (bzw. gelb). Eine Trajektorien der Wissensbasis, durch Linien verbunden.

3.7.4 Ergebnisse zur Prädiktion des Operationsverlaufs

Evaluation der Trajektorien Prädiktion

Um die Qualität der Prädiktion zu evaluieren, wurden zwei Phantomexperimente durchgeführt. Die Trajektorien von zwei optisch getrackten chirurgischen Fasszangen wurden aufgezeichnet.

Im ersten Experiment bestand die Aufgabe darin, sieben nummerierte Marker in einer spezifizierten Abfolge abzufahren. Es wurden zwei verschiedene Abfolgen als Operationspläne festgelegt. Die Intervention wurde zweimal nach dem ersten Operationsplan und einmal nach dem zweiten Operationsplan durchgeführt. Diese Trajektorien dienten zum Aufbau der Wissensbasis. Die Operationswege wurden durch das beschriebene Markov-Modell gelernt. Zur Evaluation der Prädiktionsgenauigkeit wiederholten Probanden die Intervention unter Nutzung derselben Operationspläne. Zu jedem Zeitpunkt wurde getestet, ob die Trajektorie sich innerhalb der prädizierten Segmente befindet. In Abbildung 3.23 ist die Testtrajektorie abgebildet und die Trajektorien der Wissensbasis. Eine Trefferquote von 100% konnte erreicht werden: Zu jedem Zeitpunkt befanden sich die Endeffektoren innerhalb der prädizierten Segmente.

Ein zweites Experiment wurde an einem Pelvic-Trainer durchgeführt. Die Probanden operierten unter endoskopischer Sicht. Abbildung 3.24 zeigt den Ver-

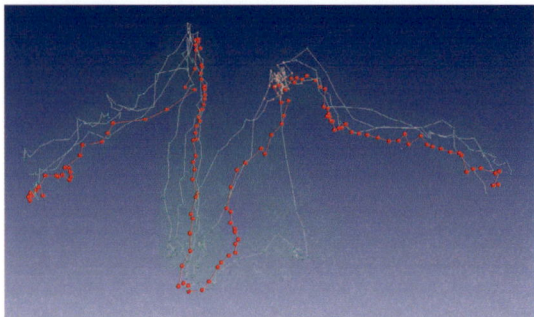

Abbildung 3.23: Drei Trajektorien der Wissensbasis eines Phantomexperiments sowie eine Test-trajektorie (rot).

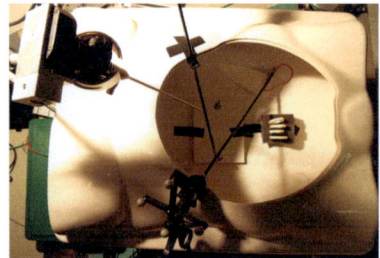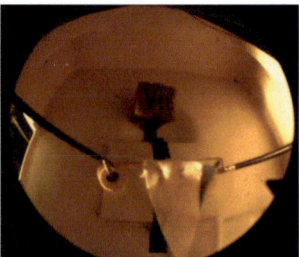

Abbildung 3.24: Aufbau des Experiments mit Pelvic-Trainer. Optisch getrackte Fasszangen. Rechts: Endoskopische Sicht.

suchsaufbau. In diesem Experiment wurden 12 Trajektorien nach drei verschiedenen Operationsplänen durchgeführt. In den Plänen gab es bidirektionale Bewegungen, Selbstüberschneidungen der Trajektorie und voneinander abhängige Bewegungen, wie Greifen und Wegziehen mit dem nicht-dominanten Instrument, während mit dem dominanten Instrument eine Präparation simuliert wurde. Abbildung 3.22 zeigt eine Trajektorie der Wissensbasis. Der Test wurde zwölfmal wiederholt, wobei jeweils elf Trajektorien der Wissensbasis verwendet wurden, um das Markov-Modell zu trainieren. Der Test erfolgte an der jeweils nicht verwendeten Trajektorie (Kreuzvalidierung). Es ergab sich eine Trefferquote von 89.8% bei der Wahl von $N = 10$ Clustern, 91.4% bei der Wahl von $N = 20$ Clustern und 91.0% bei der Wahl von $N = 30$ Clustern.

Schlussfolgerungen zur Bewegungsprädiktion

Das System kann einen Pfad durch gelernte Bewegungsabläufe anleiten. Bei einer Abweichung der Endeffektoren vom Navigationspfad wird der Operateur informiert. Kreuzungen werden durch probabilistische Alternativen im weiteren Verlauf der Operation dargestellt. Die Verwendung eines Markov-Modells zweiter Ordnung ermöglicht die Prädiktion sich selbst überschneidender Trajektorien ohne die Notwendigkeit einer Zeitregistrierung. Die Anzahl der Cluster bzw. Zustände des Markov-Modells scheinen einen geringen Einfluss auf die Prädiktionsgenauigkeit zu haben.

Der Algorithmus zur Bewegungsprädiktion ist generisch. In Kombination mit der vorgestellten Segmentierung der Operationsphasen können längere Operationen prädiziert werden, da die Bewegungsvorhersage nur innerhalb einer Phase stattfinden muss. Es ist zu erwarten, dass die Vorhersagegenauigkeit in etwa der Konjunktion der Genauigkeit der Phasenprädiktion und der Bewegungsprädiktion innerhalb der Phase liegt. Die Prädiktion wurde in eine vorausschauende Kameraführung integriert.

3.8 Wissensbasierte Kameraführung

Werden nur die Trajektorien der Arbeitsinstrumente aufgezeichnet, so wird auf der Basis dieser Trajektorien der Pfad des Endoskops automatisch generiert. Diese wissensbasierte Regelung wird im Folgenden beschrieben. Das Ziel hierbei ist es, einen optimalen Kamerapfad zu planen.

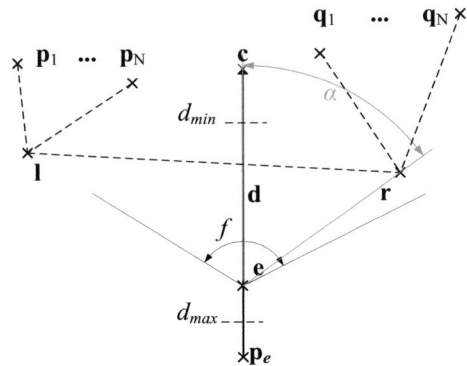

Abbildung 3.25: Berechnung der Kameraposition $\mathbf{e}$. Kamerazugang $\mathbf{p}_e$. Zentrum der Zielregionen $\mathbf{c}$. Nicht-dominanter Endeffektor $\mathbf{l}$. Dominanter Endeffektor $\mathbf{r}$. Prädiktionen $\mathbf{p}_1, ..., \mathbf{p}_N$ und $\mathbf{q}_1, ..., \mathbf{q}_N$. Minimaler und maximaler Abstand zur Zielregion d_{min} und d_{max}. Abweichung α vom dominanten Endeffektor zur Blickrichtung der Kamera $\mathbf{d} = \mathbf{c} - \mathbf{e}$. Sichtbereich durch Blickwinkel f beschränkt.

3.8.1   Berechnung der optimalen Kameraposition

Die Annahme des hier vorgestellten Ansatzes ist, dass sich die Endeffektoren im Zentrum des endoskopischen Bildes befinden sollen und dass es einen idealen Abstand der Endeffektoren von der Kamera gibt bzw. einen Bereich idealer Entfernungen. Zudem wird angestrebt, das Kamerabild möglichst lange stabil zu halten. Außerdem wird ein Endoskop mit einer 0° Optik vorausgesetzt. Dies bedeutet, dass bei der Endoskopposition $\mathbf{e}$ und dem Kamerazugang $\mathbf{p}_e$ die Blickrichtung des Endoskops stets durch den Vektor $\mathbf{e} - \mathbf{p}_e$ beschrieben wird (siehe Abbildung 3.25).

Es wird im vorgestellten Algorithmus unterschieden, ob das Zielgebiet, welches sich im Zentrum des endoskopischen Bildes befinden soll, aus den realen Positionen der Endeffektoren berechnet wird, oder ob die Prädiktionen der Endeffektoren einbezogen werden, um eine Stabilität in der Kamerabewegung zu erhalten. Das Ziel ist es, dass sich die Endeffektorpositionen möglichst lange in der Nähe des Zentrums des endoskopischen Bildes befinden. Indem beide Ansätze verfolgt werden, kann evaluiert werden, ob die Nutzung der Prädiktion zu einem stabileren und optimalen Kamerabild führt.

Sichtbereich

Als Sichtbereich der Kamera wird ein Kegel angenommen. Es wird zwischen dem idealen Sichtbereich $\tilde{S}$ und dem absoluten Sichtbereich S unterschieden (siehe Abbildung 3.26 auf der nächsten Seite). Beide Größen werden subjektiv festgelegt. In der Spezifikation des idealen Sichtbereichs fließen ergonomische Überlegungen ein. Bei der Festlegung des Sichtbereichs sollten Parameter des verwendeten Endoskoptyps berücksichtigt werden wie Beleuchtungsstärke oder das Blickfeld. Es wird eine maximale Tiefe des Sichtbereichs d_{max} festgelegt, hier $d_{max} = 30$ cm. Die Tiefe des idealen Kamerasichtbereichs wird als $\tilde{d}_{max} = 2/3 d_{max} = 20$ cm festgelegt. Zudem wird der Sichtbereich durch einen symmetrischen Blickwinkel von $f = 120°$ definiert und der ideale Sichtbereich durch einen Blickwinkel $\tilde{f} = 2/3 f$. Es gibt bereits Endoskope, die einen Blickwinkel von nahezu 180° erreichen.

Zu Beginn der Intervention wird die Kamera im Endoskopzugang positioniert und die Richtung der Kamera **d** wird derart initialisiert, dass sie in Richtung des Beckens ausgerichtet ist. Zu jedem diskreten Zeitpunkt der $t = 0, 1, 2, \ldots$ wird zunächst ein Sichtbarkeitstest durchgeführt. Wenn sich die Endeffektoren im idealen Sichtbereich befinden, wird die Kameraposition beibehalten, um ein stabiles Kamerabild zu gewährleisten, ansonsten wird eine neue Kameraposition berechnet, im Idealfall eine, in der die Endeffektoren möglichst lange im idealen Sichtbereich bleiben.

A. Sichtbarkeitstest

Die realen Endeffektorpositionen (nicht die Clusterzentren der Prädiktionen) werden nun daraufhin überprüft, ob sie sich im idealen Sichtbereich befinden. Dazu wird der Winkel α zwischen der Kamerarichtung **d** und dem Vektor von der Kameraposition **e** hin zum getesteten Ziel **l** und **r** bestimmt (siehe Abbildung 3.25). Der Winkel muss kleiner als $\tilde{f}/2$ sein. Zudem wird der ideale Sichtbereich nach unten hin durch einen Abstand $\tilde{d}_{min} = 50$ mm begrenzt. Unter dieser Distanz nimmt die ergonomische Ausführbarkeit der Operation stark ab [HANNA 97A].

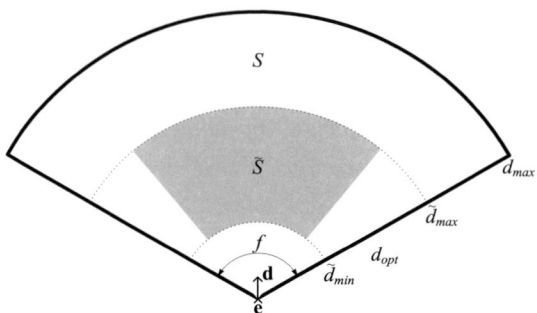

Abbildung 3.26: Endoskopisches Sichtfeld S und ideales Sichtfeld $\tilde{S}$. Kameraposition $\mathbf{e}$. Blinkwinkel der Kamera f. Blickrichtung der Kamera $\mathbf{d}$. Optimaler Kameraabstand d_{opt}.

Folgende vier Kriterien beschreiben den Sichtbarkeitstest für die beiden Endeffektoren $\mathbf{l}$ und $\mathbf{r}$.

1. $\angle(\mathbf{d}, \mathbf{l} - \mathbf{e}) < \tilde{f}/2$

2. $\angle(\mathbf{d}, \mathbf{r} - \mathbf{e}) < \tilde{f}/2$

3. $\tilde{d}_{min} < \|\mathbf{e} - \mathbf{r}\| < \tilde{d}_{max}$

4. $\tilde{d}_{min} < \|\mathbf{e} - \mathbf{l}\| < \tilde{d}_{max}$

Liegen die beiden Endeffektoren im idealen Sichtbereich $\tilde{S}$, so ist der Sichtbarkeitstest erfüllt und die Kameraposition wird beibehalten. Ist dies nicht der Fall, so wird eine neue Kameraposition berechnet.

B. Berechnung einer neuen Kameraposition e´

Die neue Blickrichtung der Kamera wird aus dem Endoskopzugang $\mathbf{p_e}$ und dem Zentrum der Zielregionen $\mathbf{c}$ als

$$\mathbf{d´} = \mathbf{c} - \mathbf{p_e} \qquad (3.52)$$

berechnet (siehe Abbildung 3.26).

Aus ergonomischen Gründen ist eine Kameraposition optimal, welche sich auf der Ebene befindet, welche die Normale $\mathbf{l} - \mathbf{r}$ hat und die durch den Mittelpunkt der beiden Endeffektoren $\frac{\mathbf{l} - \mathbf{r}}{2}$ geht. Zudem wird die Kollisionsgefahr

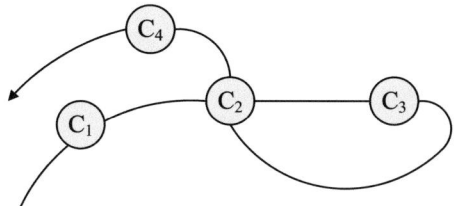

Abbildung 3.19: Sich selbst überschneidende Trajektorie aus vier Zuständen.

$$\mathbf{T_1} := \big(P_{i,j}\big)_{i,j=1,\dots,N} = \alpha \sum_{t,k} x(t)_i x(t+1)_j \qquad (3.42)$$

wobei α eine Konstante für die Normalisierung ist, so dass gilt:

$$\sum_{j=1,\dots,N} P_{i,j} = 1, i = 1,\dots,N. \qquad (3.43)$$

Um Richtungen der Endeffektorbewegungen zu unterscheiden, wie hin zu oder weg von einem Gebiet, in den Körper hinein oder aus dem Körper heraus, sowie Voraussagen bei Selbstüberschneidungen der Trajektorie zu treffen, wird ein Markov-Modell zweiter Ordnung verwendet, welches die Übergänge von einem Zustand C_i über C_j hin zu einem Zustand C_k modelliert. Wenn in Abbildung 3.19 der aktuelle Zustand C_2 ist und der Vorgängerzustand C_1, so wird der Zustand C_3 prädiziert. Ist der Vorgängerzustand jedoch C_3, so wird C_4 prädiziert. In einem Markov-Modell erster Ordnung wäre eine positive (gleichverteilte) Wahrscheinlichkeit für beide Zustände, C_3 und C_4, gegeben.

Analog zur Berechnung der Transitionsmatrix erster Ordnung $\mathbf{T_1}$ wird eine (N,N,N)-Transitionsmatrix

$$\mathbf{T_2} = \begin{pmatrix} P_{1,1,1} & \cdots & P_{1,1,N} \\ \vdots & \ddots & \vdots \\ P_{1,N,1} & \cdots & P_{1,N,N} \\ \vdots & & \vdots \\ P_{N,1,1} & \cdots & P_{N,1,N} \\ \vdots & \ddots & \vdots \\ P_{N,N,1} & \cdots & P_{N,N,N} \end{pmatrix}, \sum_{i,j=1,\dots,N} P_{i,j} = 1, k = 1,\dots,N \qquad (3.44)$$

1. $\angle(\mathbf{d}, \mathbf{c} - \mathbf{e}') < f/2$

2. $\tilde{d}_{min} < \|\mathbf{e}' - \mathbf{c}\| < \tilde{d}_{max}$

3. $\mathbf{e}' = \underset{\mathbf{e}}{argmin} \|\mathbf{e} - \mathbf{c}\|$

4. $\exists \lambda : \mathbf{e} = \mathbf{p}_{\mathbf{e}} + \lambda \mathbf{d}$

Ist auch dies nicht der Fall, was insbesondere dann gegeben ist, wenn die beiden Arbeitsinstrumente durch die Zugänge eingeführt werden, so wird die Position beibehalten und damit nur die Kamerarichtung verändert (siehe Gleichung 3.52).

Für die Berechnung der Kameraposition zum nächsten diskreten Zeitpunkt werden die gegebenenfalls aktualisierten Werte übernommen:

$$\mathbf{e} = \mathbf{e}' \text{ und } \mathbf{d} = \mathbf{d}'. \tag{3.55}$$

Durch eine Tiefpassfilterung mit einem FIR-Filter oder einer Spline-Interpolation, ergibt sich ein glatter Verlauf für den geplanten Kamerapfad. „Alles hängt von einer leichten Bewegung ab." - Titus Livius.

3.8.2 Ergebnisse zur wissensbasierten Kameraführung

Implementierung

Die Berechnung der Kameraführung wurde in MITK (Medical Imaging Interaction Toolkit) implementiert [MITK 12]. Abbildung 3.27 zeigt die in das Patientenmodell registrierte Trajektorie und exemplarisch die Prädiktion zu einem Zeitpunkt während des Experiments, die berechnete Kameraposition, sowie die letzten beiden stabilen Kamerapositionen, dargestellt durch rote Zylinder.

Um den Roboter anzusteuern wurde die in MITK berechnete Kameraposition über die Middleware Echtzeit CORBA (ACE TAO Implementierung) an die übergeordnete Robotersteuerung übertragen [WEEDE 11A], welche mit Simulink und C-Schnittstellen implementiert wurde [MÖNNICH 09].

Evaluation

Um die Kameraführung zu evaluieren, wurde dieselbe Testmenge verwendet, wie in der Evaluation der Prädiktion (vgl. Abschnitt 3.7.4). Um die Qualität der

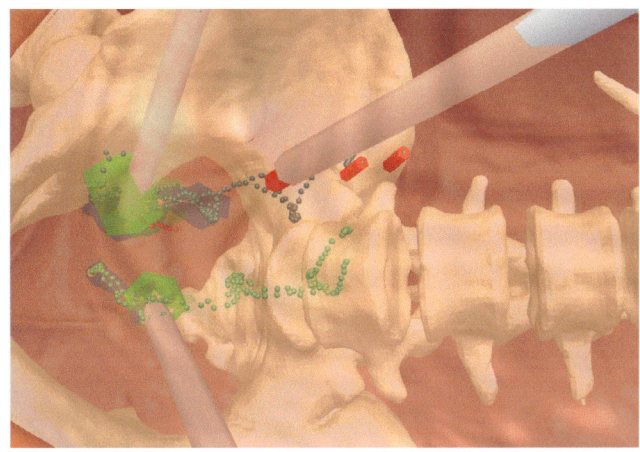

Abbildung 3.27: Kameraführung. Eine dominante und eine nicht-dominante Trajektorie der Wissensbasis, registriert in das Patientenmodell. Prädizierte Segmente in grün, die Instrumente, das Endoskop mit den letzten stabilen Positionen (rote Zylinder).

Kamerapositionierung zu evaluieren und um festzustellen, ob die Prädiktion zu einer stabileren Kamerapositionierung führt, wurde die Anzahl der Kamerabewegungen in der Simulation gezählt, sowie die Abweichungen der Endeffektorpositionen **l** und **r** vom Zentrum des Sichtfelds **c** gemessen. In den 12 Tests der Kreuzvalidierung zeigte sich, dass unter Einbeziehen der Prädiktion in die Kamerapositionierung weniger Kamerabewegungen nötig waren. Im Durchschnitt waren 5.9 Bewegungen nötig, wenn die Prädiktion verwendet wurde, im Gegensatz zu 8.1 Bewegungen ohne Prädiktion. Das bedeutet ein um 27.2% stabileres Kamerabild. Die durchschnittliche Abweichung der Endeffektorpositionen vom Kamerazentrum konnte von 2.1 mm auf 1.9 mm reduziert werden.

Durch die Berechnung des Kamerapfades kann eine Optimierung der Zugänge auf Basis der beiden Arbeitsinstrumente erfolgen, wobei der geplante Kamerapfad einbezogen wird. Nachdem die Modellierung des Patienten und der Operation erfolgt ist, kann die Optimierung für manuell durchgeführte laparoskopische Eingriffe beginnen (Kapitel 5). Für robotergestützte Interventionen ist zudem ein Modell des Manipulators notwendig, welches im folgenden Kapitel beschrieben wird.

Kapitel 4

Robotermodell

„Der Mensch ist das Modell der Welt." - *Leonardo da Vinci*

Der hier betrachtete da Vinci® Manipulator (Intuitive Inc.) besteht aus einem passiven Stativ, welches an drei Aktorenhalterungen motorisierte Manipulatorarme trägt: zwei für die beiden Arbeitsinstrumente und einen Arm für die endoskopische Kamera. Die neue Generation des da Vinci® Manipulators besitzt drei Arbeitsinstrumente, sowie einen Endoskoparm. Das Modell des Roboters umfasst ein kinematisches und ein geometrisches Modell des da Vinci® Manipulators.

Kinematisches Modell

Das kinematische Modell beschreibt die Bewegungsmöglichkeiten des Manipulators durch die Gelenkstellungen innerhalb ihrer Grenzen. Die Vorwärtskinematik wird durch die Denavit-Hartenberg-Transformation beschrieben. Jedem Gelenk $\mathbf{j}_i$ des da Vinci® Manipulators ist ein Ortskoordinatensystem zugeordnet, welches durch die homogene Matrix

$$\mathbf{F}_i = \begin{pmatrix} \mathbf{f}_{i,x} & \mathbf{f}_{i,y} & \mathbf{f}_{i,z} & \mathbf{j}_i \\ 0 & 0 & 0 & 1 \end{pmatrix} \qquad (4.1)$$

vollständig beschrieben wird. Der Vektor $\mathbf{f}_{i,x}$ repräsentiert die x-Achse, $\mathbf{f}_{i,y}$ die y-Achse, $\mathbf{f}_{i,z}$ die z-Achse und $\mathbf{j}_i$ den Ursprung des Ortskoordinatensystems und damit die Position des Gelenkes. Das Armelement i befindet sich zwischen Gelenk $\mathbf{j}_{i-1}$ und Gelenk $\mathbf{j}_i$. Jedem Gelenk ist ein kinematischer Parameter zugeord-

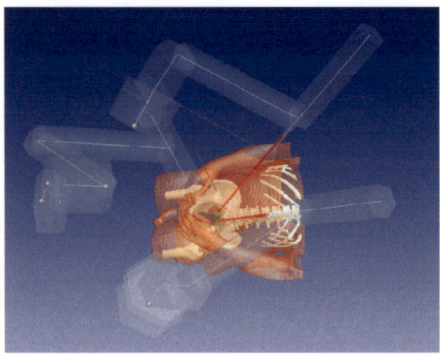

Abbildung 4.1: Berechnete Hüllkörper der aktiven da Vinci® Gelenke. Swept-Sphere Objekte als Zylindersegmente dargestellt.

net, welcher im Allgemeinen auf ein beschränktes Intervall definiert ist und die Gelenkgrenzen beschreibt.

Die inverse Kinematik des motorisierten und des passiven Teils wird separat voneinander geometrisch gelöst. Der Ausgangspunkt für den motorisierten Teil ist hierbei die Position des jeweiligen Endeffektors unter der Bedingung, dass sich der Pivotpunkt an der Position des gewählten Zugangs befindet. Das Basiskoordinatensystem des motorisierten Teils ist das Ortskoordinatensystem der Aktorenhalterung (Gelenk $\mathbf{j}_6$). Von diesem ausgehend wird die inverse Kinematik des passiven Teils gelöst und das Basiskoordinatensystem des Manipulators festgelegt. Durch die inverse Kinematik können die Gelenkwinkel bestimmt werden, die sich dadurch ergeben, dass die Endeffektoren in den Zielregionen der Wissensbasis agieren. Durch das geometrische Modell werden bei einer gewählten Anfangskonfiguration die minimalen Distanzen einzelner Armelemente berechnet und damit Kollisionen der Armelemente erkannt. Zudem wird die Position der physikalischen Gelenke berechnet und der aktive Teil des Manipulators durch Swept-Sphere Objekte als Hüllkörper für eine schnelle Approximation der Abstände modelliert (siehe Abbildung 4.1).

Manipulatorkoordinatensystem $\mathbf{F}_0$

Die z-Achse des Basiskoordinatensystems des Manipulators $\mathbf{F}_0$ entspricht der z-Achse des Weltkoordinatensystems und zeigt senkrecht nach oben. Es wird davon ausgegangen, dass der Roboter waagerecht auf dem Boden steht und nur eine Rotation um die z-Achse möglich ist. Damit bestehen drei Freiheitsgrade für das Manipulatorkoordinatensystem: eine Translation in die x- und y-Richtung, sowie eine Rotation um die z-Achse.

Geometrisches Modell

Das geometrische Modell besteht aus dreidimensionalen polygonalen Oberflächenmodellen der Armelemente, welche der kinematischen Kette zugeordnet sind. Es wurde nach einer exakten Vermessung ein CAD-Modell für jedes der 43 Armelemente erstellt [SCHÖNFELDER 08]. Jedem Gelenk der kinematischen Kette ist ein Armelement des geometrischen Modells zugeordnet, sowie eine Transformation, die ausgehend vom Ortskoordinatensystem des Gelenks die Transformation zum Ursprung des Oberflächenmodells des Armelements beschreibt. Das geometrische Modell wird für die Distanzberechnung bzw. Kollisionserkennung verwendet. Abbildung 4.2 auf der nächsten Seite zeigt das geometrische Modell des Manipulators in der Ausgangsstellung. Der passive Teil ist in weiß dargestellt, der aktive Teile in schwarz. Der Endeffektor jedes Armes befindet sich in Ausgangsstellung am Pivotpunkt.

Freiheitsgrade

Der da Vinci® Manipulator besitzt in jedem Instrumentenarm sechs passive Gelenke mit jeweils einem Freiheitsgrad, gefolgt von sechs aktiven motorisierten Freiheitsgraden, welche über die Konsole vom Operateur gesteuert werden. Die passiven Gelenke werden als „Manipulatorstativ" bezeichnet und können vor der Operation manuell justiert werden. Das letzte passive Gelenk wird als „Aktorenhalterung" bezeichnet. Die sechs Freiheitsgrade des passiven Teils weisen eine Redundanz auf, so dass der passive Teil, welcher in der Aktorenhalterung mit Ortskoordinatensystem $\mathbf{F}_6$ endet (Abbildung 4.3 auf der nächsten Seite) nur fünf Raumfreiheitsgrade aufweist. Die x-Achse der Aktorenhalterung ist stets parallel zum OP-Boden.

In Abbildung 4.3 auf der nächsten Seite oben sind die Gelenke $\mathbf{j}_2$ bis $\mathbf{j}_5$ in Draufsicht abgebildet. In den Gelenken $\mathbf{j}_2$, $\mathbf{j}_3$ und $\mathbf{j}_4$ besteht eine Redundanz. In Abbildung 4.3 auf der nächsten Seite unten ist eine mögliche Realisierung mit einem Schubgelenk dargestellt, welche die gleichen Positionen und Orientierungen für die Aktorenhalterung bietet.

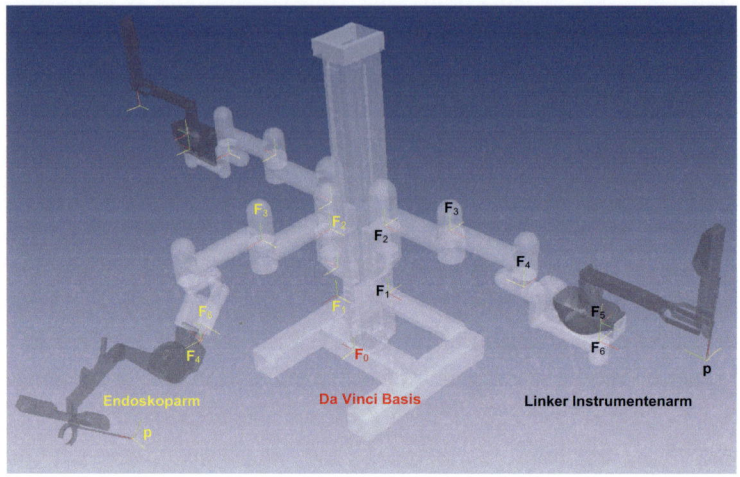

Abbildung 4.2: Das da Vinci® Modell. Initiale Gelenkkonfiguration. Ortskoordinatensysteme der passiven Gelenke, der ersten aktiven Gelenke (Pivotpunkt im Ursprung) und der da Vinci® Basis F_0. Beschriftung der passive Gelenke $F_1, ..., F_6$ und des Pivotpunktes P im linken da Vinci® Arm. z-Achse (Drehachse bzw. Schubachse bei Gelenk 1) grün, x-Achse rot, y-Achse gelb. Aus Gründen der Übersichtlichkeit ist das Koordinatensystem des 5. Gelenkes im Endoskoparm nicht eingezeichnet.

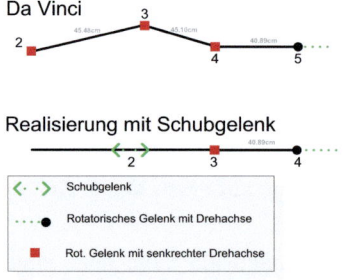

Abbildung 4.3: Redundanz der passiven Gelenke. Oben: Passive Gelenke j_2 bis j_5 des da Vinci® Manipulators in Draufsicht. Unten: Realisierung mit Schubgelenk.

Eine konstante Transformation führt von der Aktorenhalterung zum Pivot-punkt des Roboters und damit zum Zugang. Im Patienteninneren stehen sechs Freiheitsgrade zur Verfügung. Damit ist jede Position und Orientierung des End-effektors im Arbeitsbereich erreichbar (sechs Raumfreiheitsgrade). Wird eine Schere oder Fasszange als Endeffektor eingesetzt, so werden die sechs Freiheits-grade durch einen weiteren ergänzt: das Öffnen und Schließen. Die Kinematik der beiden Instrumentenarme ist identisch.

Der Endoskoparm hat nur vier bewegliche passive Gelenke mit jeweils einem Freiheitsgrad, gefolgt von sechs aktiven Freiheitsgraden. Die ersten vier Gelen-ke im passiven Teil sind beim Endoskoparm und den Instrumentenarmen iden-tisch. Es folgen zwei fixe Gelenke, j_5 und j_6. Das Ortskoordinatensystem der Aktorenhalterung besitzt eine z-Achse mit einem konstanten Elevationswinkel von 45°. Somit besitzt der passive Teil des Endoskoparmes zwei Freiheitsgrade weniger als die Instrumentenarme und damit nur drei Raumfreiheitsgrade. Die Aktorenhalterung ist an jeder beliebigen Position im Arbeitsraum positionierbar. Jedoch kann der Endoskoparm nicht gekippt werden. Es gibt wie bei den Instru-mentenarmen eine Transformation von der Aktorenhalterung (Gelenk j_6) zum Pivotpunkt. Im Körperinneren stehen sechs Freiheitsgrade zur Verfügung.

Die Veränderung jedes einzelnen passiven Gelenkes verändert immer die Po-sition (und im Allgemeinen die Orientierung) des Pivotpunktes und dessen Orts-koordinatensystem. Aus diesem Grund wird das Manipulatorstativ vor der Ope-ration derart positioniert, dass der Pivotpunkt des Roboters mit dem gewähl-ten Zugang übereinstimmt, danach bleibt es unverändert. Der Pivotpunkt des Roboters kann nicht motorisiert verändert werden. In Tabelle 4.1 ist die An-zahl der Freiheitsgrade zusammengestellt. Die chirurgischen Instrumente sind dem menschlichen Handgelenk nachempfunden. „Der Mensch ist das Modell der Welt." - Leonardo da Vinci. Die Freiheitsgrade setzen sich aus sechs Frei-heitsgraden für die Lage und einem Freiheitsgrad für das Öffnen und Schließen des Endeffektors zusammen.

4.1 Vorwärtskinematik des da Vinci® Manipulators

Eine lokale Transformation beschreibt jeweils den Übergang von dem Ortskoor-dinatensystem eines Gelenkes zum nächsten, wobei jedes variable Gelenk im da

	Freiheitsgrade	Redundante Gelenke	Raumfreiheitsgrade
Instrument, passiv	6	1	5
Endoskop, passiv	4	1	3
Instrument, aktiv	6 + 1	0	6 + 1
Endoskop, aktiv	6	0	6

Tabelle 4.1: Freiheitsgrade der da Vinci® Arme.

Index i	a_i	α_i	d_i	θ_i	Parameter
1	9.0	0	0	0	d_1
2	0	0	41.7	0	θ_2
3	43.2	0	14.3	0	θ_3
4	43.2	0	-13.0	90	θ_4
5	0	90	41.0	0	θ_5
6	0	-90	-10.3	-90	θ_6

Tabelle 4.2: DH-Parameter des passiven Teils der Instrumentenarme. Einheiten cm und Grad. Zeile i beschreibt das i-te Armelement zwischen den Gelenk $\mathbf{j}_{i-1}$ und $\mathbf{j}_i$. Der Parameter beschreibt die Gelenkveränderung in Gelenk $\mathbf{j}_i$.

Vinci® Manipulator einen Freiheitsgrad besitzt. Durch eine sukzessive Hintereinanderausführung der lokalen Transformationen ausgehend von der da Vinci® Basis lassen sich alle Ortskoordinatensysteme bestimmen und somit die Lage der Armelemente. Insbesondere kann durch eine Hintereinanderausführung aller lokalen Transformationen eines Armes auf die Lage des Endeffektors in Bezug zum Basiskoordinatensystem $\mathbf{F}_0$ geschlossen werden. Die lokalen Transformationen werden durch die Denavit-Hartenberg-Transformation (DH-Transformation) beschrieben. Es genügen vier Denavit-Hartenberg-Parameter (DH-Parameter), um eine lokale Transformation vollständig zu beschreiben. Die Repräsentation der Transformationen erfolgt durch homogene (4×4)-Matrizen.

4.1.1 Vorwärtskinematik der Instrumentenarme

In Abbildung 4.2 auf Seite 98 sind die Ortskoordinatensysteme der sechs passiven Gelenke des linken Instrumentenarmes $\mathbf{F}_1, ..., \mathbf{F}_6$ dargestellt, sowie das Achsenkreuz der da Vinci® Basis $\mathbf{F}_0$ und des ersten aktiven Gelenkes. Im Ursprung dieses Achsenkreuzes befindet sich der Pivotpunkt.

Die Vorwärtskinematik des passiven Teils der Instrumentenarme ist durch die DH-Parameter in Tabelle 4.2 gegeben. Durch die DH-Parameter a_i, α_i, d_i und θ_i wird die lokale Transformation $\mathbf{L}_i$ beschrieben, welche ausgehend vom Orts-

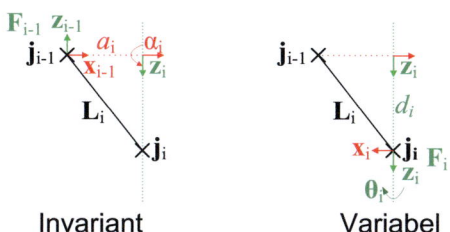

Invariant Variabel

Abbildung 4.4: DH-Transformation. Armelement i. Die Transformation L_i durch die DH-Parameter a_i, α_i, d_i und θ_i von Gelenk j_{i-1} mit Ortskoordinatensystem F_{i-1} hin zu Gelenk j_i mit Ortskoordinatensystem F_i. Links der invariante erste Schritt der Transformation (Translation um Armelementlänge a_i und Verwindung um Winkel α_i bezüglich der x_{i-1}-Achse). Rechts der variable zweite Schritt der Transformation (Translation um Gelenkabstand d_i und Rotation um den Gelenkwinkel θ_i bezüglich der z_i-Achse).

koordinatensystem F_{l-1} zum Koordinatensystem F_l führt. Gelenk j_l ist jeweils im Ursprung des Achsenkreuzes F_i. Durch jede Zeile der Tabelle wird eine lokale Transformation definiert, welche einen invarianten und einen variablen Teil beinhaltet. Der variable Teil ist bei Rotationsgelenken der Winkel θ_i und bei Schubgelenken die Länge d_i. Der Ausgangspunkt ist das Ortskoordinatensystem F_{i-1}. Zuerst erfolgt der invariante Teil der Transformation, eine konstante Translation der Länge a_i (Länge des Armelements) entlang der x-Achse dieses Koordinatensystems und eine Rotation um den Winkel α_i (Verwindung). Der konstante Winkel α_i beschreibt die Veränderung der z-Achse vom vorigen Gelenk bezüglich des Gelenkes j_i. Durch diese Rotation ergibt sich im Allgemeinen eine neue z-Achse. In Abbildung 4.4 ist der invariante Teil auf der linken Seite dargestellt. Es folgt der variable Teil der Transformation, eine Translation um die Länge d_i (Gelenkabstand) entlang der erhaltenen z-Achse und eine Rotation um den Gelenkwinkel θ_i. Somit beschreibt Zeile i das i-te Armelement, zwischen Gelenk j_{i-1} und j_i und zugleich die Gelenkveränderung in Gelenk j_i. In jedem Achsenkreuz F_i eines Gelenkes j_i wird durch die vier DH-Parameter eine lokale Transformation L_i bestimmt, welche zum Achsenkreuz des nächsten Gelenkes führt.

Durch die in den Tabellen 4.2 bis 4.4 angegebenen DH-Parameter wird die Ausgangsstellung des Roboters beschrieben, die in Abbildung 4.2 zu sehen ist.[1]

---

[1]Da die Firma Intuitive Surgical die DH-Parameter als proprietär erachtet, sind die hier dargestellten DH-Parameter im Rahmen einer Messgenauigkeit von 5% angegeben.

Das lokale Koordinatensystem $\mathbf{L}_i$ welches zum Achsenkreuz $\mathbf{F}_i$ führt, ist durch die homogene Matrix

$$\mathbf{L}_i = ((\mathbf{T}_{x,i}\mathbf{R}_{x,i})\mathbf{T}_{z,i})\mathbf{R}_{z,i} \tag{4.2}$$

gegeben, mit den Komponenten

$$\mathbf{T}_{x,i} = \begin{pmatrix} 1 & 0 & 0 & a_i \\ 0 & 1 & 0 & 0 \\ 0 & 0 & 1 & 0 \\ 0 & 0 & 0 & 1 \end{pmatrix}, \tag{4.3}$$

$$\mathbf{R}_{x,i} = \begin{pmatrix} 1 & 0 & 0 & 0 \\ 0 & cos(\alpha_i) & -sin(\alpha_i) & 0 \\ 0 & sin(\alpha_i) & cos(\alpha_i) & 0 \\ 0 & 0 & 0 & 1 \end{pmatrix}, \tag{4.4}$$

$$\mathbf{T}_{z,i} = \begin{pmatrix} 1 & 0 & 0 & 0 \\ 0 & 1 & 0 & 0 \\ 0 & 0 & 1 & d_i \\ 0 & 0 & 0 & 1 \end{pmatrix} \tag{4.5}$$

und

$$\mathbf{R}_{z,i} = \begin{pmatrix} cos(\theta_i) & -sin(\theta_i) & 0 & 0 \\ sin(\theta_i) & cos(\theta_i) & 0 & 0 \\ 0 & 0 & 1 & 0 \\ 0 & 0 & 0 & 1 \end{pmatrix}. \tag{4.6}$$

Ausgerechnet ergibt sich

$$\mathbf{L}_i = \begin{pmatrix} cos(\theta_i) & -sin(\theta_i) & 0 & a_i \\ sin(\theta_i)cos(\alpha_i) & cos(\alpha_i)cos(\theta_i) & -sin(\alpha_i) & -d_isin(\alpha_i) \\ sin(\alpha_i)sin(\theta_i) & sin(\alpha_i)cos(\theta_i) & cos(\alpha_i) & d_icos(\alpha_i) \\ 0 & 0 & 0 & 1 \end{pmatrix}. \tag{4.7}$$

Die Transformation vom Basiskoordinatensystem $\mathbf{F}_0$ zum Achsenkreuz $\mathbf{F}_1$ des linken da Vinci® Armes ist durch die homogene Matrix

$$\mathbf{T}_{b,l} = \begin{pmatrix} -1 & 0 & 0 & -10.2 \\ 0 & -1 & 0 & -10.2 \\ 0 & 0 & 1 & 43.0 \\ 0 & 0 & 0 & 1 \end{pmatrix} \qquad (4.8)$$

gegeben[2], die Transformation des rechten Armes durch

$$\mathbf{T}_{b,r} = \begin{pmatrix} 1 & 0 & 0 & 10.2 \\ 0 & 1 & 0 & -10.2 \\ 0 & 0 & 1 & 43.0 \\ 0 & 0 & 0 & 1 \end{pmatrix}. \qquad (4.9)$$

Somit ergeben sich die Ortskoordinatensysteme

$$\mathbf{F}_i = ((\mathbf{F}_0 \mathbf{T}_{b,l})\mathbf{L}_1)...\mathbf{L}_6 \qquad (4.10)$$

für den linken Arm und

$$\mathbf{F}_i = ((\mathbf{F}_0 \mathbf{T}_{b,r})\mathbf{L}_1)...\mathbf{L}_6 \qquad (4.11)$$

für den rechten Arm.

$\mathbf{F}_6$ ist das Basiskoordinatensystem der Aktorenhalterung $\mathbf{j}_6$. Von diesem Koordinatensystem führt die Transformation

$$\mathbf{T}_{p,l} = \begin{pmatrix} 0 & 1 & 0 & 48.6 \\ -1 & 0 & 0 & 0 \\ 0 & 0 & 1 & 15.2 \\ 0 & 0 & 0 & 1 \end{pmatrix} \qquad (4.12)$$

zum Pivotpunkt des linken Armes mit dem Achsenkreuz $\mathbf{P}_l$. Die gleiche Transformation $\mathbf{T}_{p,r} = \mathbf{T}_{p,l}$ führt analog zum Pivotpunkt des rechten Armes mit dem Ortskoordinatensystem $\mathbf{P}_r$.

Tabelle 4.3 beschreibt die Kinematik des aktiven Teils der beiden Instrumentenarme bis hin zu den Endeffektoren $\mathbf{r}$ bzw. $\mathbf{l}$. Das Ortskoordinatensystem des Endeffektors des rechten Armes wird mit $\mathbf{R}$ bezeichnet und das des linken Armes mit $\mathbf{L}$.

---

[2] Auch die Transformationen innerhalb der DH-Kette sind im Rahmen einer Messgenauigkeit von 5% angegeben.

Ortskoordinatensystem	a	α	d	θ	Parameter
F_7	0	90	0	90	θ_7
F_8	0	-90	0	-90	θ_8
F_9	0	90	-43.2	0	d_9
F_{10}	0	0	41.5 (Instrument)	0	θ_{10}
F_{11}	0	-90	0	-90	θ_{11}
F_{12}	0.9	-90	0	-90	θ_{12}
R bzw. L	0	-90	1.0	0	-

Tabelle 4.3: DH-Parameter des aktiven Teils der Instrumentenarme.

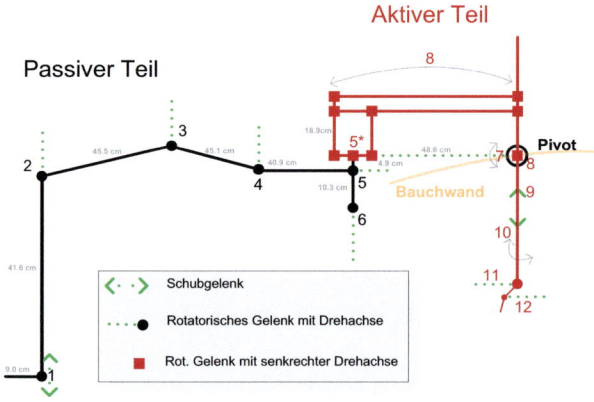

Abbildung 4.5: Instrumentenarm aus passiven und aktiven Teil mit Drehachsen (grün). Schubrichtung in Gelenk j_1 und j_9, Rotationsachsen in allen anderen Gelenken.

In Abbildung 4.5 ist die kinematische Kette des gesamten Instrumentenarmes dargestellt. Durch einen Versatz im DH-Parameter θ_8 verändern sich alle die aktiven Gelenke, welche in dieser Abbildung mit einer senkrechten Drehachse dargestellt sind. Abbildung 4.6 zeigt den aktiven Teil des Instrumentenarmes schematisch. In dieser Darstellung gibt es ein Parallelogramm zwischen dem Pivotpunkt des Roboters p und den Punkten p_{ro}, p_{lo} und j_5^*. In Ausgangsstellung von θ_8 ist das Parallelogramm ein Rechteck.

4.1.2 Vorwärtskinematik des Endoskoparmes

Die Transformation vom Basiskoordinatensystem F_0 zum Achsenkreuz des F_1 des Endoskoparmes ist durch die homogene Matrix

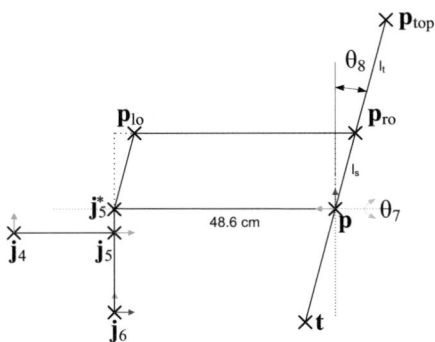

Abbildung 4.6: Parallelogramm im aktiven Teil des Instrumentenarmes.

Ortskoordinatensystem	a	α	d	θ	Parameter
$\mathbf{F}_1$	9.0	0	0	0	d_1
$\mathbf{F}_2$	0	0	41.7	0	θ_2
$\mathbf{F}_3$	43.2	0	14.3	0	θ_3
$\mathbf{F}_4$	43.2	0	-34.3	270	θ_4
$\mathbf{F}_5$	0	-45	0	90	-
$\mathbf{F}_6$	-6.7	0	0	0	-

Tabelle 4.4: DH-Parameter des passiven Teils des Endoskoparmes.

$$\mathbf{T}_{b,e} = \begin{pmatrix} 0 & -1 & 0 & 0 \\ 1 & 0 & 0 & 0 \\ 0 & 0 & 1 & 43.0 \\ 0 & 0 & 0 & 1 \end{pmatrix} \qquad (4.13)$$

gegeben. Im Gegensatz zu den Instrumentenarmen, besitzt der passive Teil des Endoskoparmes nur vier statt sechs Freiheitsgrade. Die Gelenke $\mathbf{j}_5$ und $\mathbf{j}_6$ sind fix.

Die Transformation von der Aktorenhalterung zum Pivotpunkt ist beim Endoskoparm

$$\mathbf{T}_{p,e} = \begin{pmatrix} 0 & 1 & 0 & 61.1 \\ -1 & 0 & 0 & 0 \\ 0 & 0 & 1 & 10.2 \\ 0 & 0 & 0 & 1 \end{pmatrix}. \qquad (4.14)$$

Von dem dadurch entstehenden Ortskoordinatensystem $\mathbf{P}_e$ setzt sich der aktive

Ortskoordinatensystem	a	α	d	θ	Parameter
$\mathbf{F}_7$	0	90	0	90	θ_7
$\mathbf{F}_8$	0	-90	0	-90	θ_8
$\mathbf{F}_9$	0	90	-38.2	0	d_9
$\mathbf{F}_{10}$	0	0	36.5 (Endoskop)	0	θ_{10}
$\mathbf{F}_{11}$	0	-90	0	-90	θ_{11}
$\mathbf{F}_{12}$	0	-90	0	-90	θ_{12}
$\mathbf{E}$	0	-90	0	0	-

Tabelle 4.5: DH-Parameter des aktiven Teils des Endoskoparmes.

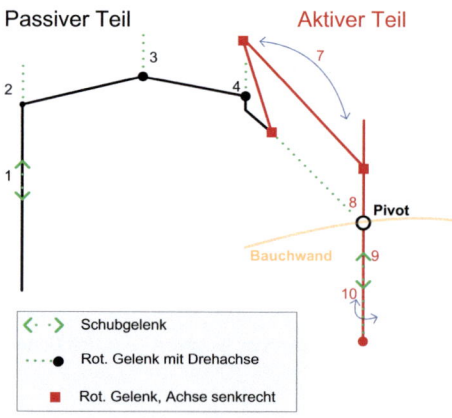

Abbildung 4.7: Kinematische Kette des Endoskoparmes. Passiver und aktiver Teil mit Dreh-achsen (grün). Schubrichtung in Gelenk $\mathbf{j}_1$ und $\mathbf{j}_9$, Rotationsachsen in allen anderen Gelenken. Gelenke $\mathbf{j}_5$ und $\mathbf{j}_6$ sind fixiert.

Teil des Endoskoparmes durch die DH-Parameter aus Tabelle 4.5 bis zum Koor-dinatensystem des Endoskops $\mathbf{E}$ fort. In Abbildung 4.7 ist die kinematische Kette des Endoskoparmes schematisch dargestellt.

4.2 Inverse Kinematik des da Vinci® Manipulators

Für die Wahl der Lage der Aktorenhalterung des aktiven Teils der Instrumen-tenarme gibt es bei festgelegtem Pivotpunkt zwei Freiheitsgrade, beim Endo-skoparm nur einen Freiheitsgrad. Betrachten wir den Operationssaal mit dem Patienten und dem Roboter in Draufsicht (siehe Abbildung 4.8), so handelt es sich bei den zwei Freiheitsgraden für die Aktorenhalterung um eine Richtung,

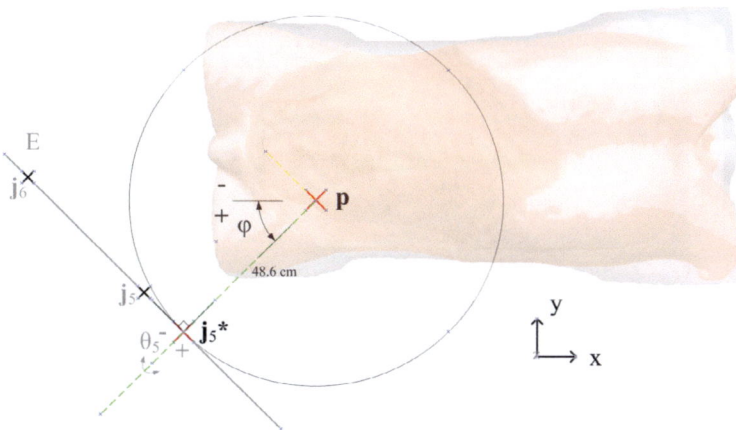

Abbildung 4.8: Winkelkoordinate φ (Drehung im Uhrzeigersinn, $\varphi = 0$ entspricht 9 Uhr im Bild: Die Drehachse (grün) ist parallel zur Längsachse des Patienten). Links-/Rechts Neigungswinkel θ_5 eines da Vinci® Instrumentenarmes. Weltkoordinatensystem. Ebene E ist senkrecht zur dargestellten Ebene.

beschrieben durch die Winkelkoordinate φ, die ausgehend von einem Zugang als Rotationszentrum, durch eine Drehung um eine senkrechte Drehachse durch den Zugang entsteht. In Abbildung 4.8 ist diese Rotation durch einen Kreis dargestellt. Der zweite Freiheitsgrad ist eine Kippung der Aktorenhalterung, beschrieben durch den Versatz des DH-Parameters θ_5. Beim Endoskoparm entfällt diese Kippung der Aktorenhalterung, da das Gelenk j_5 fixiert ist. Die Freiheitsgrade der Instrumentenarme $\theta_{5,l}$, $\theta_{5,r}$, die Winkelkoordinaten φ_l und φ_r, sowie die Winkelkoordinate des Endoskoparmes φ_e werden in die Optimierung einbezogen und bestimmen die Anfangskonfiguration des da Vinci® Manipulators.

Das Ziel ist es, ausgehend von den Positionen der Endeffektoren und der Zugänge im ersten Schritt, die Position und Orientierung der Aktorenhalterung (Gelenk j_6) zu berechnen. Diese werden durch die Parameter $\theta_{5,l}$, $\theta_{5,r}$ φ_l, φ_r und φ_e definiert, welche in die Optimierung der Anfangskonfiguration einbezogen werden.

Im zweiten Schritt werden die Positionen und die Gelenkwinkel der aktiven Gelenke des da Vinci® Manipulators bestimmt. Hierzu werden zuerst die Punkte $\mathbf{p}_{ro}$, $\mathbf{p}_{lo}$ und $\mathbf{j}_5^*$ des da Vinci® Parallelogramms berechnet, sowie der höchste Punkt des aktiven Teils $\mathbf{p}_{top}$ (siehe Abbildung 4.6). Hieraus können dann die

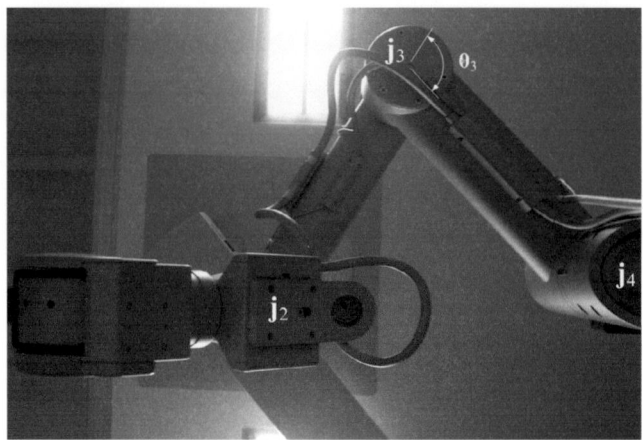

Abbildung 4.9: Gelenkwinkel θ_3 des Endoskoparmes in Draufsicht auf den da Vinci® Manipulator.

aktiven Gelenkwinkel θ_7 und θ_8 berechnet werden. Aus dem Abstand vom Endeffektor zum Zugang ergibt sich der Versatz für das prismatische Gelenk $\mathbf{j}_9$.

Im dritten Schritt wird ausgehend von den drei Aktorenhalterungen, die Konfiguration des passiven Teils bestimmt. Die Lage der da Vinci® Basis wird von der Aktorenhalterung des Endoskoparmes abgeleitet. Hierbei wird ausschließlich der Versatz des dritten Gelenks des Endoskoparmes Θ_3 als variabel angenommen. Der Versatz des zweiten und vierten Gelenkes wird derart gewählt, dass sich

$$\Theta_2 + \Theta_3 + \Theta_4 = 0 \text{ und } \Theta_2 = \Theta_4 \tag{4.15}$$

ergibt. In Abbildung 4.9 ist eine solche Konfiguration des Endoskoparmes in Draufsicht abgebildet. Über eine Variation des dritten Gelenkes ergibt sich unter den Bedingungen 4.15 der Abstand der da Vinci® Basis zum Patienten. Der Winkel wird sukzessive solange verkleinert, bis die Aktorenhalterungen der Instrumentenarme die durch die Parameter $\theta_{5,l}$, $\theta_{5,r}$ φ_l und φ_r definierten Sollpositionen kollisionsfrei erreichen können. Die inverse Kinematik des passiven Teils der Instrumentenarme wird ebenfalls geometrisch gelöst. Somit ist keine iterative Lösung notwendig. In Anhang A werden diese drei Schritte detailliert beschrieben.

Kapitel 5

Optimierung

*„Die beste Methode, um eine gute Idee zu bekommen, ist es, viele Ideen zu
haben und die schlechten wegzuwerfen." - Linus Carl Pauling*

Auf der Basis der Modellierung des Patienten, der Intervention und des
Roboters erfolgt die Optimierung der minimal-invasiven Zugänge und der
initialen Roboterkonfiguration.

5.1 Modellierung der Bedingungen und Ziele der Optimierung

Die Wahl eines Zugangs trägt zwei Dimensionen zur Optimierung bei, einer
transversalen und einer longitudinalen Koordinate (x und z Koordinaten im Patientenkoordinatensystem). Die sagittale Koordinate, also die Höhe in Bezug auf
den liegenden Patienten, ergibt sich durch einen Schnitt einer vertikalen Gerade
mit dem Modell der insufflierten Bauchdecke.

Damit ist der Lösungsvektor für die Optimierung von den drei Zugangspo-
sitionen $\mathbf{p}_l$, $\mathbf{p}_r$ und $\mathbf{p}_e$ sechsdimensional. Werden die passiven Gelenke des da
Vinci® Surgical System einbezogen und die Kippung des Patiententisches θ_{table},
entsteht ein zwölfdimensionaler Lösungsvektor $\mathbf{s}$, der die Anfangskonfiguration
beschreibt

$$\mathbf{s} = (p_{x,l}, p_{z,l}, p_{x,r}, p_{z,r} p_{x,e}, p_{z,e}, \varphi_l, \theta_{5,l}, \varphi_r, \theta_{5,r}, \varphi_e, \theta_{table})^T. \qquad (5.1)$$

Die Optimierung wird durch notwendige Bedingungen und einer Zielfunktion
der Optimierung

109

$$f(\mathbf{s}), \mathbf{s} \in \mathbb{R}^{12} \to [0,1] \text{ bzw. } \mathbf{s} \in \mathbb{R}^6 \to [0,1] \tag{5.2}$$

spezifiziert, welche die Optimierungsziele beschreibt, die unter der Voraussetzung der notwendigen Bedingungen erreicht werden sollen. Die Bedingungen können in aktive und passive Bedingungen unterteilt werden [ADHAMI 02]. Die passiven Bedingungen C_a beschreiben den präoperativen zeitinvarianten Teil der Konfiguration ohne der Dynamik die Operation. Die Menge T_a beschreibt die aktiven Bedingungen, welche abhängig sind von den Optimierungszielgebieten, also der Operation mit ihrer Dynamik. Diese beiden Mengen werden folgendermaßen definiert:

$$C_a = \begin{cases} \mathbf{p}_a = \mathbf{r}_a \\ s_i \in [a_i, b_i], i = 1, ..., 6 \\ \varphi_a \in [c_a, d_a] \\ \delta_i \in [e_{i,a}, f_{i,a}], i = 1, .., 6 \end{cases} \tag{5.3}$$

und

$$T_a = \begin{cases} \left\| \overline{\mathbf{c}}_{i,a} - \mathbf{p}_a \right\| < l_a, i = 1, ..., N \\ \delta_i \in [e_{i,a}, f_{i,a}], i = 7, .., 12 \end{cases} \tag{5.4}$$

Jede der Bedingungen muss für alle drei Arme $a \in \{r, l, e\}$ erfüllt werden. Die erste Gleichung $\mathbf{p}_a = \mathbf{r}_a$ in C_a beschreibt, dass die Zugänge $\mathbf{p}_a$ und die Pivotpunkte $\mathbf{r}_a$ für alle Roboterarme zusammenfallen müssen. Das Intervall $[a_i, b_i]$ begrenzt die Positionen der Zugänge in Draufsicht, also die Komponenten 1 bis 6 des Lösungsvektors $\mathbf{s}$ (Gleichung 5.1). Die Winkelkoordinaten φ_a, welche auf dem Intervall $[c_a, d_a]$ beschränkt sind, beschreiben die betrachteten Richtungen der da Vinci® Arme in Bezug auf den Patienten. Die Variable δ_i beschreibt den Versatz des DH-Parameters für Gelenk $\mathbf{j}_i$ innerhalb der Gelenkgrenzen $[e_{i,a}, f_{i,a}]$. Die Indices $i = 1, \ldots, 6$ beschreiben passive Bedingungen und die Indices $i = 7, \ldots, 12$ aktive Bedingungen. Sie legen fest, dass jede Zielposition unter Einhaltung der Gelenkgrenzen des Roboters erreicht werden muss.

Durch die Norm $\left\| \overline{\mathbf{c}}_{i,a} - \mathbf{p}_a \right\|$ wird die Distanz zwischen dem Clusterzentrum $\overline{\mathbf{c}}_{i,a}$ und der Zugangsposition $\mathbf{p}_a$ berechnet. Der Wert l_a beschreibt die Instrumentenlänge (abzüglich der Schaftlänge der Trokare). Jede Zielposition der Operation muss innerhalb des durch die Instrumentenlänge gegebenen Arbeitsbereichs liegen. Die aktiven Bedingungen beschreiben jedoch nur eine notwendige, keine hinreichende Bedingung für die Erreichbarkeit der Zielgebiete. Mögliche Kollisionen werden innerhalb der Randbedingungen außer Acht gelassen. Sie fließen durch eine unter den Randbedingungen zu optimierende Funktion ein.

Die Konfiguration

$$\mathbf{s}_{opt} = \underset{\mathbf{s}}{argmax}(f(\mathbf{s})) \tag{5.5}$$
$$C_a, \forall a \in \{r, l, e\}$$
$$T_a, \forall a \in \{r, l, e\}$$

beschreibt die optimale Lösung unter den Bedingungen C_a und T_a. Die Zielfunktion $f(\mathbf{s})$ charakterisiert hierbei die Güte der Anfangskonfiguration $\mathbf{s}$. Es zeigte sich, dass diese Funktion multimodal ist: Es gibt verschiedene lokale Optima, die nicht notwendigerweise globale Optima sind. Um das globale Maximum zu approximieren, wurde die Metaheuristik Seed Throwing Optimization verwendet. Dieser iterative Algorithmus testet Konfigurationen mit einer performanten Strategie, mit dem Ziel, die Güte der Anfangskonfiguration zu maximieren. Der Algorithmus selbst wird in Abschnitt 5.2.3 detailliert erläutert. Zuerst sollen jedoch die einzelnen Optimierungskriterien beschrieben werden, dann ihre Kombination, um dann im nächsten Schritt die Zielfunktion $f(\mathbf{s})$ formal zu definieren.

5.1.1   Optimierungskriterien für die Anfangskonfiguration

Die Kriterien für die Wahl einer optimalen Anfangskonfiguration können in vier Klassen eingeteilt werden.

1. Kollisionsfreie Erreichbarkeit (Bewegungsfreiraum bzw. Separation und Erreichbarkeit) (**S**)

2. Ergonomische Kriterien (**E**)

3. Kippung des Patiententisches (**T**)

4. Roboterperformanz (**P**)

Jedes Kriterium wird durch ein Unscharfes Prädikat, also eine Unscharfe Menge modelliert, welche beschreibt, ob eine Konfiguration „gut" in Bezug auf das Kriterium ist. Hierbei wird jedes Prädikat durch vier Werte spezifiziert, welche den Support und den 1-Schnitt (den Kern) der Unscharfen Menge definieren. Beispielsweise wird der Manipulationswinkel durch den Support [5°, 150°] und den 1-Schnitt [30°,60°] beschrieben. In Abbildung 5.1 auf der nächsten Seite ist die Zugehörigkeitsfunktion der Prädikate abgebildet.

Der Parameter x der Zugehörigkeitsfunktion wird jeweils für jede Zielregion berechnet und entsprechend ihrer Häufigkeit gewichtet. Es gibt folgende Kriterien der kollisionsfreien Erreichbarkeit:

(S1) Minimaler Abstand der drei Instrumente zu den „verbotenen Zonen" im Patientenmodell. Die Knochen mitsamt den umgebenden Muskeln werden als „verbotene Zonen" bezeichnet. Die Maximierung des Abstandes bedeutet insbesondere, dass jedes Operationsziel kollisionsfrei durch die Instrumente erreicht werden kann. Das zugrunde liegende Patientenmodell ist statisch. Bewegliche Organe oder Weichgewebe werden nicht berücksichtigt. Dies erscheint ausreichend zu sein, da durch das Pneumoperitoneum Freiraum geschaffen wird und sich der Operateur intraoperativ Freiraum verschafft, indem er Weichgewebe und insbesondere auch den Darm mit dem nicht-dominanten Instrument greift und wegzieht. Der Operateur achtet aktiv darauf, Gefäße und Nerven zu schonen, was wiederum durch ergonomische Bedingungen begünstigt wird. Ergibt sich eine Distanz von unter 1.5 cm zum Patientenmodell wird die Konfiguration als schlechter bewertet. Manche Zielgebiete weisen zwar selbst schon eine Distanz von weniger als 3 cm vom Beckenrand auf, insbesondere bei der Präparation des Rektums (TME) innerhalb der Rektumresektion. Hier wird fast am gesamten Rand des kleinen Beckens operiert. Durch die Nähe der Zielregionen zum Inneren Becken kann sich somit keine 100%-Güte ergeben. Jedoch wird durch einen Sicherheitsabstand von 3 cm auch die Nähe des Instrumentenschaftes zum Becken als unvorteilhaft bewertet, wenn die Endeffektoren sich tief im kleinen Becken befinden. Bei einem Abstand von über 3 cm besteht genügend Bewegungsfreiraum. Bei manuell durchgeführten laparoskopischen Eingriffen ist dieses Kriterium weniger wichtig, da die Zugänge in gewissem Maße flexibel sind. Der Operateur ist nicht an einen Pivotpunkt

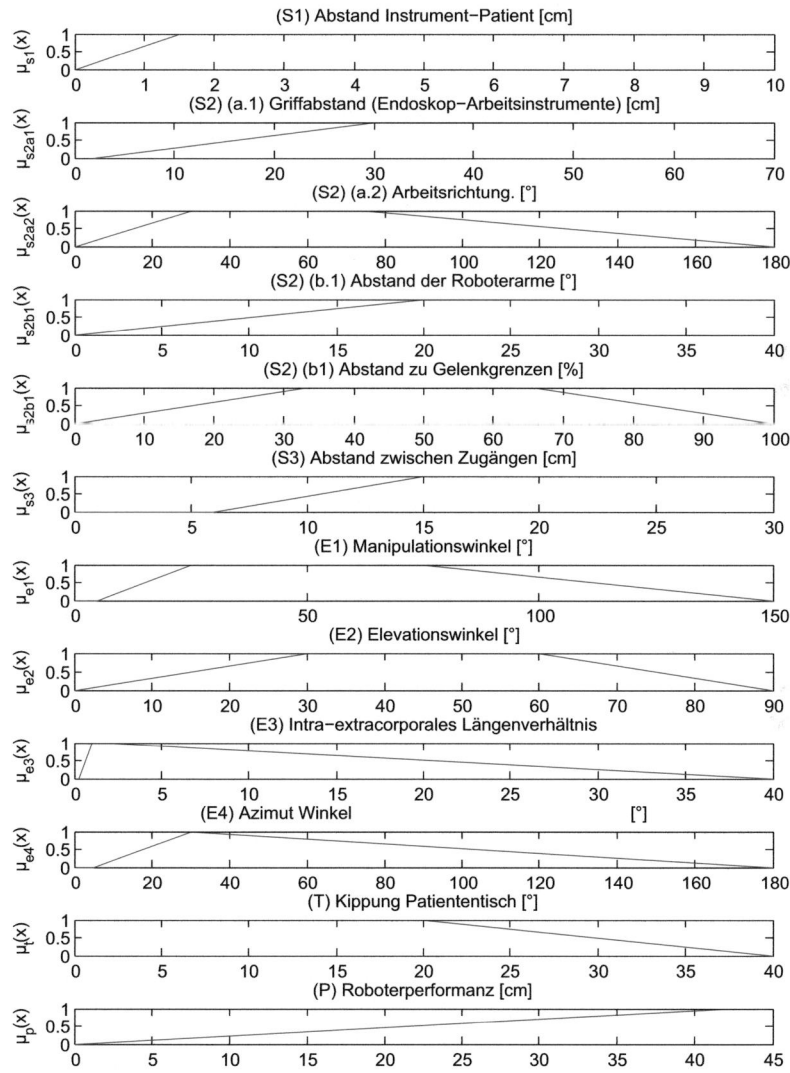

Abbildung 5.1: Spezifikation der einzelnen Optimierungskriterien. Güte im Sinne Unscharfer Prädikate durch Support (mögliche Konfiguration) und 1-Schnitt (ideale Konfiguration) definiert.

gebunden. Indem er an der Bauchhaut zieht oder Druck ausübt kann er den
Drehpunkt an der Bauchdecke verändern. Der Abstand der Instrumente im
Inneren wurde nicht direkt modelliert, da der Operateur eine gewisse Frei-
heit in der Führung der Instrumente hat. Durch das Kriterium (S3) der Bewegungsfreiraum im Patienteninneren dadurch gewährleistet, dass weiter
auseinander liegende Zugänge bevorzugt werden.

**(S2) (a.1) Minimaler Abstand des Endoskopgriffes zu den Griffen der bei-
den Arbeitsinstrumente.** Der Griffabstand sollte bei manuell durchgeführten laparoskopischen Eingriffen maximiert werden, um den Bewegungsfreiraum zwischen dem Chirurgen und dem Kameraführungsassistent zu
wahren. Durch die Maximierung entsteht Bewegungsfreiraum der Instrumentenschafte im Patientenäußeren sowie Freiraum für die Arme des Chirurgen und des Kameraführungsassistenten. Der Griffabstand zwischen den
Arbeitsinstrumenten wurde nicht modelliert. Er wird über den Abstand der
Zugänge erfasst (S3) und fließt zudem durch das ergonomische Kriterium
des Manipulationswinkels (E1) ein.

(S2) (a.2) Arbeitsrichtung Chirurg und Kameraführungsassistent. Um bei
manuellen Operationen Bewegungsfreiraum für den Chirurgen und den Kameraführungsassistent zu schaffen, sollte auch die Positionierung beider
Operateure bezüglich des Patienten berücksichtigt werden. Um die Arbeitsrichtungen des Chirurgen und des Assistenten zu beschreiben, betrachten
wir die Szene in Draufsicht (siehe Abbildung 5.2): Um die Arbeitsrichtung des Chirurgen zu beschreiben, wird die Winkelkoordinate φ_c zwischen
der Patientenlängsachse (Longitudial-Achse) und der Geraden c betrachtet, welche durch das arithmetische Mittel der Winkelkoordinaten der projizierten Instrumentenschafte entsteht. Dieser Winkel sollte über 30° sein,
so dass der Operateur nicht über den Patienten gebeugt arbeiten muss. Zudem sollte der Winkel auch unter 75° bleiben um eine ergonomische Hand-
Auge-Koordination zu ermöglichen. Eine entsprechende Richtung des Assistenten wird nicht einbezogen, da dieser das Endoskop mit einem Arm
halten kann und sich somit flexibler positionieren kann. Jedoch sollte der
Winkel $\varphi_{c,a}$ zwischen der Arbeitsrichtung des Kameraassistenten, also der
projizierten Geraden a durch den Endsoskopschaft, und der Arbeitsrich-

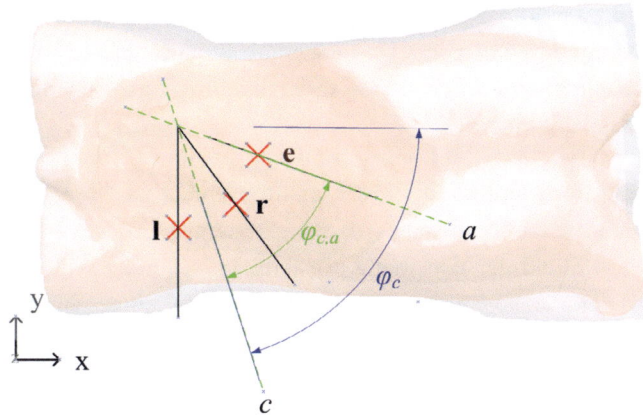

Abbildung 5.2: Arbeitsrichtung des Assistenten a. Arbeitsrichtung des Chirurgen c. Zugänge l, r und e. Winkel des Chirurgen bezüglich der transversal-Achse φ_c. Winkel zwischen der Arbeitsrichtung des Chirurgen und des Assistenten $\varphi_{c,a}$.

tung des Chirurgen c über 30° betragen, so dass sich beide nebeneinander positionieren können und Bewegungsfreiraum entsteht. Zudem sollte auch dieser Winkel 75° nicht überschreiten, um eine ergonomische Hand-Auge-Koordination zu wahren.

(S2) (b.1) Minimaler Abstand der Roboterarme. Bei robotergestützter minimal-invasiver Chirurgie sollte der minimale Abstand der Roboterarme maximiert werden, um Kollisionen der Roboterarme auszuschließen. Hierbei ist insbesondere der Abstand des aktiven Teils des Endoskoparmes mit den aktiven Teilen der beiden Instrumentenarme kritisch.

(S2) (b.2) Distanz zu den Gelenkgrenzen. Dadurch, dass die Distanz zu den Gelenkgrenzen gewährleistet ist, eröffnet sich Bewegungsfreiraum für den Manipulator.

Die Kriterien (S2) (a.1) und (a.2) modellieren das Zusammenspiel der beiden Chirurgen, bezüglich Kollisionsfreiheit. In Entsprechung modellieren die Kriterien (S2) (b.1) und (b.2) das Verhalten des Roboters bezüglich Kollisionsfreiheit außerhalb des Patienten.

(S3) Abstand zwischen den Zugängen l, r und e. Die untere Grenze von 6 cm
wird bedingt durch den angenommenen Trokardurchmesser von 3 cm festgelegt. Zudem wird durch weiter auseinanderliegende Zugänge, die Kollisionsgefahr minimiert.

(E1) Manipulationswinkel. Der Manipulationswinkel ist der eingeschlossene
Winkel zwischen den beiden Arbeitsinstrumenten. Dieses Kriterium wurde, wie im Stand der Forschung erwähnt, zwischen 25 und 90° bestimmt
und von den meisten Autoren bei 60° als optimal eingeschätzt. Die Autoren bestimmten diesen Winkel empirisch, indem in fast allen Studien die
Ergonomie vom Knotenziehen unter verschiedenen Manipulationswinkeln
evaluiert wurde und die benötigte Zeit hierbei als Quantifizierung herangezogen wurde. Knotenziehen ist eine der anspruchsvollsten Aufgaben bei
manuell durchgeführten laparoskopischen Eingriffen. Es kann argumentiert
werden, dass bei dieser Tätigkeit, die Anforderungen größtmöglich sind
und deswegen auch für eine gesamte Intervention gelten. Meist wird das
Knotenziehen durch den Einsatz eines Staplers völlig umgangen. In vielen
Operationsphasen sind weniger komplexe Aufgaben durchzuführen. Daher
wurde in der hier vorgestellten Arbeit ein eher geringerer Winkel angenommen.

(E2) Elevationswinkel. Der Winkel der beiden Arbeitsinstrumente bezüglich
der Patientenhorizontalen (Frontalebene). Es kann durchaus vorkommen,
dass ein Elevationswinkel bis zu 5° während einer Operation nötig ist, insbesondere, wenn tief in das kleine Becken vorgedrungen wird. Ein Winkel
von über 60° ermüdet den Chirurgen über einen längeren Zeitraum. Zudem
hat der Elevationswinkel eine Auswirkung auf das ergonomische Durchführen von Aufgaben, weswegen dieses Kriterium sowohl bei robotergestützten als auch bei manuellen Operationen verwendet wird.

(E3) Intra-extrakorporales Instrumentenverhältnis. Die Distanz vom Endeffektor bis zum Zugang dividiert durch die Distanz vom Zugang zum Ende
des Instrumentenschafts am Griff. Das Instrument sollte etwas weiter im
Körper sein, als außerhalb. Es wird ein ideales Verhältnis von 1:1 bis 1:2
angenommen.

(E4) Azimut Winkel. Der Winkel zwischen der optischen Achse und den Arbeitsinstrumenten ist wichtig für die Hand-Auge-Koordination. Dies bedeutet insbesondere, dass eine Platzierung des Kameraassistenten auf der gegenüberliegenden Seite des Patienten in Bezug auf den Operateur, die Ergonomie der Kameraführung beeinträchtigt (spiegelverkehrte Sicht).

(T) Kippung des Patiententisches. Operationen mit dem da Vinci® werden im Allgemeinen unter einer höheren Kopftieflage durchgeführt, als manuelle Operationen. Das Kriterium der Kippung des Patiententisches wurde eingeführt, da eine starke Kopftieflage, den Blutzufluss im Kopf des Patienten erhöht und eine negative Auswirkung auf seine Atmung hat. Dies kann dem Patienten Schaden zufügen. Hypertoniker oder Patienten mit einem schwachen Kreislauf können nicht stark gekippt werden, was eine Operation mit dem da Vinci® ausschließt. Eine Kippung von etwa $20°$ in Kombination mit dem Pneumoperitoneum ist nötig, um die Organbewegung zu erzielen und damit Freiraum im Patienteninneren zu schaffen. Bis zu dieser unteren Grenze sollte die Kopftieflage minimiert werden. Das Kriterium wurde für da Vinci® gestützte Operationen eingeführt, da die Winkelbeschränkungen es erschweren, Zielgebiete tief im kleinen Becken zu erreichen. Ohne eine Kippung des Patiententisches wäre ein minimaler Elevationswinkel von $30°$ möglich. Die Gelenkgrenze für den Versatz von $\mathbf{j}_8$ beträgt $\Theta_8 \in [-45°, 60°]$, wobei in Ausgangsstellung des Manipulators ein Elevationswinkel von $90°$ besteht. Bei der Operation im Becken wird das Gelenk bei einem Winkelversatz von $\Theta_8 = 60°$ beschränkt, was einem Elevationswinkel von $30°$ entspricht. Durch eine Kippung des Patiententisches um $25°$ kann somit ein minimaler Elevationswinkel von $5°$ erreicht werden. Bei manuellen Interventionen wird die Kippung des Patiententisches nicht berücksichtigt.

(P) Roboterperformanz. Wenn die Endeffektoren weit vom Zugang entfernt sind, in welcher eine Singularität im prismatischen Gelenk $\mathbf{j}_9$ besteht, wird eine höhere Gleichförmigkeit in der Bewegung des Manipulators erreicht [TREJOS 05].

5.1.2   Definition der Zielfunktion

Konjunktion der Optimierungskriterien

Die Zielfunktion $f(\mathbf{s})$ (siehe Gleichung 5.2) wird durch eine Konjunktion der Unscharfen Mengen (Unscharfe Prädikate) beschrieben. Jedes Unscharfe Prädikat modelliert ein Kriterium für eine optimale Konfiguration und beschreibt, dass die Konfiguration „gut" in Bezug auf das Kriterium ist. Die Unscharfen Mengen werden durch eine charakteristische Funktion $\mu(x) : \mathbb{R} \rightarrow [0,1]$ definiert, welche den Grad der Zugehörigkeit zur Unscharfen Menge angibt. Der Wert Eins der charakteristischen Funktion beschreibt eine perfekte Konfiguration, der Wert Null eine Konfiguration, die es unmöglich macht, die Operation auszuführen. Jedes Kriterium wird durch vier Werte spezifiziert, welche die Trägermenge (support) $\{x|\mu(x) > 0\}$ und den 1-Schnitt (core) der Unscharfen Menge $\{x|\mu(x) = 1\}$ festlegen. Das Intervall $[s_l, s_r]$ beschreiben den Träger, das Intervall $[c_l, c_r]$ den 1-Schnitt, wobei die Ordnung $s_l < c_l \leqq c_r < s_r$ angenommen wird. Zwischen diesen Werten wird die charakteristische Funktion stückweise linear modelliert. Beispielsweise wird der Manipulationswinkel durch den Träger $[5°, 150°]$ und den 1-Schnitt $[30°, 60°]$ definiert. In Abbildung 5.1 sind die charakteristischen Funktionen $\mu_j(x)$ aller Kriterien abgebildet. Der Parameter x ist eine Distanz oder ein Winkel, je nachdem, welches Kriterium betrachtet wird. Der Wert ergibt sich bei einer festgelegten Konfiguration der Zugänge durch eine bestimmte Endeffektorposition. Die Kriterien für die manuelle Laparoskopie werden durch die Indices $j \in O_m, O_m = \{s_1, s_{2a1}, s_{2a2}, s_3, e_1, e_2, e_3, e_4\}$ beschrieben und die Kriterien für robotergestützte Interventionen durch die Indices $j \in O_r, O_r = \{s_1, s_{2b1}, s_{2b2}, s_3, e_1, e_2, e_3, e_4, t, p\}$.

Die charakteristischen Funktionen werden für alle N Optimierungszielgebiete OT (bzw. OT_j, für Optimierung j) (siehe Gleichung 3.20 bzw. Gleichung 3.27) berechnet und durch die Verweildauer $P(C_i)$ (siehe Gleichung 3.18) gewichtet. Der resultierende Wert

$$\bar{\mu}_j = \sum_{i=1,...,N} P(C_i)\mu_j(x) \qquad (5.6)$$

beschreibt die Güte der Intervention bezüglich der Kriterien O_m für manuelle Laparoskopie bzw. O_r für robotergestützte Interventionen.

Die Konjunktion über alle Kriterien wiederum beschreibt die Güte der gesamten Konfiguration **s**. Als Wahrheitsfunktion für die Konjunktion (t-Norm) wurde das Produkt verwendet.

Damit kann die Zielfunktion durch

$$f(\mathbf{s}) = \sum_{i=1,\ldots,N} \left(P(C_i) \prod_j \mu_j(x) \right) \qquad (5.7)$$

mit $j \in O_m$ für manuelle und $j \in O_r$ für robotergestützte Interventionen beschrieben werden.

Nach der gewünschten Anzahl von Iterationen von Seed Throwing Optimization wird die Optimierung beendet und die Lösung $\mathbf{s}_{opt}$ kann in den Operationssaal transferiert werden.

Effiziente Berechnung der Zielfunktion

Um die Performanz der Optimierung zu erhöhen, werden zuerst die notwendigen Bedingungen überprüft und gegebenenfalls sofort der Wert Null zurückgeliefert. Falls die Bewertung der Zugänge bereits zu einer unmöglichen Konfiguration führt, wird die Optimierung bezüglich der Telemanipulatorkonfiguration nicht mehr durchgeführt und ebenfalls der Wert Null für die Gütefunktion zurückgeliefert. Zudem werden bei den Gelenken des Telemanipulators Swept-Sphere Objekte als Hüllkörper verwendet, um schon vor einer detaillierten Kollisionsüberprüfung auf Basis des polygonalen Oberflächenmodells mögliche Kollisionen zu entdecken. Außerdem werden vor der Distanzberechnung der Roboterarme bereits vereinfachte Richtungstests durchgeführt, um Konfigurationen mit sich überkreuzenden da Vinci® Armen, vor einer detaillierten Berechnung zu erkennen und auszuschließen.

5.1.3 Vereinigung berechneter Zugangstriaden

Wurde als Anzahl der gewünschten Zugänge $z = 3$ vorgegeben, so kann die optimierte Zugangstriade aus den Zugängen $\mathbf{p}_l$, $\mathbf{p}_r$ und $\mathbf{p}_e$ direkt in den Operationssaal transferiert werden.

Soll jedoch mit mehr als drei Zugängen operiert werden, welche während der Operation gewechselt werden, so wird die Optimierung, wie erwähnt für

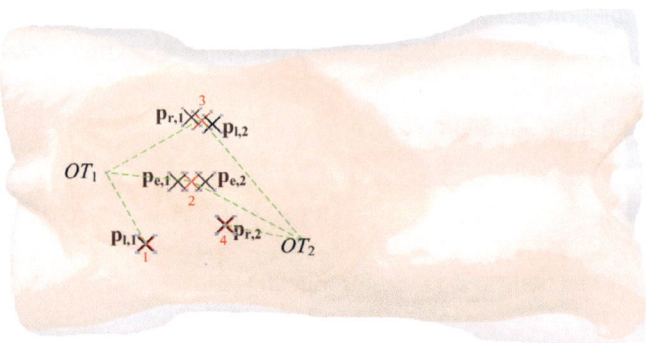

Abbildung 5.3: Zugangsgruppierung bei der Optimierung für verschiedene Operationsregionen. Zwei Zugangstriaden. Mit der Zugangstriade (1,2,3) wird in Operationszielgebieten OT_1 operiert, mit der Zugangstriade (2,3,4) in den Operationsgebieten in OT_2.

die c verschiedenen Teileabschnitten der Operation (siehe Gleichung 3.24) separat durchgeführt, jeweils mit den assoziierten Operationszielgebieten $OT_j, j \in \{1, ..., c\}$. Die Menge der optimierten Zugänge sei $\{\mathbf{p}_{l,j}, \mathbf{p}_{r,j}, \mathbf{p}_{e,j} | j = 1, ..., c\}$. Auf dieser Menge erfolgt eine Gruppierung der Zugänge durch den Single-Linkage Algorithmus, so dass z Cluster entstehen.

Als potentielle Repräsentanten werden die Clusterelemente selbst betrachtet, sowie jeweils das Zentrum der Clusterelemente. Für alle Kombinationen der Repräsentanten erfolgt eine Verifikation dadurch, dass die c Teilabschnitte mit ihren Operationszielgebieten OT_j bezüglich der aktiven und passiven Bedingungen (siehe Gleichung 5.4 und Gleichung 5.3) überprüft werden. Zudem wird die Zielfunktion $f(\mathbf{s})$ für jede Kombination von Zugangstriaden evaluiert und für jeden Teilabschnitt j die Zugangstriade mit der höchsten Güte $f(\mathbf{s})$ gewählt. Durch die berechnete Menge POT_j (siehe Gleichung 3.25) ist bekannt, bei welcher Operationsphase welche Zugangstriade verwendet werden soll.

In Abbildung 5.3 ist die Gruppierung der Zugänge für $c = 2$ Operationsregionen abgebildet. Eine Optimierung der Anfangskonfiguration erfolgte mit den Operationszielgebieten OT_1 im kleinen Becken, die andere Optimierung mit Zielgebieten in OT_2. Im Beispiel wurden $z = 4$ Gruppen gebildet, um vier Zugänge zu erhalten. Die Clusterzentren der Gruppen sind jeweils rot eingezeichnet und nummeriert. Die Operationsphasen, die mit den Operationszielgebieten in OT_1 assoziiert sind werden nach der Zugangsgruppierung mit der Zugangstriade (1,2,3) durchgeführt. Die Phasen, die mit OT_2 assoziiert sind werden mit der Zugangstriade (2,3,4) durchgeführt.

5.2 Mathematische Optimierung

Die Zielfunktion $f(\mathbf{s})$ ist hochdimensional, nicht stetig, damit auch nicht differenzierbar. Sie ist nicht linear, nicht konvex oder multimodal, besitzt also mehrere lokale Optima. Die Funktion ist kontinuierlich. Zudem ist sie nicht explizit gegeben, da die Distanzberechnung zwischen den Oberflächenmodellen des Patienten und des Roboters auf einer Menge von Dreiecken durchgeführt wird. Die Tatsache, dass die Funktion multimodal ist, schließt lokale Optimierungsverfahren, wie beispielsweise das Downhill-Simplex Verfahren [NELDER 65] (gradientenfrei), den Gradientenanstieg (benötigt 1. Ableitung), das Gauß-Newton-Verfahren (benötigt 2. Ableitung), oder die Variante des Levenberg-Marquardt Algorithmus [RANGANATHAN 04] aus. Da die Gradientenberechnung numerisch approximiert werden kann, wären diese Verfahren ansonsten durch finite Differenzen modifiziert anwendbar.

Im Gegensatz zu lokalen Optimierungsverfahren kombinieren Metaheuristiken (globale Optimierungsalgorithmen) die lokalen Methoden mit einer Strategie, um eine Konvergenz in lokalen Optima zu vermeiden. Beispiele für Metaheuristiken sind stochastische Optimierungsmethoden, wie Simuliertes Tempern (Simulated Annealing) [KIRKPATRICK 83] oder Evolutionäre Algorithmen, zu denen auch Genetische Algorithmen zählen. [WEISE 11]

Globale Optimierungsalgorithmen können in zwei Klassen eingeteilt werden: probabilistische und deterministische Metaheuristiken. Deterministische Algorithmen werden mit Erfolg eingesetzt, falls es eine Ordnung im Suchraum gibt. Der Suchraum wird dann im Allgemeinen effizient durch eine Teile-und-Herrsche Strategie unterteilt [WEISE 11]. Dies ist bei der Zielfunktion $f(\mathbf{s})$ nicht der Fall. Somit wird eine probabilistische Metaheuristik eingesetzt.

5.2.1 Probabilistische Metaheuristiken

Probabilistische Metaheuristiken können sehr allgemeine Problemklassen lösen. Das Ideal besteht in einem Algorithmus, welcher das Optimum, bzw. eine Approximation in gewünschter Güte, durch möglichst wenig Berechnungsaufwand findet. Jedoch gibt es keine perfekte Metaheuristik für jedes Problem. Dies führt zu der seit Jahrzehnten bestehenden Faszination in der Erforschung globaler Optimierungsmethoden.

Eine Metaheuristik (globale Optimierungsmethode) kann eine Näherungslösung für ein multimodales Optimierungsproblem effizient finden. Das aus dem altgriechischen stammende Wort „Heuristik" bezeichnet, die Kunst unter unvollständigem Weltwissen und begrenzter Zeit zu einer Näherungslösung zu kommen. Es handelt sich um eine lokale Suchprozedur. Die Vorsilbe „meta" beschreibt die Kombination von lokalen Heuristiken auf einer übergeordneten Ebene nach einer bestimmten Strategie.

Wenn eine Lösung für eine multimodale Funktion gefunden wird, also eine Funktion, welche mehrere Optima hat, ist nicht bekannt, ob die Lösung auch global optimal ist. Das Hauptproblem einer Metaheuristik ist es, die Konvergenz in einem lokalen Optimum zu vermeiden. Wenn mehrere Näherungslösungen gefunden werden sollen, besteht das Problem alle (oder manche) dieser Lösungen zu finden. Bei der Suche nach dem Optimum (bzw. mehreren Optima) gibt es einen Trade-Off zwischen Diversifikation (auch Explorationgenannt) und Intensifikation (auch Exploitation genannt). Diversifikation bezieht sich auf die Exploration des gesamten Suchraums, auch unter dem Risiko Verschlechterungen in Kauf zu nehmen, Intensifikation bezieht sich auf die zielgerichtete Exploration unter Berücksichtigung des bisher gesammelten Wissens über die Zielfunktion, also die zielgerichtete Exploration der bisher gefundenen Optima (ob global oder lokal). Die Konvergenzgeschwindigkeit hängt von der Balance dieser beiden Kräfte ab [BLUM 03]. Dieses sehr allgemeine Prinzip ist in verschiedenen Kontexten bekannt. Diversifikation ist eine Form der Divergenz und Intensifikation eine Form der Konvergenz. Das Prinzip von Intensifikation und Diversifikation findet sich beispielsweise in evolutionären Prozessen wieder, aber auch im Denken. Mihaly Csikszentmihalyi unterscheidet in Bezug auf Kreativität, divergentes Denken von konvergentem Denken. Divergentes Denken bezieht sich darauf, viele Lösungen zu entwickeln. Unter konvergentem Denken wird ein zielgerichtetes Bündeln der Ideen verstanden, ein Herausfiltern der schlechten Ideen. „Die beste Methode, um eine gute Idee zu bekommen, ist es, viele Ideen zu haben und die schlechten wegzuwerfen." - Linus Carl Pauling.

Es gibt viele Strategien zur Optimierung und unzählige Möglichkeiten, bestehende Methoden zu kombinieren oder zu erweitern. Ein Überblick über diese Methoden sowie eine Taxonomie globaler Optimierungsverfahren wird beispielsweise in Weise et al. [WEISE 11] gegeben. Wie erwähnt, gibt es kein perfektes Lösungsverfahren für jedes beliebige Optimierungsproblem. Wird die Menge aller mathematisch möglichen Optimierungsprobleme zugrunde gelegt, so schneiden alle Optimierungsalgorithmen im Durchschnitt gleich gut ab. Dies ist die Grundaussage der No-Free-Lunch-Theoreme [WOLPERT 97]. Diese theoretische Aussage ist intuitiv einleuchtend. Werden Impulsfunktionen oder randomisierte Funktionen an beliebigen Stellen betrachtet, kann keinerlei Strategie herangezogen werden, um Wissen über das Optimum zu erhalten. Aus diesem Grund ist es vorteilhaft die Struktur des Problems sorgfältig zu analysieren, möglichst viel problemspezifisches Wissen zu nutzen und einen passenden Algorithmus zu wählen und dessen Strategie gegebenenfalls zu adaptieren, beispielsweise durch die Auswahl von problemspezifischen Operatoren. Jedoch weisen Optimierungsprobleme im Allgemeinen eine Korrelation ihrer Parameter auf, welche zur Optimierung genutzt werden kann. Um einen Algorithmus zu adaptieren ist im Allgemeinen ein Optimierungsalgorithmus vorzuziehen, dessen Struktur einfach und dessen Strategie nachvollziehbar ist. Dies trifft auf Seed Throwing Optimization (STO) zu.

Der Optimierungsalgorithmus STO wurde 2009 im Rahmen dieser Arbeit entwickelt [WEEDE 09B]. Wie bei den naturinspirierten Evolutionären Algorithmen, Simulated Annealing oder Particle Swarm Optimization dienten auch bei Seed Throwing Optimization die Prozesse der Natur als Vorbild. Eine Pflanze wirft Saatkörner aus, welche auf dem fruchtbarsten Boden am besten wachsen. Bei den entstehenden Pflanzen wiederholt sich der Prozess zyklisch. Eine andere Analogie besteht in der Betrachtung der Denkprozesse, welche zu kreativen Errungenschaften führen. In diesem Prozess werden, verschiedene Ideen entwickelt, jedoch nur diejenigen weiter verfolgt werden, welche sich als gut erweisen. Auch die im Folgenden vorgestellten Algorithmen Multi-Level Gradientenanstieg und Harmony Search sind eine Inspirationsquelle für die Idee zu Seed Throwing Optimization gewesen.

STO kann als randomisierter Gradientenanstieg mit mehreren Ausgangszuständen aufgefasst werden, mit der Möglichkeit nur Pfade zu explorieren, die sich als gut erwiesen haben. STO ist eine probabilistische Metaheuristik, die auf dem Paradigma der iterativen lokalen Suche basiert: In jedem Iterationsschritt wird eine erste Lösung gewählt und eine Nachbarschaft von „ähnlichen" Lösungen definiert, welche dann weiter exploriert wird. Durch bisher akkumuliertes Wissen über die Funktion wird der Grad der Exploration bestimmt. Für die Umsetzung dieser Idee werden initiale Saatkörner aus dem Wertebereich der zu optimierenden Funktion gewählt. Von diesen ausgehend werden weitere Saatkörner in Richtung des steilsten Anstiegs ausgestreut. Die initialen Saatkörner werden randomisiert oder aus einem Gedächtnis mit besten Lösungen (Best Memory) ausgewählt und gegebenenfalls variiert oder gekreuzt. Die Anzahl der „ausgeworfenen" Saatkörner wird durch den Funktionswert der Funktion an der Stelle des initialen Saatkorns bestimmt. Hohe Funktionswerte führen zu intensiver Exploration, da davon ausgegangen wird, dass in der Nachbarschaft eines Optimums hohe Funktionswerte vorliegen. Niedrige Funktionswerte führen entsprechend zu einer geringen Exploration. Die Nachbarschaft, die exploriert wird, ist ein „Hyper-Fächer", dessen Form zwischen einem Gradientenstrahl und einer Hyperkugel variiert werden kann.

Die zu optimierende Funktion wird von STO wie eine "Black-Box" behandelt (direkte Optimierung), es ist also keine tiefere Einsicht in die Funktion nötig, sie muss nicht explizit durch eine Formel gegeben sein, und es ist beispielsweise keine Ableitung der Funktion zu bestimmen.

Ein weiteres Kriterium für die Güte eines Optimierungsalgorithmus ist die Parallelisierbarkeit, da Rechencluster und Multicore Prozessoren gebräuchlich sind und einen hohen Geschwindigkeitszuwachs versprechen. Durch eine geeignete Aufteilung des Algorithmus kann ein hoher Geschwindigkeitszuwachs erzielt werden. STO bietet effiziente Möglichkeiten zur Parallelisierung [WEEDE 11B].

Zur Evaluation von STO erfolgte ein Vergleich mit verschiedenen bekannten Metaheuristiken, welche im Folgenden vorgestellt werden.

5.2.2 Verschiedene Metaheuristiken

Alle hier vorgestellten Optimierungsalgorithmen werden für die Maximierung der Zielfunktion beschrieben. Durch einen Vorzeichenwechsel der Zielfunktion können die Algorithmen ohne Beschränkung der Allgemeinheit auch zur Minimierung verwendet werden.

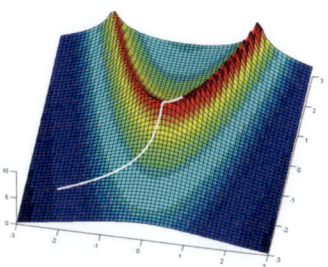

Abbildung 5.4: Gradientenanstieg auf Rosenbrocks Funktion.

A. Multi-Level Gradientenanstieg

Gradient Abstieg bzw. Anstieg (Newton-Verfahren, Bergsteiger-Algorithmus) ist ein intuitiver und vielleicht der populärste Algorithmus, um das Optimum einer Funktion zu finden. Der Algorithmus folgt der Funktion $f(\mathbf{x})$ iterativ Punkt für Punkt, wobei bei einer konstanten Schrittweite h jeweils der Funktionswert so weit als möglich erhöht wird. Dies geschieht nach der rekursiven Formel

$$\mathbf{x}_{k+1} = \mathbf{x}_k + h\nabla f(\mathbf{x}_k). \tag{5.8}$$

Falls kein Gradient der Funktion gegeben ist, kann diese als Black-Box behandelt werden und finite Differenzen benutzt werden, um den Gradienten an einer Stelle zu approximieren. [GOOS 98]

Im kartesischen Koordinatensystem ist der Gradient einer Funktion (Skalarfeld) $f(\mathbf{x}) : \mathbb{R}^n \to \mathbb{R}$ durch den Vektor

$$\nabla f(\mathbf{x}) = \begin{pmatrix} \partial_{x_1} \\ \vdots \\ \partial_{x_n} \end{pmatrix} \tag{5.9}$$

gegeben, wobei $\partial_{x_i}, i = 1,...,n$ die partiellen Ableitungen in die n Koordinatenrichtungen sind. Mit finiten Differenzen kann der Gradient approximiert werden, beispielsweise durch die Vorwärtsdifferenzenquotienten

$$\partial_{x_i} \approx \frac{f(x_i + \Delta x) - f(x_i)}{\Delta x}, i = 1,...,n, \Delta x > 0 \tag{5.10}$$

in allen Dimensionen, mit der finiten Differenz Δx.

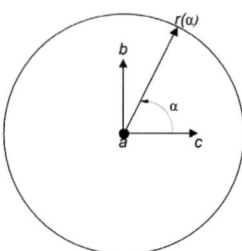

Abbildung 5.5: Lokale Approximation der Funktion durch eine Ebene durch die Punkte **a**, **b** und **c**. Richtung des steilsten Anstiegs **r**(α).

Die Funktionsauswertung in der k-ten Iteration kann, wie beim Downhill-Simplex Verfahren, für die nächste Iteration genutzt werden. Für $\mathbf{x} \in \mathbb{R}^2$ kann dies derart geschehen, dass die Funktion lokal durch eine Ebene approximiert wird, indem zwei Punkte **b** und **c** in der lokalen Nachbarschaft der Stelle $\mathbf{a} = (a_1, a_2, a_3)^T$ gewählt werden. Die Stelle **a** ist hierbei der Ausgangspunkt der *k*-ten Iteration, also $\mathbf{x}_k$ in Formel 5.8. Die drei Punkte **a**, **b** und **c** definieren die Ebene.

Durch einen Parameter α im Intervall $[0, 2\pi]$ wird ein Kreis auf der Ebene definiert durch die Formel

$$\mathbf{r}(\alpha) = (\mathbf{b} - \mathbf{a}) \sin \alpha + (\mathbf{c} - \mathbf{a}) \cos \alpha. \qquad (5.11)$$

Die dritte Komponente von $\mathbf{r}(\alpha)$, also $r(\alpha)_3$, wird nun maximiert, um den steilsten Anstieg in der Ebene zu bestimmen. Dazu wird die erste und die zweite Ableitung von $r(\alpha)_3$ nach α gebildet. Damit ergibt sich α aus den beiden Bedingungen

$$\partial_\alpha r_3(\alpha) = 0 \text{ und } \partial_\alpha^2 r_3(\alpha) < 0. \qquad (5.12)$$

Für die Lösung von α gibt es drei Fälle:

$$a_3 > b_3 : \alpha = 2\pi - 2 \arctan\left(\phi + \sqrt{1 + \phi^2}\right)$$

$$a_3 < b_3 : \alpha = -2 \arctan\left(\phi + \sqrt{1 + \phi^2}\right)$$

$$a_3 = b_3 : \begin{cases} \alpha = 0, & \text{falls } c_3 > a_3 \\ \alpha = \pi, & \text{falls } c_3 < a_3 \\ \alpha = \text{beliebig}, & \text{falls } c_3 = a_3 \end{cases}$$

wobei

$$\phi = \frac{a_3 - c_3}{a_3 - b_3}.$$

Mit dieser Methode ist es möglich, den Gradienten in jedem Iterationsschritt (bis auf den ersten) mit nur einer weiteren Funktionsevaluierung zu bestimmen. Die Stützstellen **b** und **c** der Gradientenapproximation aus dem k-ten Iterationsschritt können verwendet werden, um die Ebene im nächsten Iterationsschritt zu bestimmen. Im Gegensatz zum Downhill-Simplex Verfahren kann jede Richtung $\alpha \in [0, 2\pi]$ verfolgt werden. Ein weiterer Vorteil dieser Methode besteht darin, dass die Richtungen von der betrachteten Stelle hin zu den Stützstellen nicht isoorientiert sind, wie dies beim Vorwärtsdifferenzenquotienten der Fall ist. Eine robustere Approximation kann durch mehrere Berechnungen des finiten Gradienten unter Verwendung verschiedener Stützstellen erfolgen, wobei der Mittelwert der berechneten Vektoren als Gradienten-Approximation verwendet wird. Rosenbrocks Funktion (siehe Tabelle 5.1 und Abbildung 5.9) ist durch die scharfen Kanten ein Beispiel für eine Funktion, in der es auf der scharfen Kante kaum möglich ist, den steilsten Anstieg exakt zu approximieren.

Es gibt verschiedene Ursachen, die dazu führen, dass der Gradientenanstieg bei vielen Funktionen sehr langsam konvergiert. Ein Hauptproblem ergibt sich aus der Schrittweite h der Iterationsregel (siehe Gleichung 5.8). Wird die Schrittweite konstant gewählt, findet der Algorithmus nicht das Maximum, sondern höchstens den „Gitterpunkt", welcher dem Maximum am nächsten ist. Wenn der Anstieg der Funktion flach und ausgedehnt ist, sind sehr viele Schritte nötig, bis der Gradientenanstieg, das Maximum erreicht. Wird die Schrittweite zu groß gewählt, besteht dagegen die Gefahr, dass das Maximum übersprungen wird.

Durch eine adaptive Schrittweite, welche proportional zum Inversen der zweiten Ableitung ist, kann die Konvergenzgeschwindigkeit gegebenenfalls erhöht werden. Dies ist das Prinzip des Gauß-Newton-Verfahrens. Eine detaillierte Beschreibung und Analyse ist in [RANGANATHAN 04] zu finden.

Das erreichte Optimum ist nicht notwendigerweise das globale Optimum. Um

---

Algorithmus 5.1 Pseudo-Code von Multi-Level Gradientenanstieg (MLG).

---
(1) Definiere $f(\mathbf{x}), \mathbf{x} = (x_1, ..., x_N)^T$,

(2) Schrittweite $h_{grobmaschig}$,

(3) Infinitesimale Schrittweite h_{inf}.

(4) FOR ALL levels

(5) $h_{grobmaschig} = \max(h_{grobmaschig}/2, h_{inf})$

(6)   Wähle eine zufällige Lösung x

(7) $\mathbf{p}_{start} = GA(\mathbf{x}, h_{grobmaschig})$

(8) $\mathbf{q} = GA(\mathbf{p}_{start}, h_{inf})$

(9)   Speichere $\mathbf{q}$, falls besser

(10) END FOR

(11) /*************************************/

(12) FUNCTION GA(Startpunkt $\mathbf{x}_k$, Schrittweite h)

(13) DO

(14) $\mathbf{x}_{k+1} = \mathbf{x}_k + h\nabla f(\mathbf{x}_k)$

(15)   Evaluiere $f(\mathbf{x}_{k+1})$

(16) WHILE ($f(\mathbf{x}_{k+1}) > f(\mathbf{x}_k)$ OR maximale Anzahl von Iterationen erreicht)

(17) RETURN $\mathbf{x}_{k+1}$

---

dieses mittels eines Gradientenverfahrens zu approximieren, ist ein Multi-Level Ansatz notwendig, in welchem jeweils von verschiedenen Anfangszuständen ausgehend ein Gradientenanstieg ausgeführt wird. Es gibt verschiedene Möglichkeiten, einen Multi-Level Gradientenanstieg zu realisieren. Es bietet sich an, die Schrittweite zu variieren, um die Konvergenzgeschwindigkeit zu beschleunigen. Ein Ansatz dazu ist es, die Funktion durch ein grobes Raster zu diskretisieren bzw. eine sehr hohe Schrittweite zu wählen. Dies führt, in Analogie zu der Unterabtastung eines Signals, zu einer Tiefpassfilterung der Funktion. Fluktuationen, welche lokale Maxima oder Minima darstellen, werden herausgefiltert. Dadurch kann im Allgemeinen sehr schnell ein Wert erreicht werden, welcher nahe dem Maximum liegt. Das (lokale) Maximum wird dann als Startpunkt für einen Gradientenanstieg mit einer feinen Schrittweite gewählt. Eine Ebene des vorgeschlagenen Multi-Level Ansatzes besteht also in einem „grobmaschigen Vorlauf" und einer feinen Suche. In jedem Level wird die grobmaschige Schrittweite halbiert und zudem jeweils ein neuer, randomisierter Startpunkt gewählt. Dies entspricht in der Analogie zur Signalverarbeitung einem Phasenversatz. Algorithmus 5.1 zeigt die in dieser Arbeit implementierte Version.

B. Harmony Search

Geem et al. [GEEM 01] entwickelte einen Optimierungsalgorithmus, der durch den Improvisationsprozess eines Musikers inspiriert wurde. Der Algorithmus wurde bereits in vielen Anwendungen erfolgreich eingesetzt [INGRAM 09]. Der Lösungsvektor wird als Akkord oder Harmonie aufgefasst, welche durch den Improvisationsprozess eines Musikers variiert wird. Die drei Komponenten des Algorithmus sind ein Harmonie-Gedächtnis (eine Matrix mit den aktuell besten Lösungsvektoren), ein Tonhöhenvariations-Prozess (der angelehnt ist an Mutationsoperatoren Evolutionärer Algorithmen) und eine Randomisierung. Zur Initialisierung wird das Harmonie-Gedächtnis mit zufälligen Werten aus dem Definitionsbereich der zu optimierenden Funktion gefüllt und diese an diesen Stellen ausgewertet. Solange bis eine maximale Anzahl von Iterationsschritten noch nicht erreicht wurde, werden folgende Iterationsschritte wiederholt: Für jede Komponente des Lösungsvektors wird ein Wert bestimmt.

Dazu gibt es drei verschiedene Möglichkeiten:

- Wenn eine Zufallszahl unter dem vordefinierten Schwellwert der Harmonie-Gedächtnis-Zugriffsrate liegt, wird für die Komponente ein Wert aus dem Harmonie-Gedächtnis gewählt.

- Wenn eine Zufallszahl unter dem vordefinierten Schwellwert der Tonhöhen-Variations-Rate liegt, so wird ein bestimmter Wert (ein Intervall) auf die Komponente addiert oder davon subtrahiert. Dies entspricht der Schrittweite h im Gradientenanstieg.

- Ansonsten wird ein randomisierter Wert für die Komponente gewählt.

Durch diese Schritte (Zeile 7 bis 13 im Algorithmus 5.2) werden Mutationen (Zeile 9 und 11) und Kreuzungen (Zeile 8) der besten Lösungen erzeugt. Wenn die entstandene Lösung besser ist, als die schlechteste im Harmonie-Gedächtnis, so wird die schlechteste Lösung durch die neue ersetzt. Eine detaillierte Beschreibung des Algorithmus ist beispielsweise in Yang et al. [YANG 09] zu finden. Algorithmus 5.2 zeigt den Pseudo-Code von Harmony Search. Die Funktion *rand*() liefert in allen Algorithmen gleichverteilte Zufallswerte aus dem $[0, 1]$-Intervall.

Algorithmus 5.2 Pseudo-Code von Harmony Search (HS).

(1) Definiere $f(\mathbf{x}), \mathbf{x} = (x_1, ..., x_N)^T$,

(2) Harmonie-Gedächtnis-Zugriffsrate r_{accept},

(3) Tonhöhen-Variations-Rate r_p,

(4) Tonhöhen-Variation p_{range}.

(5) Generiere Harmonie-Gedächtnis **B** mit B_{size} zufälligen Lösungen

(6) WHILE (maximale Iterationsanzahl noch nicht erreicht)

(7)   FOR i=1 TO N (Für alle N Komponenten x_i)

(8)   IF ($rand()$ < r_{accept}) wähle Wert aus Harmonie-Gedächtnis für x_i

(9)   IF ($rand()$ < r_p) $x_i = x_i + r p_{range}$ mit einer Zufallszahl $r \in [-1, 1]$

(10)   ELSE

(11)   Wähle zufälligen Wert für x_i

(12)   END IF

(13)   END FOR

(14)   Evaluiere $f(\mathbf{x})$

(15)   Speichere Lösung **x**, im Harmonie-Gedächtnis **B**, falls besser

(16) END WHILE

Algorithmus 5.3 Pseudo-Code von Particle Swarm Optimization (PSO).

(1) Definiere $f(\mathbf{x}), \mathbf{x} = (x_1, ..., x_N)^T$

(2) Generiere N Partikel $\mathbf{p}_i$ mit Geschwindigkeit $\mathbf{v}_i = 0$

(3) Initialisiere beste Lösung für jedes Partikel $\mathbf{p}_{best,i} = \mathbf{p}_i$

(4) Initialisiere global beste Lösung aller Partikel $\mathbf{g}_{best}$

(5) WHILE (maximale Iterationsanzahl noch nicht erreicht)

(6)   FOR $i = 1$ to N (Für alle Partikel i)

(7)   Berechne Vektor zur besten Lösung des Partikels $\mathbf{p}_{dir,i} = \mathbf{p}_{best,i} - \mathbf{p}_i$

(8)   Berechne Vektor zur global besten Lösung $\mathbf{g}_{dir,i} = \mathbf{g}_{best} - \mathbf{p}_i$

(9) $r_1 = rand(), r_2 = rand()$

(10)   Berechne Geschwindigkeit $\mathbf{v}_i = \mathbf{v}_i + c_1 r_1 \mathbf{p}_{dir,i} + c_2 r_2 \mathbf{g}_{dir,i}$

(11)   Berechne Lösung $\mathbf{p}_i = \mathbf{p}_i + \mathbf{v_i}$

(12)   Evaluiere $f(\mathbf{p}_i)$

(13)   Speichere beste Lösung $\mathbf{p}_{best,i}$, falls besser

(14)   Speichere global beste Lösung $\mathbf{g}_{best}$, falls besser

(15)   END FOR

(16) END WHILE

C. Particle Swarm Optimization

Eberhard und Kennedy [KENNEDY 95] entwickelten einen Optimierungsalgorithmus, welcher durch das Schwarmverhalten von Vögeln oder Fischen inspiriert ist. Potentielle Lösungen werden Partikel genannt, welche probabilistisch,
einerseits durch ihr bisher gefundenes Optimum $\mathbf{p}_{best,i}, i \in 1, ..., N\}$ und andererseits durch ein global gefundenes Optimum $\mathbf{g}_{best}$ gesteuert, die Funktion explorieren. Die Partikel bewegen sich hiermit stochastisch betrachtet auf das bisher
gefundene globale Optimum zu, kehren mit einem Überschwingen zurück und
erreichen dabei im Allgemeinen durch fortlaufende Exploration neue Optima.
Algorithmus 5.3 zeigt den Pseudo-Code von Particle Swarm Optimization.

Algorithmus 5.4 Pseudo-Code von Simulated Annealing (SA).

(1) Definiere $f(\mathbf{x}), \mathbf{x} = (x_1, ..., x_N)^T$
(2) Initiale Temperatur T_0
(3) Wähle initiale Lösung $\mathbf{p}$ und evaluiere $f(\mathbf{p})$
(4) Schrittweite h für Nachbarschaft
(5) WHILE ($t <$maximale Iterationsanzahl)
(6)   Wähle Punkt $\mathbf{q}$ in Nachbarschaft von $\mathbf{p}$
(7)   Evaluiere $f(\mathbf{q})$
(8)   Berechne aktuelle Temperatur $temp$, z. B. $T_0 ct, c \in [0,1]$ oder $T_0 \log(t+2)$
(9)   WHILE (maximale Iterationsanzahl nicht erreicht AND $\mathbf{q}$ nicht akzeptiert)
(10)   IF $(\exp(f(\mathbf{q}) - f(\mathbf{p}))/temp \leq rand()$ OR $f(\mathbf{p}) < f(\mathbf{q})$)
(11) $\mathbf{p} = \mathbf{q}$ (Akzeptiere neue Lösung $\mathbf{q}$)
(12)   END IF
(13)   END WHILE
(14)   Speichere Lösung $\mathbf{q}$, falls besser
(15) END WHILE

D. Simulated Annealing

Simulated Annealing [KIRKPATRICK 83] ist durch eine Verfahrenstechnik zur Züchtung von Kristallen inspiriert, bei welchem die Temperatur der Schmelze in kontrollierter Weise herabgesetzt wird. Das Wachstum der Kristalle endet, wenn das System ein Energieminimum erreicht hat. Lokale Minima können dabei verlassen werden. Schließlich kann ein globales Minimum erreicht werden, falls der Abkühlungsprozess langsam genug von statten geht. Der Algorithmus ist im Gegensatz zum Gradienten Abstieg nicht deterministisch.

Die Division durch die aktuelle Temperatur $temp$ sorgt (Zeile 10 im Algorithmus 5.4) bei der Bewertung eines neuen Zustands dafür, dass bei einem gleich bleibenden Unterschied in der Zielfunktion zwischen dem aktuellen und dem explorierten Zustand, die Wahrscheinlichkeit für die Akzeptanz schlechterer Lösungen immer weiter sinkt und schließlich nur noch echte Verbesserungen zugelassen werden.

Algorithmus 5.5 Pseudo-Code von Seed Throwing Optimization (STO). Kernalgorithmus, vereinfacht.

(1) Definiere $f(\mathbf{x}), \mathbf{x} = (x_1, ..., x_N)^T$
(2) Tiefe der lokalen Suche r_{loc}
(3) Maximale Anzahl ausgeworfener Saatkörner $n_{MaxSeeds}$
(4) Initialisiere Speicher der besten Lösungen **B** mit B_{size} Lösungen
(5) WHILE (maximale Iterationsanzahl nicht erreicht)
(6)   IF ($rand()$ < 0.5) Wähle initialen Saatkorn $\mathbf{x}_0$ zufällig
(7)   ELSE Wähle Saatkorn $\mathbf{x}_0$ vom Speicher der besten Lösungen
(8)   END IF
(9)   Evaluiere $f(\mathbf{x}_0)$
(10)   Berechne Anzahl der Saatkörner n_x (siehe Gleichung 5.13)
(11)   Approximiere Richtung α des steilsten Anstiegs in $\mathbf{x}_0$
(12)   FOR $i = 1$ TO n_x (Für jedes Saatkorn)
(13)   Berechne Position von Saatkorn $\mathbf{x}_i$ (siehe Gleichung 5.14)
(14)   Evaluiere $f(\mathbf{x}_i)$
(15)   END FOR
(16)   Speichere Lösung in **B**, falls besser
(17) END WHILE

5.2.3 Seed Throwing Optimization

Algorithmus 5.5 zeigt den Pseudo-Code von Seed Throwing Optimization.

Initialisierung

Um STO zu initialisieren, wird die Zielfunktion $f(\mathbf{x}), \mathbf{x} = (x_1, ..., x_N)^T$ mit Wertebereich definiert. Die Größe des Speichers der besten Lösungen B_{size} wird spezifiziert. Der Speicher der besten Lösungen (Best Memory) **B** ist eine $(B_{size} \times N)$-Matrix. Um eine hohe Intensifikation bei der Exploration zu erreichen, sollte die Größe der Matrix relativ klein gewählt werden ($B_{size} = 3$ bis $B_{size} = 5$). Die Matrix wird mit randomisierten Werten aus dem Wertebereich der Funktion initialisiert, oder, falls bekannt, mit initialen Schätzungen für die Lösung. Jede Zeile der Matrix ist eine potentielle Lösung. Die Funktion wird an diesen Stellen ausgewertet. Assoziiert zum Speicher der besten Lösungen, existiert ein Vektor der Dimension B_{size}, welcher die entsprechenden Funktionswerte enthält.

Während jeder Funktionsauswertung wird das bisherige Minimum und Maximum in den Variablen g_{min} und g_{max} gespeichert. Der Parameter r_{loc} kontrolliert den lokalen Suchradius für initiale Saatkörner. Die Länge des maximalen Intervalls des Wertebereichs der Funktion, dividiert durch vier, hat sich in der Evaluation als vorteilhafte Größe herausgestellt. Die Wahl eines hohen Wertes führt zu Diversifikation, kleine Werte zur Intensifikation bei der Exploration.

Seed Throwing Optimization verbessert die gespeicherten Lösungen iterativ durch mehrere Durchgänge einer äußeren Schleife. Eine maximale Iterationsanzahl kann vorgegeben werden. Es ist jedoch auch möglich, während der Laufzeit, den Algorithmus abzubrechen, wenn beispielsweise eine gewünschte Güte, der Zielfunktion oder ein Zeitlimit erreicht wurde.

Die äußere Schleife

In jedem Iterationsschritt wird zuerst ein initiales Saatkorn x_0 gewählt, von welchem ausgehend in einer inneren Schleife weitere Saatkörner gestreut werden.

Wenn eine Zufallszahl unter einem bestimmten Schwellwert liegt, wird das initiale Saatkorn randomisiert aus dem Wertebereich der Funktion gewählt, ansonsten wird eine Lösung aus dem Speicher der besten Lösungen **B** gewählt und die Nachbarschaft weiter exploriert. Für eine parallelisierte Version, des Algorithmus bietet es sich an, die Wahl zu alternieren, um die Exploration eines randomisierten und eines aus der Matrix **B** stammenden Saatkorns parallel auszuführen.

Wie in Harmony Search kann die Wahl auch komponentenweise erfolgen, womit Mutationen und Kreuzungen bekannter guter Lösungen ermöglicht werden. Dies führt im Allgemeinen zu einer höheren Konvergenzgeschwindigkeit. Für den Algorithmus bedeutet dies, dass die Auswahl der initialen Saatkörner (Zeile 6-8) durch die Zeilen 7-13 in Harmony Search (Algorithmus 5.2) ersetzt werden.

Nach der Auswertung der Funktion am initialen Saatpunkt, also der Auswertung von $f(x_0)$ wird ein Intensifikationsfaktor n_x berechnet, welcher bestimmt, wie viele weitere Saatkörner in der lokalen Nachbarschaft von dem initialen Saatpunkt aus gestreut werden. Desto höher der Funktionswert $f(x_0)$, desto mehr Saatkörner werden gestreut, somit werden gute Lösungen intensiver exploriert als Täler. In Abbildung 5.6 auf der nächsten Seite ist dies veranschaulicht.

Die Anzahl gestreuter Saatpunkte wird durch den Intensifikationsfaktor

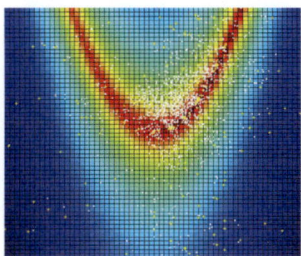

Abbildung 5.6: Funktionsauswertungen von Seed Throwing Optimization bei Rosenbrocks Funktion. Maxima in rot codiert, Minima in blau. Initiale Saatkörner gelb, gestreute Saatpunkte weiß.

$$n_x = n_{MaxSeeds} \left\lfloor \frac{f(\mathbf{x}_0) - g_{min}}{g_{max} - g_{min}} \right\rfloor \qquad (5.13)$$

berechnet, wobei $n_{MaxSeeds}$ die maximale Anzahl gestreuter Saatpunkte bezeichnet. Da nach Voraussetzung a-priori kein Wissen, über den Wertebereich der Funktion bekannt ist, hängt dieser Faktor von dem bisher gefundenen Maximum g_{max} und dem bisher gefundenen Minimum g_{min} ab. Der Faktor n_x bestimmt die Anzahl der Schleifendurchgänge der inneren Schleife (Zeile 12-15 im Algorithmus 5.5).

In der ursprünglichen Version des Algorithmus [WEEDE 09A] werden randomisiert zwei unterschiedliche Dimensionen $j, k \in \{1, ..., N\}, j \neq k$ für die Exploration gewählt und die normierte Richtung des steilsten Anstiegs für diese beiden Dimensionen approximiert. Dieser Ansatz wurde nun dahingehend erweitert, die Anzahl der Funktionsauswertungen für die Approximation ebenfalls abhängig von der Güte der Funktion an der ausgewerteten Stelle zu wählen. Jede Dimension x_i wird mit einer Wahrscheinlichkeit von $n_x / n_{MaxSeeds}$ für die Gradientenberechnung verwendet und der Vorwärtsdifferenzquotient mit einer randomisierten finiten Differenz $\triangle x$ (siehe Gleichung 5.10) in dieser Komponente berechnet, die anderen Komponenten sind beliebig und werden auf Null gesetzt. Hiermit wird der Gradient also auf einem Unterraum des Suchraums approximiert und in den nicht betrachteten Dimensionen als randomisiert angenommen (bzw. auf Null gesetzt). Der entstandene Vektor, die approximierte Richtung des steilsten Anstieges, wird normiert und als $\mathbf{d}_\alpha$ bezeichnet. Durch die randomisierte Wahl von $\triangle x$ entsteht bei der wiederholten Gradienten-Approximation an ein

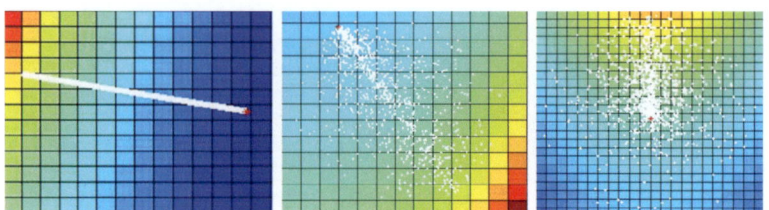

Abbildung 5.7: Wurfrichtung bei STO. Initialer Saatpunkt in rot, „ausgeworfene Saatkörner" in weiß. Links: Gradientenstrahl durch $r_1 = 1$. Mitte: „Fächer" durch $r_1 \in [0.5, 1]$. Rechts: Kreis mit Vorzugsrichtung durch $r_1 \in [0, 1]$.

und derselben Stelle eine gewünschte Variation der Gradienten-Approximation.

Die innere Schleife - Streuung der Saatkörner

Für jeden Saatpunkt i wird nun durch $\mathbf{d}_\varphi = (\sin(r), \cos(r))^T$ mit einer Zufallszahl $r \in [0, 2\pi]$ ein randomisierter Richtungsvektor erzeugt. Ausgehend vom initialen Saatpunkt $\mathbf{x}_0$ und der normierten Gradienten-Approximation $\mathbf{d}_\alpha$ wird über eine randomisierte konvexe Kombination aus beiden Vektoren, unter Einbeziehen des lokalen Suchradius r_{loc} die Position des gestreuten Saatkorns berechnet. Mit den beiden Zufallszahlen $r_1 \in [0.5, 1], r_2 \in [0, 1]$ ergibt sich die Position als

$$x_i = \mathbf{x}_0 + r_2 r_{loc}(r_1 \mathbf{d}_\varphi + (1 - r_1)\mathbf{d}_\alpha). \tag{5.14}$$

Der Funktionswert $f(\mathbf{x}_i)$ wird nun für das „ausgeworfene Saatkorn" ausgewertet.

Je nachdem wie das Intervall für r_1 gewählt wird, kann die Form der Wurfrichtung zwischen Gradientenstrahl ($r_1 = 1$) und kreisförmiger Wurfrichtung ($r_1 = 0$) variiert werden. In Abbildung 5.7 ist dies verdeutlicht. Die besten Ergebnisse zeigten sich mit dem Intervall $[0.5, 1]$.

Wenn $f(\mathbf{x}_i)$ besser ist, als die schlechteste Lösung im Speicher der besten Lösungen $\mathbf{B}$, dann ersetzt $\mathbf{x}_i$ diese Lösung. Damit besteht für das neue Saatkorn die Möglichkeit in weiteren Iterationsschritten weiter exploriert zu werden.

Ergebnis

Wenn die maximale Anzahl an Iterationen erreicht wurde oder ein anderes Abbruchkriterium eingetreten ist, wird die beste Lösung aus der Matrix $\mathbf{B}$ als Approximation des globalen Maximums zurückgeliefert.

Optionen für Seed Throwing Optimization

Die Konvergenzgeschwindigkeit kann im Allgemeinen erhöht werden, wenn bei Aufnahme einer neuen Lösung $\mathbf{x}_i$ in den Speicher der besten Lösungen Rekombinationen ausgeführt werden. Folgende zwei Rekombinationsoperatoren bei der Aufnahme einer neuen Lösung wurden während des Tests des Algorithmus integriert:

- Wähle die zu $\mathbf{x}_i$ nächste Lösung $\mathbf{x}_b$ in Bezug auf Euklidische Distanz und evaluiere die konvexe Kombination aus beiden Lösungen. Nimm die resultierende Lösung

$$\mathbf{x}_m = \frac{f(\mathbf{x}_b)\mathbf{x}_b + f(\mathbf{x}_i)\mathbf{x}_i}{f(\mathbf{x}_b) + f(\mathbf{x}_i)} \tag{5.15}$$

  auf, falls $f(\mathbf{x}_m)$ besser ist als die schlechteste Lösung der Matrix $\mathbf{B}$.

- Eine andere Möglichkeit der Rekombination von Lösungen besteht darin, die konvexe Kombination aller Lösungen der Matrix $\mathbf{B}$ zu untersuchen. Seien also $\mathbf{b}_1, ..., \mathbf{b}_{B_{size}}$ die Lösungen (Zeilen) der Matrix $\mathbf{B}$, dann ersetzt

$$\mathbf{x}_m = \frac{\sum\limits_{i=1,...,B_{size}} f(\mathbf{x}_i)\mathbf{x}_i}{\sum\limits_{i=1,...,B_{size}} f(\mathbf{x}_i)} \tag{5.16}$$

  die schlechteste Lösung in der Matrix $\mathbf{B}$, falls $f(\mathbf{x}_m)$ besser ist als diese Lösung.

Eine weitere Möglichkeit, STO im Konvergenzverhalten zu optimieren, besteht darin, bei der Aufnahme einer neuen Lösung, die ähnlichste Lösung bezüglich Euklidischer Distanz im Speicher der besten Lösungen zu suchen und die neue Lösung durch die alte zu ersetzen, falls sich die Lösungen nur geringfügig unterscheiden. Dies gewährleistet Diversität in den Lösungen der Matrix $\mathbf{B}$. Ein Verlust der Diversität wird bei Evolutionären Algorithmen als genetische Drift bezeichnet. Diese Ersetzungsstrategie wirkt der genetischen Drift entgegen. Als Schwellwert, welcher die Ähnlichkeit definiert, wurde 5% der maximalen möglichen Distanz innerhalb der Domäne verwendet. Abbildung 5.8 zeigt die präferierte Ersetzungsstrategie.

In hochdimensionalen Optimierungsproblemen kann das Konvergenzverhalten beschleunigt werden, wenn jeweils die letzten Dimensionen, welche zu einer Verbesserung (also zu einer Aufnahme einer neuen Lösung in die Matrix **B**) geführt haben, gemerkt werden. In folgenden Iterationsschritten werden dann diese Dimensionen mit einer höheren Wahrscheinlichkeit ausgewählt, anstatt die Dimensionen beliebig zu wählen. Ein Beispiel hierfür im Anwendungsszenarium der Optimierung der Zugänge und der Manipulatorkonfiguration ist, dass die Zugänge bereits weitgehend optimal gewählt sind, sich jedoch bei einer Veränderung der Konfiguration des Manipulators weitere Verbesserungen ergeben, so sollte die Wahl der Parameter, welche die Manipulatorkonfiguration betreffen bevorzugt werden.

Selbstadaption

Durch Selbstadaption kann im Allgemeinen die Konvergenzgeschwindigkeit erhöht werden. Dies bedeutet unter anderem die Balance der Intensifikation und Diversifikation adaptiv zu variieren. Dies kann wie folgt umgesetzt werden: Um Phasen der Intensifikation zu erfassen, wird bei jeder Aufnahme einer neuen Lösung in den Speicher der besten Lösungen ein Faktor $\iota \in [0,2]$, der zu Beginn mit dem Wert Eins initialisiert wurde, erhöht und ansonsten wird ι verkleinert.

In Phasen, in denen sich die Lösungen verbessern ($\iota > 1$), wird mehr intensiviert:

- Verkleinere Größe des Speichers der besten Lösungen B_{size}.

- Erhöhe die Anzahl der gestreuten Saatkörner n_x.

- Verkleinere den lokalen Suchradius r_{loc}.

Es können Tabubereiche während des Streuens der inneren Saatkörner eingeführt werden. Die Wurfweite wird hierzu unterteilt in drei Bereiche (weit, mittel, nah). Ist der Funktionswert des geworfenen Saatkorns x_i schlechter als der Ausgangspunkt x, wird ein Zähler für den entsprechenden Bereich erhöht. Die Wurfweite r_{loc} wird dann in Abhängigkeit dieser Zähler adaptiv dadurch verändert, dass bei häufigem Misserfolg im nahen Wurfbereich, die Wurfweite r_{loc} vergrößert wird und diese umgekehrt verkleinert wird, wenn weiter geworfene Würfe häufig zu Misserfolgen führen. In vorläufigen Experimenten haben sich diese Optionen als vorteilhaft für das Konvergenzverhalten herausgestellt.

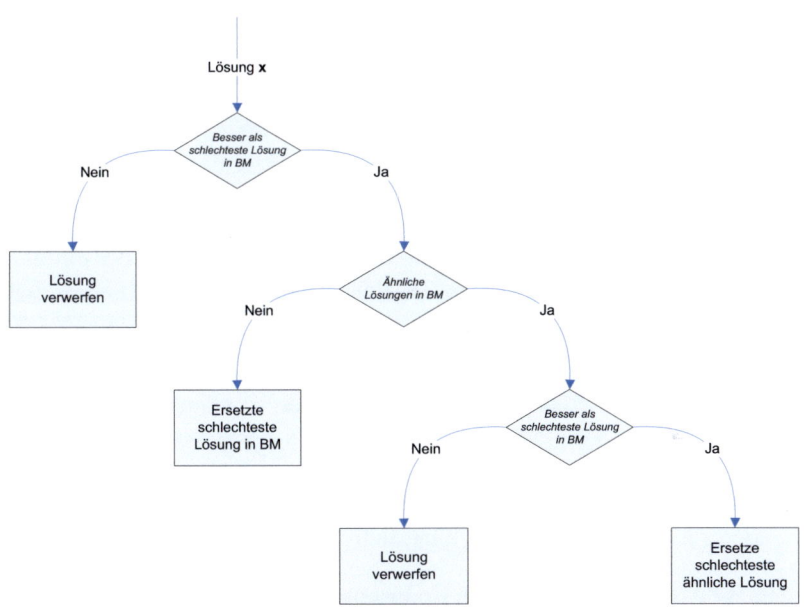

Abbildung 5.8: Ersetzungsstrategie für den Speicher der besten Lösungen in Seed Throwing Optimization.

Verwendete Operatoren in STO

Weise et al. [WEISE 11] unterscheiden verwendete Operatoren durch die Anzahl der Parameter. In Seed Throwing Optimization werden fünf Operatoren eingesetzt:

- Reine Randomisierung (nullstellig).

- Addition einer Konstanten bzw. eines konstanten Vektors (einstellig) bei der Streuung der Saatpunkte.

- Mutation einer Lösung (einstellig) im Speicher der besten Lösungen.

- Rekombination (zweistellig) von Lösungen im Speicher der besten Lösungen. Eine Rekombination mehrerer Lösungen kann als eine Folge von zweistelligen Rekombinationsoperatoren aufgefasst werden.

- Gradienten-Approximation (dreistellig) bei der Berechnung der Streuungsrichtung. Die Approximation ist ähnlich wie im Downhill-Simplex Verfahren, bei dem iterativ der maximale Wert dreier Stellen verfolgt wird. Ähnlich ist auch die differentielle Evolution, eine Addition einer gewichteten Differenz zweier Stellen. Eine n-dimensionale Gradienten-Approximation kann als Folge von dreistelligen Operatoren aufgefasst werden.

Diese Operatoren sind generisch. Für die Optimierung der Zugänge bietet es sich an, problemspezifische Operatoren einzuführen:

- Rotation der Zugänge, um den Endoskopzugang.

- Skalierung der Zugänge mit dem Endoskopzugang als Zentrum.

- Rotation aller Armrichtungen des Manipulators in Bezug auf den Patienten, durch eine gemeinsame Veränderung der Winkelkoordinaten der Manipulatorarme λ_r, λ_l und λ_e.

STO und Evolutionäre Algorithmen

In Evolutionären Algorithmen wird eine initiale Population gewählt (randomisierte Lösungen). Es folgt eine Iteration folgender Schritte bis ein Abbruchkriterium eintritt.

1. Evaluation: Die Funktionswerte der Lösungen (Population) werden berechnet.

2. Berechnung der Fitness: Die Funktionswerte der Population werden verwendet, um die Güte der Lösungen mit Hilfe einer „Fitness-Funktion" zu berechnen.

3. Auswahl: Die Lösungen mit der höchsten „Fitness" werden zur Reproduktion verwendet.

4. Reproduktion: Die Lösungen mit der höchsten „Fitness" werden durch Rekombination oder Mutation verändert.

In STO erfolgt eine Evaluation der Lösungen (Schritt 1). Es werden nicht ausschließlich Lösungen aus dem Speicher der besten Lösungen **B** (also aus der Population) herangezogen. Durch den Operator, der reinen Randomisierung kann das Verhalten des Algorithmus jedoch so interpretiert werden, dass diese Lösungen im vierten Schritt erzeugt und in der nächsten Iteration zur Population hinzugefügt werden. Die Fitness wird durch den Wert der Zielfunktion berechnet (Schritt 2). Es erfolgt eine Auswahl aus den Lösungen des Speichers der besten Lösungen (Schritt 3). Die Lösungen werden rekombiniert oder mutiert und gegebenenfalls zur Reproduktion im Speicher der besten Lösungen aufgenommen (Schritt 4). Diese Schritte verlaufen direkt nach dem Schema der evolutionären Algorithmen. Jedoch werden nicht ausschließlich die Operatoren der Rekombination oder Mutation verwendet, sondern zusätzlich Gradienten-Approximation und Randomisierung. Dies unterscheidet STO von Evolutionären Algorithmen.

5.3 Konvergenzgeschwindigkeit

Die Konvergenzgeschwindigkeit wurde anhand von bekannten Testfunktionen für Optimierungsprobleme getestet. Ein Überblick über häufig verwendete Testfunktionen ist in Pohlheim [POHLHEIM 12] zu finden. Die vorgestellten Metaheuristiken wurden mit Rosenbrocks „Bananenfunktion", Dixons „Kamelrücken", Easoms Funktion, Griewangks Funktion und Schwefels Funktion getestet. Zudem wurde die Zugangsoptimierung für das dominante Arbeitsinstrument als Testfunktion herangezogen, während die Zugänge für das Endoskop und das

	$f(\mathbf{x})$	Domäne
Rosenbrock	$-log\left(1 + (1 - x_1)^2 + 100\left(x_2 - x_1^2\right)^2\right) + 10$	$[-3,3]^2$
Dixon	$\left(4 - 2.1x_1^2 + \frac{x_1^4}{3}\right)x_1^2 - x_1x_2 - 4\left(x_2^2 - 1\right)x_2^2$	$[-1.5, 1.5]^2$
Easom	$cos(x_1)cos(x_2)exp\left(-(x_1 - \pi)^2 + \left(x_2^2 - \pi\right)^2\right)$	$[-10, 10]^2$
Griewangk	$-\frac{x_1^2 + x_2^2}{4000} + cos(x_1)cos\left(\frac{1}{\sqrt{2}}x_2\right) + 3$	$[-50, 50]^2$
Schwefel	$x_1sin\left(\sqrt{|x_1|}\right) + x_2sin\left(\sqrt{|x_2|}\right)$	$[-500, 500]^2$

Tabelle 5.1: Testfunktionen zur Optimierung.

nicht-dominante Instrument konstant gehalten wurden. Alle verwendeten Test-funktionen sind zweidimensional und nicht negativ. Abbildung 5.9 zeigt die Gra-phen der Testfunktionen und Tabelle 5.1 die Funktionsdefinitionen und ihre Do-mänen.

Für jede Testfunktion wurde eine Maximum-Suche durchgeführt. Um die Konvergenzgeschwindigkeit eines Algorithmus zu bestimmen, wurden für je-de Metaheuristik 500 Testläufe durchgeführt und dies jeweils mit verschiedenen Parametern wiederholt. Das Ziel hierbei war, einen Parametersatz für alle Test-funktionen zu finden, bei dem die Performanz am höchsten ist. Als Maß für die Konvergenzgeschwindigkeit wurde die Anzahl der Funktionsauswertungen verwendet, um Unabhängigkeit von Rechnerarchitekturen zu gewährleisten und Implementierungsdetails auszuschließen. Die Annahme, die dem Test zugrunde liegt ist, dass die Funktionsauswertungen rechenintensiv sind und der Algorith-mus selbst verschwindend wenig Rechenzeit benötigt. Dies ist bei vielen realen Anwendungen gegeben, wie auch bei der Optimierung der Anfangskonfigurati-on. Eine Funktionsauswertung erfordert im Allgemeinen N Abstandsberechnun-gen mit über hunderttausend Dreiecken, sowie Abstandstests einzelner da Vinci® Armelemente mit jeweils über tausend Dreiecken.

Als "bad anchor" wurde randomisierte Abtastung der Testfunktionen (RND) als Optimierungsalgorithmus hinzugefügt.

Es wurde getestet, wie viele Funktionsevaluierungen nötig sind, um 95% des globalen Maximums zu erreichen. In Abbildung 5.10 ist der Median der Anzahl der Funktionsauswertungen abgebildet, der sich durch die 500 Testläufe bei der besten Parameterkonfiguration ergeben hat. Abbildung 5.11 zeigt den erreich-

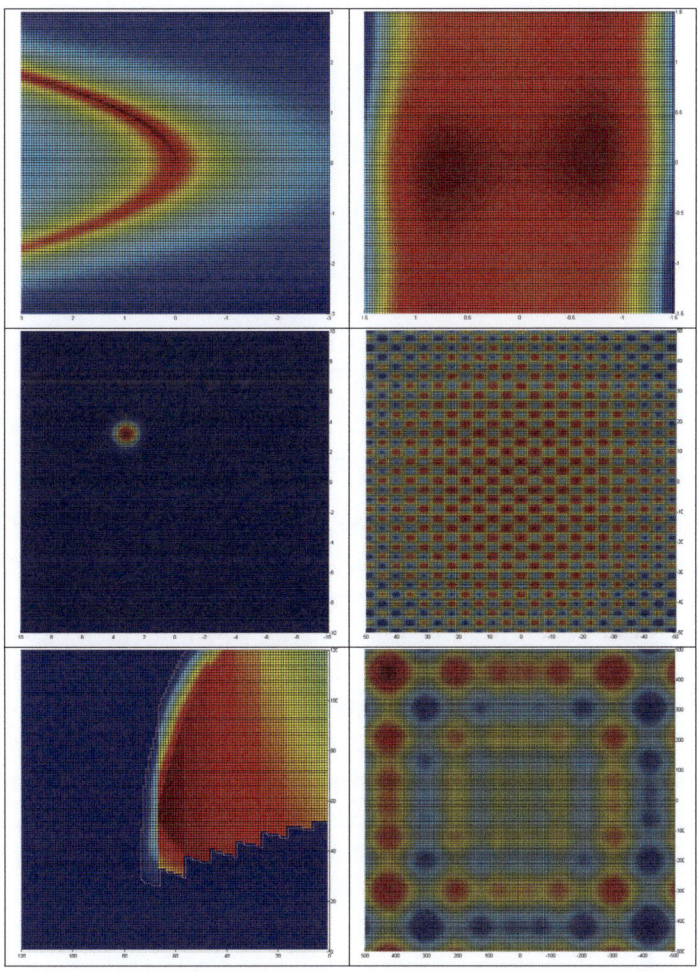

Abbildung 5.9: Testfunktionen zur Optimierung. Erste Zeile: Rosenbrock (links), Dixon (rechts); Zweite Zeile: Easom, Griewangk; Dritte Zeile: Zugangsfunktion, Schwefels Funktion. Maxima sind in rot eingezeichnet, Minima in blau.

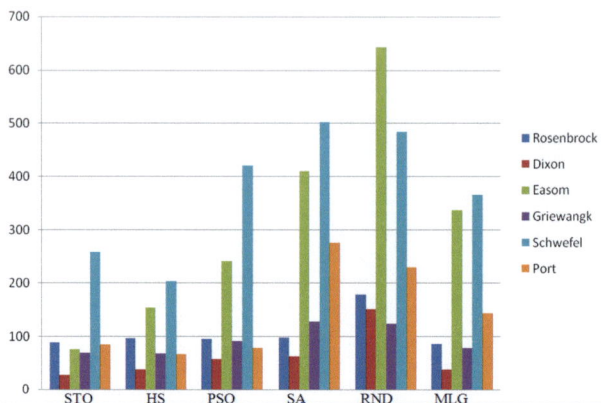

Abbildung 5.10: Konvergenzgeschwindigkeit zur Erreichung der 95%-Marke. Median der Konvergenzgeschwindigkeit von Seed Throwing Optimization (STO), Harmony Search (HS), Particle Swarm Optimization (PSO). Simulated Annealing (SA), randomisierte Abtastung (RND) und Multi-Level Gradientenanstieg (MLG). Ordinate: Anzahl der Funktionsevaluierungen, um 95% des globalen Maximums zu erreichen. Der Benchmark wurde 500-mal wiederholt.

ten Funktionswert der Metaheuristiken nach 500 Funktionsevaluierungen, ebenfalls durch die beschriebenen 500 Testfälle gemittelt. In dieser Abbildung ist der Median der Funktionswerte aller Experimente als prozentualer Anteil des Maximums angegeben. Zudem zeigt die Abbildung die 0.975- und die 0.025-Quantile. Dies bedeutet, dass 95% aller Testfälle innerhalb der gezeigten Intervalle liegt. Es wurde der Median und die Quantile verwendet, da die Daten nicht normalverteilt sind. In beiden Abbildungen sind die Ergebnisse des besten Parametersatzes des Algorithmus angegeben. In allen Experimenten (außer bei der randomisierten Abtastung der Funktionen bei Easoms Funktion und Simulated Annealing bei Schwefels Funktion) konnte die 95% Marke (viel) schneller erreicht werden, als in 500 Funktionsevaluierungen. Deswegen sind die Ergebnisse aus Abbildung 5.10 wichtig, für Anwendungen in der eine sehr schnelle, aber ungenaue Approximation des Maximums ausreicht und Abbildung 5.11 für Anwendungen, in denen eine akkurate Approximation nötig ist.

STO wurde intensiv mit $B_{size} = 3$ und $B_{size} = 5$ getestet. Es ergab sich kein signifikanter Unterschied. Mit der maximalen Anzahl ausgeworfener Saatpunkte $n_{MaxSeeds} = 5$ ergaben sich bei allen Testfunktionen, außer bei Rosenbrocks Funktion, eine höhere Konvergenzgeschwindigkeit als mit $n_{MaxSeeds} = 10$ oder

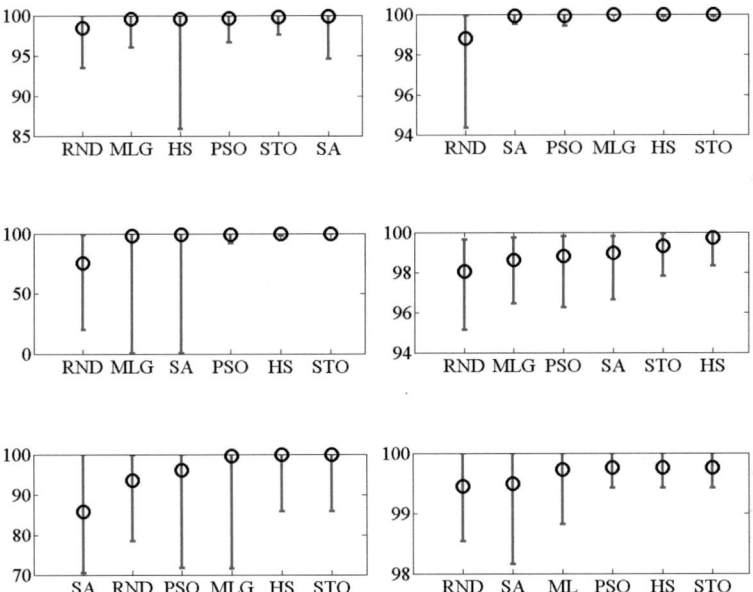

Abbildung 5.11: Konvergenz nach 500 Funktionsevaluierungen. Funktionswert, der durch 500 Funktionsevaluierungen erreicht werden konnte, in Prozent des globalen Maximums angegeben. Ordinate: Median, 0.975 und 0.025 Quantile. Die Algorithmen sind nach ihrer Performanz sortiert.

$n_{MaxSeeds} = 15$. Bei Rosenbrocks Funktion ergaben sich die besten Ergebnisse mit $n_{MaxSeeds} = 15$.

STO wurde ohne Gradienten-Approximation getestet, indem eine randomisierte Richtung für die ausgeworfenen Saatpunkte verwendet wurde. Hierbei ergab sich bei Rosenbrocks und bei Griewangks Funktion eine höhere Konvergenzgeschwindigkeit. Durch die scharfen Kanten in diesen Funktionen ist es schwierig den steilsten Anstieg durch diskrete Differenzen zu approximieren. Jede Approximation des Gradienten führt zu mindestens zwei weiteren Funktionsevaluierungen. Es gibt also einen Trade-Off zwischen einer fokussierten Suchrichtung und den Kosten diese zu berechnen. Wie erwartet zeigte sich jedoch für alle anderen Funktionen eine höhere Konvergenzgeschwindigkeit, wenn der Gradient einbezogen wurde. Wenn der Gradient für jede Lösung im Speicher der besten Lösungen gespeichert wird, ist es nicht notwendig, diesen erneut zu berechnen, wenn die Lösung als initiales Saatkorn wiederverwendet wird. Es zeigte sich, dass dies im Allgemeinen nicht zu einer höheren Konvergenzgeschwindigkeit führt, als eine erneute Gradientenberechnung mit randomisierten Stützstellen zu verwenden. Zudem variiert, die Auswahl der Stützstellen im vorgestellten Algorithmus.

In einem anderen Test wurde die zweite Ableitung einbezogen um, wie im Gauß-Newton Algorithmus, mit der Inversen der zweiten Ableitung die Schrittweite bzw. Wurfweite der ausgeworfenen Saatkörner zu steuern. Hierbei zeigte sich für die meisten Testfunktionen eine langsamere Konvergenzgeschwindigkeit, bedingt durch die zwei weiteren Funktionsauswertungen, um die zweite Ableitung zu approximieren.

PSO wurde mit 20, 30, 40, 50, 75 und 100 Partikeln getestet. Um 95% des Optimums zu erreichen wurden die besten Ergebnisse mit 30 bis 50 Partikeln erreicht, außer bei Schwefels Funktion (100 Partikel). Nach 500 Funktionsevaluierungen waren die Ergebnisse mit 75 bis 100 Partikeln am besten. Dies ist nicht überraschend, denn die Partikel werden bei PSO mit randomisierten Werten initialisiert und 95% des Optimums konnte im Mittel bei allen Testfunktionen, außer bei Easoms und Schwefels Funktion, schon mit 57 bis 95 Funktionsevaluierungen erreicht werden.

Harmony Search wurde mit der Best Memory Größe B_{size} von 5, 10 und 15 getestet. In den meisten Testfunktionen wurde die höchste Konvergenzgeschwindigkeit bei $B_{size} = 5$ erreicht.

Bei Simulated Annealing zeigten sich mit dem exponentiellen Temper Plan $T_0 ct$ mit $c = 0.8$, einer initialen Temperatur von $T_0 = 1$ und einer maximalen Anzahl von 1000 Iterationen für die meisten Testfunktionen die besten Ergebnisse.

Multi-Level Gradientenanstieg wurde mit verschiedenen Schrittweiten und verschiedener maximaler Iterationsanzahl für den reinen Gradientenanstieg getestet. Die Ergebnisse hingen stark ab von der Wahl der Schrittweite ab. Es konnten keine einheitlichen Tendenzen festgestellt werden.

Schlussfolgerungen

Nach 500 Funktionsevaluierungen (siehe Abbildung 5.11) wurden die besten Ergebnisse bei Dixons, Easoms und Schwefels Funktion durch Seed Throwing Optimization erreicht. Die besten Ergebnisse für Griewangks Funktion konnten durch Harmony Search erzielt werden. Die höchste Konvergenzgeschwindigkeit bei Rosenbrocks Funktion konnte durch Simulated Annealing und Particle Swarm Optimization erreicht werden. Harmony Search und STO erreichten ähnlich gute Ergebnisse für die Optimierung des Zugangs für das dominante Instrument.

Die Testfunktionen können grob in die beiden Klassen Funktionen mit hoher Korrelation bzw. Abhängigkeit zwischen lokal benachbarten Stellen und Funktionen mit niedriger Korrelation eingeteilt werden.

Bei Funktionen mit hoher Korrelation bietet der Gradient im Allgemeinen eine bessere Approximation des (globalen) Maximums. Dies ist der Fall bei Rosenbrocks Funktion, Dixons Funktion und bei der Zugangsfunktion, wohingegen Easoms, Griewangks und Schwefels Funktion in die Klasse der unkorrelierten Funktionen fallen. Seed Throwing Optimization und Harmony Search erzielten im Benchmark für beide Funktionsklassen die besten Ergebnisse.

Particle Swarm Optimization, Multi-Level Gradientenanstieg und Simulated Annealing zeigten bessere Ergebnisse für die Funktionen mit hoher Korrelation, als für die mit niedriger Korrelation.

Bei Simulated Annealing war es am schwierigsten einen Parametersatz zu finden, der für alle Testfunktionen gut abschneidet.

In [WEEDE 11B] wurden die Metaheuristiken bezüglich ihres Potentials an Parallelisierbarkeit untersucht. Seed Throwing Optimization ist geeignet für synchrone Parallelisierung (welche das Konvergenzverhalten bzgl. Funktionsevalu-ierungen nicht beeinflusst) und zudem mit sehr wenig Wartezeiten für Arbeiter (z. B. Threads) asynchron parallelisierbar. Harmony Search und Particle Swarm Optimization sind ebenfalls gut parallelisierbar, im Gegensatz zu Simulated Annealing und (Multi-Level) Gradientenanstieg, da diese starke Datenabhängigkeiten in den Iterationen aufweisen. Konzepte der Parallelisierung sind in [WEEDE 11B] dargestellt. Die Ergebnisse zeigen, dass insbesondere Seed Throwing Optimization und Harmony Search sehr performant sind für eine breite Klasse von Funktionen. Die Ergebnisse sind sehr verlässlich (siehe 0.025-Quantil in Abbildung 5.11). Die Schlussfolgerung ist, dass die asynchron parallelisierte Version von Seed Throwing Optimization in der Lage ist, bei einer breiten Klasse von Funktionen, ohne Einsicht in die Struktur, performant das globale Maximum zu approximieren.

Kapitel 6

Transfer in den Operationssaal

„Die Landkarte ist nicht das Land." - *Alfred Korzybskis*

Die Optimierung erfolgt im generalisierten Patientenmodell unter verschiedenen insufflierten Bauchdecken, einer „Landkarte" des Patienten. „Die Landkarte ist nicht das Land." - Alfred Korzybskis. Es folgt eine Abbildung vom allgemeinen Modell auf den realen Patienten. Mittels des Projektor-Scanner Systems Probaris wird die Lage im Operationssaal, sowie die Form der insufflierte Bauchdecke erfasst. Es erfolgt eine Feinjustierung der optimierten Zugangspositionen, sowie deren direkte Projektion auf die Bauchdecke des Patienten im Operationssaal. Die optimierte Roboterkonfiguration wird durch eine virtuelle Szene visualisiert.

6.1 Projektion der Zugänge durch Erweiterte Realität

6.1.1 Perioperative Registrierung des Patienten und Projektion der Zugangspositionen

Um dem Operationsteam eine intuitive Visualisierung der berechneten Zugänge zu bieten, erfolgt die Visualisierung der berechneten Positionen einerseits über eine dreidimensionale Ansicht am Bildschirm und andererseits über das von Hoppe et al. [HOPPE 01] entwickelte Erweiterte Realitäts-System Probaris durch eine Projektion der Zugänge direkt auf den Körper des Patienten. Probaris besteht aus handelsüblichen Kameras und Projektoren. Zur Erfassung eines dreidimensionalen Oberflächenmodells des Patienten wird dieser vor der Operation mittels modulierter Streifenlichtprojektion gescannt (siehe Abbildung 6.1, rechts) und ein dreidimensionales Oberflächenmodell generiert.

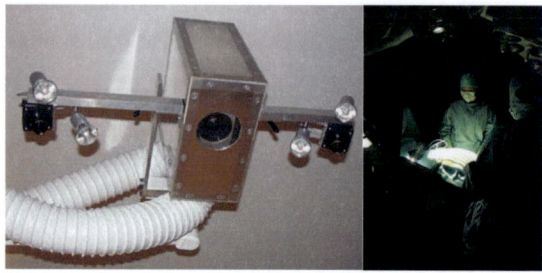

Abbildung 6.1: Das Erweiterte Realitäts-System Probaris.

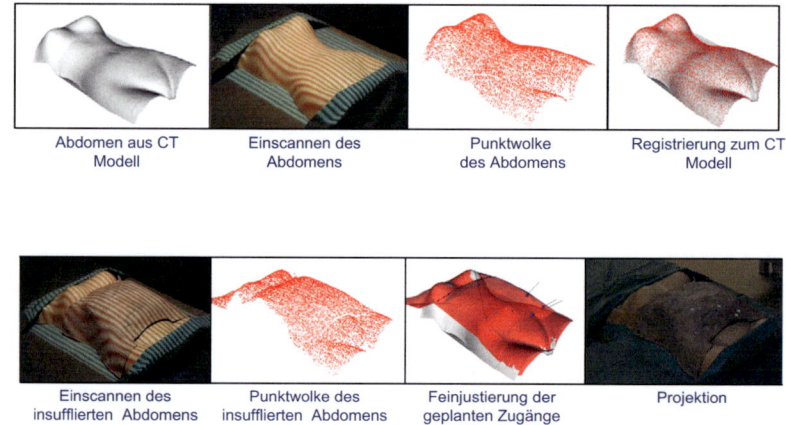

| Abdomen aus CT Modell | Einscannen des Abdomens | Punktwolke des Abdomens | Registrierung zum CT Modell |

| Einscannen des insufflierten Abdomens | Punktwolke des insufflierten Abdomens | Feinjustierung der geplanten Zugänge | Projektion |

Abbildung 6.2: Perioperativer Ablauf. Registrierung und Projektion der Zugänge mit dem Erweiterten-Realität-System Probaris.

Das System ist in der Lage, die Position eines Tracking-Körpers in Echtzeit zu bestimmen und damit sich verändernde Positionen des Patienten zu berücksichtigen. Durch einen modifizierten ICP-Algorithmus wird das Oberflächenmodell mit präoperativen Bilddaten (wie CT oder MRT) zur Deckung gebracht. Probaris wurde bereits klinisch eingesetzt und präzise kalibriert [HOPPE 02]. Die Ventilation erfolgt über Abluftschläuche, um die nötigen sterilen Bereiche im Operationssaal zu wahren.

Perioperative Registrierung

Um den Patienten zum Projektorsystem zu registrieren, wird die Körperober-
fläche des Patienten im Operationssaal gescannt, bevor das Pneumoperitoneum
angelegt wird. Im Anschluss wird das Modell der nicht insufflierten Bauchdecke
des generalisierten Patientenmodells mit dem eingescannten Oberflächenmodell
registriert. Die Transformationsmatrix **A** des modifizierten ICP-Algorithmus
[HOPPE 01] wird hierbei gespeichert.

Im Anschluss wird das Pneumoperitoneum angelegt. Die insufflierte Bauchdecke wird erneut eingescannt. Damit befinden sich beide Oberflächenmodel-
le der Bauchdecken im selben Koordinatensystem. Durch eine Anwendung der
Transformationsmatrix **A** auf die Koordinaten der optimierten Zugangspositionen liegen diese im Patientenkoordinatensystem von Probaris vor und können
damit visualisiert werden. Der perioperative Vorgang der Registrierung ist in Abbildung 6.2 schematisch dargestellt.

Neben der Registrierung des Patienten ist im Falle einer robotergestützten
Intervention ebenfalls eine Registrierung des Roboters notwendig. Dies kann
einerseits dadurch geschehen, dass dieser als Zeigeinstrument verwendet wird
und spezifische korrespondierende Landmarken auf dem Körper des Patienten
und im Patientenmodell gewählt werden. In diesem Fall erfolgt die Registrierung mit dem Algorithmus von Horn. Andererseits können am Roboter und am
Projektorsystem (optische) Marker angebracht werden, welche über ein exter-
nes Trackingsystem erfasst werden. Dessen Koordinatensystem entspricht dem
Weltkoordinatensystem der Simulation. Bei diesem Aufbau ist vor der Operation kein zusätzliches Anfahren der Landmarken mit dem da Vinci® Manipulator
nötig, was eine nahtlose Integration in den chirurgischen Ablauf ermöglicht. Die
in Beziehung stehenden Koordinatensysteme während der perioperative Registrierung sind in Abbildung 2.2 auf Seite 33 veranschaulicht.

Um die Bewegungsprädiktion für Echtzeitkomponenten, wie Virtual Fixtures
oder autonome Kameraführung, zu nutzen, wird das chirurgische Instrument bei
manuell durchgeführten laparoskopischen Eingriffen fortlaufend optisch oder
elektromagnetisch getrackt. Über die Verkettung der Transformation **A**, welche
aus der Patientenregistrierung gewonnen wurde mit der Transformation, welche
die geometrischen Eigenschaften des Instruments beschreibt (Endeffektorlage
bezüglich dem Tracking-Körper) wird die Instrumentenspitze ermittelt und im

Patientenkoordinatensystem lokalisiert. Im Falle von roboterassistierten Operationen werden die Gelenkwinkel des Telemanipulatorsystems zur Lokalisierung der Endeffektorposition genutzt und die Endeffektorlage durch das Lösen der Vorwärtskinematik berechnet.

Feinjustierung der geplanten Zugänge

Der Pivotpunkt in der Bauchdecke des Menschen hängt von der körperlichen Konstitution des Patienten ab und kann sich einige Zentimeter unter der sichtbaren Bauchoberfläche befinden, welche durch das System eingescannt wird. Es ist also eine Schätzung des realen Pivotpunktes in der Bauchdecke notwendig. Dies kann einerseits durch die Erfahrung des Chirurgen erfolgen, automatisch in der Bildgebung erkannt werden, oder je nach Konstitution abgeschätzt werden. Die Optimierung wurde, wie erwähnt, mit verschiedenen Bauchdecken durchgeführt. Nach dem Scannen des Pneumoperitoneums werden die Ergebnisse der Simulation mit der ähnlichsten Bauchdecke verwendet. Durch den Schnitt der Geraden durch den Schwerpunkt der Teiloperation j

$$\bar{\mathbf{l}}_\mathrm{p} = \sum_{i=1,...,N} P_j(C_i)\bar{\mathbf{c}}_{l,i} \text{ bzw. } \bar{\mathbf{r}}_\mathrm{p} = \sum_{i=1,...,N} P_j(C_i)\bar{\mathbf{c}}_{r,i} \qquad (6.1)$$

und dem entsprechenden optimierten Zugang mit der eingescannten Oberfläche werden die Zugänge für den individuellen Patienten adaptiert (siehe Abbildung 6.2 , Feinjustierung der geplanten Zugänge). Die Entscheidung darüber, welche Bauchdecke der präoperativen Planung der Bauchdecke des Patienten am ähnlichsten ist, erfolgt durch einen einfachen Vergleich der Höhenwerte (y-Koordinate im Patientenkoordinatensystem) der Zugänge.

6.1.2 Projektionsgenauigkeit

Zur Evaluation der Genauigkeit des Projektor-Scanner Systems wurden durch Schönfelder et al. [SCHÖNFELDER 08] Punkte in Form einer Matrix auf einem Torsophantom markiert. Diese wurden im Anschluss mit einem FARO Messarm mit integriertem Laserscanner erfasst. Die Punktewolke wurde als „präoperatives Modell" (in Entsprechung zur eingescannten Hautoberfläche des Patienten) in Probaris eingelesen. Der Torso wurde durch Probaris eingescannt und die Punktwolke mit den präoperativen Daten registriert (ICP). Die gemessenen Punkte

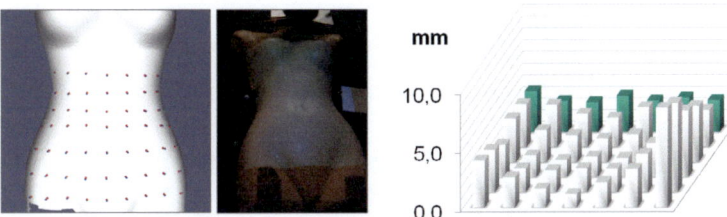

Abbildung 6.3: Genauigkeit der Projektion. Links: Referenzpunkte und projizierte Punkte. Mitte: Projektion der Referenzpunkte mit Probaris. Rechts: Fehler bei der Registrierung und Projektion in Abhängigkeit der projizierten Position [SCHONFELDER 08].

wurden, wie optimierte Zugänge auf das Torsophantom projiziert (siehe Abbildung 6.3). Diese wurden schließlich erneut mit dem FARO Messarm erfasst. In dieser Studie wurde die Genauigkeit des gesamten Prozesses bestehend aus dem Einscannen, der Registrierung und der Projektion evaluiert. Der Fehler bei der Projektion nimmt lateral zu, da die Seiten des Torsos fast parallel zur Projektionsachse des Projektors stehen. Im Bereich potentieller Zugänge ergibt sich ein maximaler Fehler von 3 mm, im Durchschnitt ein Fehler von 2.6 mm. Nahe des Bauchnabels ist der Fehler geringer [SCHÖNFELDER 08]. In Abbildung 6.3 ist der Fehler in Abhängigkeit der projizierten Position ist dargestellt.

Die Genauigkeit eines von Mehrwald [WEEDE 12A] entwickelten laserbasierten Erweiterten Realitäts - System wurde ebenfalls getestet. Der Fehler bei der Projektion erwies sich mit 3.91 mm und einer Standardabweichung von 2.39 mm als höher als der des videobasierten Projektor-Scanner Systems Probaris. Der Vorteil des laserbasierten Systems besteht in der helleren Projektion, was einen intraoperativen Einsatz ermöglicht. Die perioperative Projektion von Zugängen erfolgt jedoch im Allgemeinen bei gedimmtem Licht. Damit wird Probaris für die Projektion präferiert.

6.2 Darstellung der Roboterkonfiguration

Im Operationssaal wird die optimierte Roboterkonfiguration durch eine virtuelle Szene dargestellt. Über die da Vinci® API können die Gelenkparameter mit MITK in Echtzeit ausgelesen werden [NEUHAUS 09]. Die Lage des Manipulators bezüglich des Patienten ist nach der perioperativen Registrierung eben-

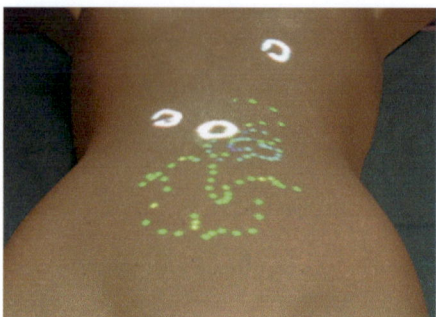

Abbildung 6.4: Projektion von Zugängen und Zielregionen mit einem laserbasierten Erweiterten Realitäts-System. Die Farbe der Zielregionen kodiert die Verweildauer.

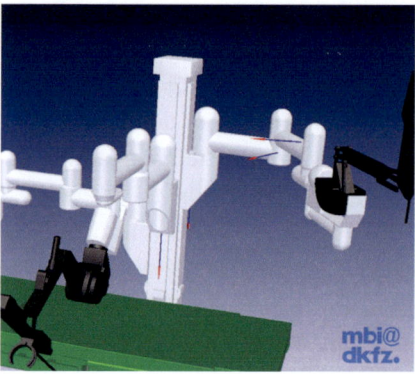

Abbildung 6.5: Ist-Soll-Vergleich der Gelenkwinkel. Pfeile weisen in die Richtung der optimierten Roboterkonfiguration.

falls bekannt. Auf dieser Grundlage kann ein Ist-Sollwert-Vergleich durchgeführt werden. Um eine intuitive perioperative Justierung der Gelenkwinkel und Positionierung des Manipulatorstativs zu ermöglichen, wird die Differenz zwischen Soll und Istwert durch Pfeile in der virtuellen Szene dargestellt (siehe Abbildung 6.5).

Kapitel 7

Zusammenfassung der Ergebnisse

„Wissen ist das Kind der Erfahrung." - *Leonardo da Vinci*

Implementierung

Die Konfigurationsplanung wurde in C++ mit dem Softwareframework MITK (Medical Imaging Interaction Toolkit) [MITK 12] implementiert, welches die Toolkits VTK (Visualization Toolkit) und ITK (Insight Segmentation and Registration Toolkit) enthält. Das graphische Benutzerinterface wurde mit Qt erstellt. Für die Abstandsberechnungen wurde die PQP-Bibliothek (Proximity Query Package) [PQP 12] verwendet.

Seed Throwing Optimization wurde in MATLAB® und C++ implementiert.

Die Erkennung der Operationsphasen erfolgte mit MATLAB®. Die annotierten Trajektorien werden vom Modul der Konfigurationsplanung eingelesen.

Die Ansteuerung der Forschungsplattform des IPR, bestehend aus zwei KUKA Leichtbaurobotern LBR 4 und dem Stäubli RX90 zur Kameraführung, wurde über Echtzeit-CORBA® (Common Object Request Broker Architecture) durch die ACE TAO Implementierung an MITK angebunden [WEEDE 11A]. Die intraoperativen Schritte, des Instrumententrackings, der Navigation, der Prädiktion und der Visualisierung sind echtzeitfähig bei einer Abtastrate von 20 Hz auf einem AMD Athlon^{TM} 2.5 GHz, 3 GB RAM.

7.1 Wissensbasierter Ansatz

Der wissensbasierte Ansatz zur Planung der Zugänge und der Manipulatorkonfiguration, sowie die Metaheuristik Seed Throwing Optimization sind die wesentlichen Neuerungen in dieser Arbeit. Der wissensbasierte Ansatz umfasst folgende fünf Aspekte:

- Das Lernen der Operationszielgebiete: Operationszielgebiete wurden erstmals über eine Clusteranalyse, gefolgt von einer Klassifikation bestimmt.

- Das Erlernen des Operationsverlaufs: Für die Erkennung von Operationsphasen wurden neue Merkmale herausgearbeitet und erstmals eine dynamische Bayes Klassifikation angewendet. Erstmals können verschiedene Zugangstriaden für verschiedene Operationsphasen optimiert werden, was unter anderem auch die Planung für hybride Operationen (konventionell und
  robotergestützt) ermöglicht. Ein wissensbasierter Kamerapfad wurde erstmals in die Planung der Zugange und der Manipulatorkonfiguration einge-
  arbeitet. Zudem wurde das erste wissensbasierte, vorausschauende Kameraführungssystem für die minimal-invasive Chirurgie vorgestellt.

- Neue Optimierungskriterien: Die Kippung des Patiententisches wurde bisher nicht berücksichtigt, ebenfalls die Arbeitsrichtung von Chirurg und Kameraführungsassistent bei konventionell durchgeführten laparoskopischen
  Eingriffen.

- Patientenanatomie. Erstmals wurde ein vollständiges Optimierungssystem
  vorgestellt, welches verschiedene Bauchdecken berücksichtigt und die intraoperative Insufflation berücksichtigt.

- Die Metaheuristik STO. Seed Throwing Optimization ist eine neue Metaheuristik. Aus dem Aspekt heraus betrachtet, dass eine Metaheuristik Wissen über die Zielfunktion akquiriert, kann diese ebenfalls unter den Begriff
  des wissensbasierten Ansatzes subsumiert werden.

Zentrale Ergebnisse dieser Arbeit sind neben der Metaheuristik STO, die Algorithmen zum Erlernen verschiedener Operationen, sowie ein Rahmenwerk zur

Spezifikation von Optimierungskriterien. Der gelernte Operationsverlauf (Lernen am Modell des Chirurgen) und die empirisch spezifizierten Optimierungskriterien sind formalisiertes Erfahrungswissen des Chirurgen. In diesem Sinne kann, in Analogie zu Leonardo da Vincis Zitat, das empirisch ermittelte Wissen des Systems als „Kind der Erfahrung" betrachtet werden.

Interventionsanalyse

Die Operationsphasen einer Sigmaresektion konnten mit einer Trefferquote von 93% erkannt werden. Für die Prädiktion der Trajektorie wurde an einem Phantomexperiment eine Trefferquote von 89% ermittelt. Wird diese in die Berechnung der Kameraposition einbezogen ergibt sich ein stabileres Kamerabild und es sind 29% weniger Kamerabewegungen nötig.

Optimierung

Der Optimierungsalgorithmus Seed Throwing Optimization wurde am hier vorgestellten Optimierungsproblem getestet, sowie an verschiedenen bekannten Testfunktionen mit bekannten Metaheuristiken verglichen, wie Multi-Level Gradient Descent, Simulated Annealing, Particle Swarm Optimization und Harmony Search. Die Ergebnisse zeigen ein in den meisten Fällen schnelleres Konvergenzverhalten als die Vergleichsalgorithmen.

7.2 Planung der Zugänge und der Manipulatorkonfiguration

Projektionsgenauigkeit

Die Genauigkeit der Projektion der optimierten Zugangspositionen weist einen durchschnittlichen Fehler von 2.6 mm auf, wobei dieser zum Rand des Abdomens zunimmt und an üblichen Trokarpositionen ein bis zwei Millimeter beträgt.

Evaluation

In der Simulation konnten neun aufgezeichnete Trajektorien eines Phantomexperiments kollisionsfrei durchgeführt werden. Der Beweis, dass die optimierte Konfiguration zu einer höheren Effizienz und Effektivität minimal-invasiver Interventionen führt, steht noch aus. Es sind weitere Phantomexperimente geplant.

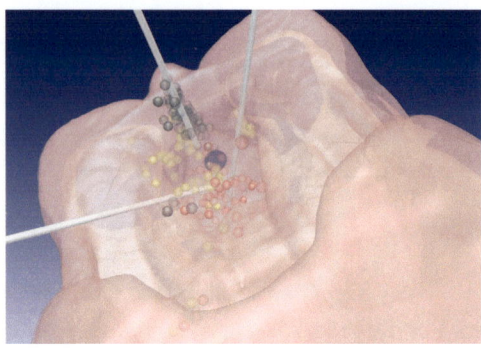

Abbildung 7.1: Patientenmodell, optimierte Zugänge, Optimierungszielgebiete. Die Transparenz kodiert die relative Verweildauer. Nicht-dominante Trajektorie in gelb. Dominante Trajektorie in rot.

Zur Evaluation der optimierten Konfiguration wurde ein Phantomexperiment in einem Prototyp des Phantoms HELIOS durchgeführt. Die medizinischen Partner der Universitätsklinik Heidelberg zeichneten hierzu neun stilisierte Rektumresektionen auf. Die Instrumente wurden optisch getrackt. Jede dieser Operationen wurde in 5 bis 10 Minuten durchgeführt und derart stilisiert, dass der grobe zeitliche Ablauf erhalten bleibt und alle Zielregionen angefahren werden. Diese Operationen wurden algorithmisch in zwei Gruppen aufgeteilt. Die erste Gruppe umfasst die Zielregionen der TME im kleinen Becken, welche robotergestützt durchgeführt werden soll. Die zweite Gruppe umfasst die Zielgebiete der anderen Operationsphasen, welche weiter kopfwärts (superior) durchgeführt werden. Aus den aufgezeichneten Interventionen wurden die Operationszielgebiete und ihre Verweildauer berechnet.

Abbildung 7.1 zeigt die Operationszielgebiete und die optimierten Zugänge im Patientenmodell. Abbildung 7.2 zeigt die optimierte da Vinci® Konfiguration für diese Zielgebiete.

Erste Ergebnisse zeigen, dass die Konfiguration zu einer hohen Zugänglichkeit im Operationsfeld führt. Dies wurde von den medizinischen Partnern Josephin Wünscher und Michael R. Schön bestätigt[1]. Die berechnete da Vinci® Konfiguration führt zu einer hohen Separation der da Vinci® Arme und schließt

---

[1]Josephin Wünscher, GRK 1126, Projekt T1, Klinik für Allgemein-, Viszeral- und Transplantationschirurgie, Universität Heidelberg. Professor Dr. Michael R. Schön, Klinikdirektor Allgemein- und Viszeralchirurgie, Städtisches Klinikum Karlsruhe

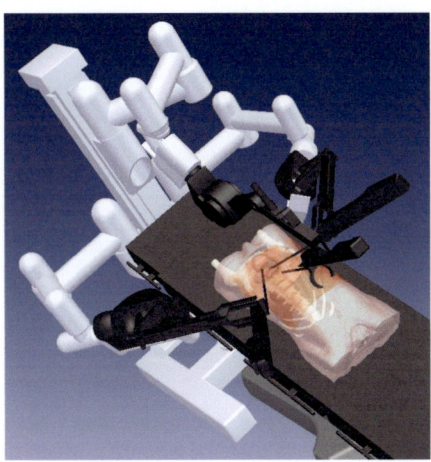

Abbildung 7.2: Optimierte da Vinci® Konfiguration für die Zielgebiete im kleinen Becken (TME) im Phantomexperiment.

die Kollisionsgefahr aus. Dies wurde an den aufgezeichneten Trajektorien in der Simulation verifiziert. Die Erreichbarkeit der Zielgebiete konnte ebenfalls in der Simulation gezeigt werden. Der Abstand jedes Punktes der aufgezeichneten Trajektorien war geringer als die Instrumentenlänge. Die Evidenz, dass die optimierte Konfiguration zu einer erhöhten Effizienz und Effektivität, zu einer erhöhten Ergonomie und Sicherheit führt, muss im Phantomexperiment und gegebenenfalls an Tierexperimenten gezeigt werden.

Zeitkomplexität

Die Zeitkomplexität des gesamten Planungsalgorithmus wird durch die Clusteranalyse der Trajektorien der Wissensbasis, die Anzahl der Iterationen des Optimierungsalgorithmus und die Distanzberechnungen in dem Polygonmodell des Manipulators und des Patienten bestimmt. Bei s Trajektorienpunkten ergibt sich bei der Verwendung der k-Means Clusteranalyse mit l Iterationsschritten und k Clustern, eine Zeitkomplexität von $O(lsk)$. Wird die Clusteranzahl als konstant angenommen, ergibt sich ein Zeitbedarf von $O(sl)$. In jedem der i Iterationsschritte der Optimierung wird eine konstante Anzahl von Distanzberechnungen für jeden Cluster durchgeführt. Bei n Polygonen des Modells ergibt sich damit ein Zeitbedarf von $O(ikn)$. Unter der Annahme einer konstanten Clusteran-

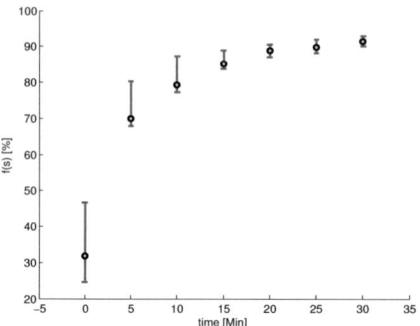

Abbildung 7.3: Konvergenzgeschwindigkeit der Optimierung einer Zugangstriade mit Seed Throwing Optimization. Wert der Zielfunktion $f(\mathbf{s})$ in Prozent, Median, 0.25- und 0.75-Quantile.

zahl ist die Zeitkomplexität für den gesamten präoperativen Planungsalgorithmus $O(sl + in)$.

Um die Konvergenzgeschwindigkeit für die Optimierung einer Zugangstriade zu messen, wurde die Optimierung 30-mal wiederholt. Der Bereich des Endoskopzugangs betrug 340 cm^2, der Bereich des Arbeitsinstruments 425 cm^2. Es wurden $N = 30$ Optimierungszielgebiete vorgegeben. Die Optimierung startete jeweils mit einer initialen Schätzung, welche die aktiven und die passiven Bedingungen erfüllt (siehe Gleichungen 5.3 und 5.4). Die Applikation besteht aus einem Thread. Der Benchmark wurde auf einem AMD Athlon 2.5 GHz, 3 GB RAM durchgeführt.

Abbildung 7.3 zeigt die Güte der Zugangstriade zu sechs äquidistanten Zeitintervallen zwischen 0 und 30 Minuten in Prozent. In Abbildung 7.4 ist die Entwicklung der untersuchten Zugangstriaden dargestellt. Der Bereich potentieller Zugänge wurde als relativ groß angenommen. Durch eine Verkleinerung und durch eine initiale Anfangsschätzung wird die Optimierung stark beschleunigt. Insbesondere eine Optimierung, welche die Telemanipulatorkonfiguration einschließt sollte mit einer initialen Anfangsschätzung beginnen. Es ist davon auszugehen, dass Unterschiede in der Patientenanatomie zu ähnlichen Konfigurationen führt. Es kann also bei der Verwendung eines individuellen Patientenmodells eine zuvor optimierte Konfiguration als Anfangsschätzung verwendet werden, um die Optimierung zu beschleunigen.

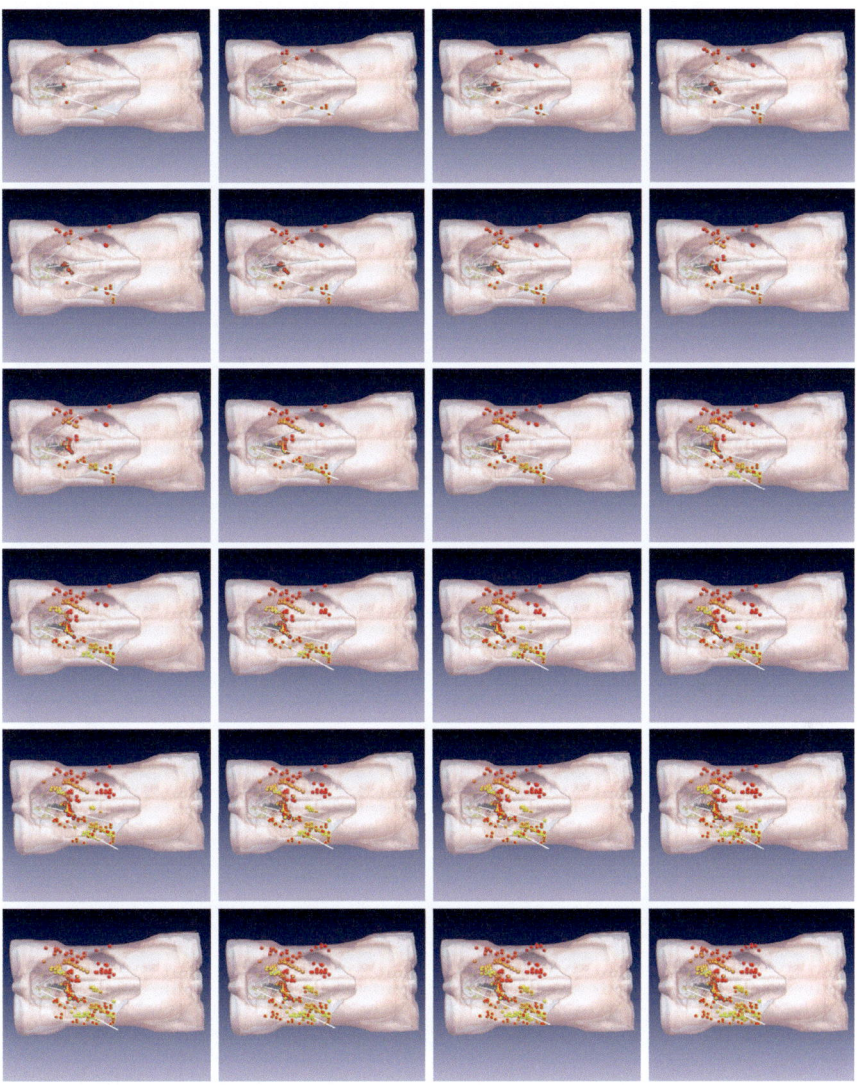

Abbildung 7.4: Exploration potentieller Zugangspositionen mit Seed Throwing Optimization. Untersuchte Zugangstriaden mit Bewertung: ausgeschlossen (rot), ideal (grün). Abfolge von links oben nach rechts unten.

Kapitel 8

Diskussion

„Das Ganze ist mehr als die Summe seiner Teile." - Aristoteles

Die computergestützte Optimierung von minimal-invasiven Zugängen und des Manipulatorstativs wird bereits seit über 10 Jahren erforscht. Bisher ist jedoch noch kein System im Einsatz. Die Ursachen liegen sicherlich in der mangelnden Detailliertheit der Modelle, im Vergleich zur Komplexität des Problems. Die Insufflation des Abdomens wurde noch nicht berücksichtigt, wodurch die Planung am präoperativen Modell nicht in den Operationssaal übertragbar ist. Die Intervention wurde nur durch die manuelle Vorgabe einiger weniger Zielregionen modelliert. Es wurden nur einzelne, wenige Optimierungskriterien betrachtet, meist die Distanz der Instrumente zu Knochen und die Distanz der Roboterarme. Jedoch hängt das Ergebnis der Optimierung stark von der Vollständigkeit der Optimierungskriterien und deren Zusammenspiel ab. Die Minimierung der Kopftieflage des Patienten, oder das Einbeziehen der Arbeitsrichtungen von Chirurg und Kameraführungsassistent wurden noch nicht berücksichtigt. In den meisten Ansätze wird nur eine Zugangstriade berechnet. Im Gegensatz hierzu wurde in dieser Arbeit ein wissensbasierter Ansatz verfolgt, den Operationsablauf sowie die Zielregionen aus früheren Operationen zu erlernen. Es wurde ein Konzept entwickelt, auf der Grundlage einer Segmentierung der Operation in einzelne chirurgische Phasen mehr als nur eine Zugangstriade zu optimieren. Dies schließt auch hybride Operationen ein, die manuell und roboterassistiert durchgeführt werden. Zudem wurden in dieser Arbeit die Optimierungskriterien systematisiert und in die Optimierung integriert. Darüber hinaus wurde die direkte Optimierung multimodaler Funktionen erforscht und eine adaptive Metaheuristik entwickelt, die unter anderem Komponenten aus Multi-Level Gradientenanstieg und Evolutionären Algorithmen vereint.

Emergenz

Der wesentliche Punkt bei der Planung von Zugängen und der Roboterkonfiguration ist es, ein Modell des Szenariums zu entwickeln, das möglichst gut jeglichen individuellen Fall beschreibt. Das Modell wird jedoch immer Vereinfachungen oder Verallgemeinerungen beinhalten. Beispielsweise werden die Venen und Arterien in der Bauchdecke nicht modelliert. Obwohl die Modellierung nicht jeden Aspekt erfasst, kann das Zugangsplanungssystem eine wesentliche Entscheidungshilfe für die Planung bieten. Beispielsweise sollte der Operateur den nächsten Zugang zu dem vom System vorgeschlagenen Zugang wählen, der die Venen und Arterien in der Bauchdecke nicht zerstört. Wenn der Operateur das System nutzt, entsteht durch die Interaktion auf der Makroebene ein neues System. Durch Emergenz kann die richtige Entscheidung herbeigeführt werden. Das System bietet dem Chirurgen Informationen, die auf mathematischer Berechnung beruhen. Er selbst besitzt Erfahrungswissen. Ist das System in der Lage, dem Operateur Informationen zu liefern, die außerhalb des für ihn erfassbaren oder abschätzbaren Bereichs liegen, wie beispielsweise exakte geometrische Vermessungen und darauf beruhende Berechnungen, so kann das Zugangsplanungssystem, welches vom Operateur genutzt wird, auf der Metaebene Eigenschaften herausbilden, die über die Möglichkeiten, des Operateurs und des Zugangsplanungssystems hinausgehen. „Das Ganze ist mehr als die Summe seiner Teile." - Aristoteles. Durch die Summe oder Kombination einzelner Teile entsteht eine Menge von Beziehungen, welche die einzelnen Teile nicht aufweisen. Diese Relationen sind ein weiterer Aspekt des Ganzen. Bei einer Interaktion der Teile entsteht über den Synergieeffekt hinausgehend Emergenz.

Computergestützte Optimierung und Zugangswahl durch Erfahrung

Da telemanipulierte Interventionen und auch die hier behandelte hybride Rektumresektion, sowie die manuell laparoskopische Sigmaresektion hoch standardisiert sind, können die Zielgebiete und deren Verweildauer verlässlich gelernt werden. Dies gilt ebenfalls für den Ablauf der Operation. Auch bei konventionell durchgeführten laparoskopischen Eingriffen schätzt der Chirurg im Voraus ab, in welchen Zielgebieten er operiert, um daraufhin die Zugänge zu planen. Er schätzt die Lage der Zielregionen und setzt die Zugänge durch Erfahrungswissen, so dass eine ergonomische Ausführung der Operation unter genügend Bewegungsfreiraum durchgeführt werden kann. Wird die Vielzahl der Kriterien betrachtet, welche berücksichtigt werden müssen, geometrische Überlegungen, um mit einem starren Instrument einer bestimmten Länge alle Zielregionen im kleinen Becken zu erreichen und geeignete Winkel für die Manipulation zu schaffen, zugleich eine intuitive Hand-Auge-Koordination, sowie eine Kollisionsfreiheit der Instrumente zu gewährleisten, so wird klar, dass durch eine computergestützte Berechnung und Optimierung der Anfangskonfiguration die gewünschten Zielkriterien wesentlich exakter berücksichtigt werden können. Dies trifft noch vielmehr auf telemanipulierte Interventionen zu, bei denen der Chirurg Überlegungen bezüglich der Armstellungen oder gar der Roboterperformanz des Telemanipulators einbeziehen sollte. Die bisherige Planung der Anfangskonfiguration geschieht in einer intuitiven Art und Weise unter der Nutzung von implizitem Wissen, welches durch viel Erfahrung bei der Zugangsplanung und im Umgang mit dem Telemanipulator erworben wurde. Da fast ausschließlich radikale Prostatektomien mit dem da Vinci® Manipulator durchgeführt werden, besteht in den Kliniken ein breiter Erfahrungsschatz, den Telemanipulator geeignet zu positionieren, so dass Armkollisionen nahezu nicht auftreten [KOLIAKOS 08]. Die hier vorgestellte Optimierung ermöglicht es, insbesondere auch Operationen zu planen, bei welchem noch keine Erfahrung in der Klinik vorhanden ist.

In dieser Arbeit wurde der Rahmen gelegt, die Anfangskonfiguration verschiedener Operationstypen bezüglich insgesamt 12 Zielkriterien zu optimieren. Die Kriterien wurden systematisch zusammengetragen mit dem Ziel alle nötigen Determinanten einzubeziehen, Redundanz einzelner Kriterien zu vermeiden und vor allem die optimale Anfangskonfiguration vollständig zu erfassen. Die Kriterien weisen zum Teil widerstreitende Tendenzen auf. Deshalb ist es wesentlich, dass die Parameter für die Spezifikation der Optimierungskriterien sorgfältig ausbalanciert sind. Es gibt medizinische Studien, in den Kriterien wie der Manipulationswinkel empirisch erfasst wurden. Diese Studien wurden mit manuellen Instrumenten durchgeführt. Eine entsprechende Studie für da Vinci® Instrumente ist nicht bekannt. Es ist beispielsweise davon auszugehen, dass der Manipulationswinkel ähnlich ist, jedoch die geforderte Mindestgröße für eine ergonomische Ausführung der Operation durch die EndoWrist® Technologie der Endeffektoren leicht abgeschwächt ist. Geforderte Bedingungen an den Elevationswinkel und das intra-extrakorporale Längenverhältnis sind einerseits auf ergonomische Bedingungen der Endeffektor-Orientierung bezüglich des Situs zurückzuführen, jedoch auch auf das manuelle Führen der Instrumente mit möglichem Tremor oder Ermüdungserscheinungen, welche beim da Vinci® Manipulator nicht berücksichtigt werden müssen. Es wäre also interessant, die optimalen Winkel auch bei telemanipulierten Operationen empirisch zu erheben.

Bei einer exakten Spezifikation der Optimierungskriterien ist ebenfalls eine stochastische Abhängigkeit zu überprüfen. Es ist davon auszugehen, dass sich durch das Zusammenspiel der verschiedenen einzelnen Aspekte sich deren Parameter wiederum geringfügig verändern. Beispielsweise weist [HANNA 97B] darauf hin, dass bei zunehmenden Manipulationswinkel der Elevationswinkel ebenfalls zunehmen sollte.

Um die Anfangskonfiguration zu optimieren, sollten also zunächst die Parameter einzelner Kriterien empirisch erfasst und dann ihr Zusammenspiel erforscht werden. Darüber hinaus sollte eine Evaluation der Anfangskonfiguration durchgeführt werden. Aus den sich ergebenden Resultaten werden sich dann sicherlich weitere Erkenntnisse ergeben, die wiederum in die Parameter der Optimierungskriterien einfließen sollten. Es ist zu erwarten, dass in mehreren zyklischen Durchgängen die Qualität der berechneten Anfangskonfiguration zunehmen wird.

Kognitives System und klassische Regelung

Das hier vorgestellte System zur wissensbasierten Planung kann als kognitives Systems aufgefasst werden, wird die Sensorik und Aktorik des Gesamtsystems einbezogen. Abbildung 8.1 zeigt ein erarbeitetes Konzept eines kognitiven Systems, welches in Anlehnung des kognitiven Modells des Sonderforschungsbereichs SFB / TRR 125 "Cognition-Guided Surgery", dem Konzept der Regelung und den Begrifflichkeiten aus [ANDERSON 95] entwickelt wurde. Damit kann die vorgestellte wissensbasierte Planung in ein allgemeines Rahmenwerk eingebettet werden und als ein Schritt hin zu einem System der kognitiven Medizinrobotik verstanden werden.

Die Wahrnehmung des kognitiven Systems umfasst Informationen verschiedener Modalitäten, wie visuelle oder auditive Information, welche über Zellen bzw. Sensoren aufgenommen werden.

Durch Aufmerksamkeitsprozesse mit selektiver Filterung werden die wesentlichen Informationen selektiert und als Ist-Zustand interpretiert. Hierbei fließt bereits Weltwissen ein, welches in der Wissensbasis bzw. einem Gedächtnis gespeichert ist. In der Interpretationskomponente erfolgt eine frühe Informationsverarbeitung und eine Erkennung der sensorischen Information. Im Sinne des Begriffs der Interpretation aus der Domäne der Logik erfolgt hier eine Zuordnung der Symbole zu den Elementen des Universums. Die Interpretation umfasst also die Zuordnung von Semantik zur sensorischen Information, sowie eine Bewertung auf Grundlage der Wissensbasis. Die Encodierung der Information umfasst eine geeignete Wissensrepräsentation, für die verschiedenen Sinnesmodalitäten.

Die interpretierte Information wird für Schlussfolgerungen, Entscheidungsfindung, Planung und Problemlösung herangezogen. Hierbei fließt wiederum Weltwissen ein. Neues Wissen kann in die Wissensbasis zurückgeführt werden. Durch die Entscheidungsfindung und Planung werden Ziele entwickelt, welche in einer zyklischen Schleife interpretiert und bewertet werden können. Hierdurch werden Kenntnisse und Fertigkeiten erworben, welche in die Wissensbasis eingehen. Die innere Schleife ist eine Repräsentation der äußeren, durch welche es ermöglicht wird, ein Modell der Welt zu erzeugen.

Letztendlich führt die Entscheidungsfindung zu einer Aktion oder Handlung. Diese wirkt auf die Umwelt ein und kann wiederum durch das kognitive System erfasst werden.

In Abbildung 8.2 ist die Wirkungskette einer klassischen Regelung abgebildet, wie sie in [WÖRN 05] beschrieben wird. Das vorgestellte kognitive System unterscheidet sich von einer klassischen Regelung strukturell nur durch zwei Aspekte (in Abbildung 8.2 gestrichelt dargestellt).

1. Im kognitiven System existiert eine Wissensbasis, in welcher Wissen repräsentiert ist und welches encodiert sowie abgerufen werden kann.

2. Die Zielvorgabe bzw. der Sollwert kann vom System selbst erzeugt werden. Eine Zielvorgabe kann jedoch indirekt über die Wahrnehmung und Interpre-

tation vorgegeben werden und vom System, als Wissen repräsentiert, zur Planung und Entscheidungsfindung beitragen. Dadurch ist beispielsweise ein Lernen am Modell möglich.

In Tabelle 8.1 werden die korrespondierenden Komponenten des vorgestellten kognitiven Systems und der klassischen Regelung gegenübergestellt.

An zwei Beispielen der wissensbasierten Planung soll nun das kognitive System veranschaulicht werden.

Bei der Zugangsplanung besteht die Wahrnehmung unter anderem aus der Erfassung der Endeffektorpositionen durch das Trackingsystem, sowie der Erfassung der Patientenoberfläche durch das Scanner-Projektor-System Probaris. Die Endeffektorpositionen werden interpretiert, um Zielgebiete der Operation zu bestimmen, welche nach dem vorgestellten Lernverfahren in der Wissensbasis gespeichert werden. Für die Optimierung wird in der Planungskomponente eine Anfangskonfiguration gewählt und als Zielvorgabe vorgeschlagen. In der Interpretationskomponente wird diese Konfiguration auf der Basis von Wissen über die Optimierungskriterien und den Zielgebieten der Operation bewertet. Der Zyklus dieser beiden Komponenten entspricht den Iterationen des Optimierungsalgorithmus in Abbildung 1.3. Die optimale Konfiguration der Zugänge wird nach einer Entscheidungsfindung auf das Patientenabdomen projiziert. Die Aktorik besteht aus dem Projektor-Scanner-System zur Projektion der Zugänge..

Bei der Kameraführung besteht die Wahrnehmung in der Erfassung der Endeffektorpositionen der Arbeitsinstrumente sowie der Endoskopposition selbst. Die aktuelle Position wird bezüglich Sichtbarkeit bewertet. Für die Prädikation wird die Endeffektorposition zudem durch gespeichertes Wissen (Positionscluster und Transitionen) interpretiert. In der Planungskomponente werden zyklisch neue Kameraposition vorgeschlagen und bewertet, wobei Informationen aus der Wissensbasis genutzt werden, wie beispielsweise Wissen über die optimale Kamerapositionen, den Verlauf der Operation, sowie Rahmenbedingungen, wie ein stabiles Kamerabild. Nach der Entscheidungsfindung wird die Kamera gegebenenfalls bewegt. Dieser Zyklus wiederholt sich zu jedem diskreten Zeitpunkt des Systems.

Kognitives System	Regelung
Wahrnehmung	Messglied
Interpretation	Ist-Sollwert-Vergleich
Entscheidungsfindung	Regler
Aktion	Stellglied
Zielvorgabe basierend auf wissensbasierter Planung	Sollwert / Führungsgröße
Umwelt	Prozess

Tabelle 8.1: Kognitives System und Regelung. Ein Vergleich.

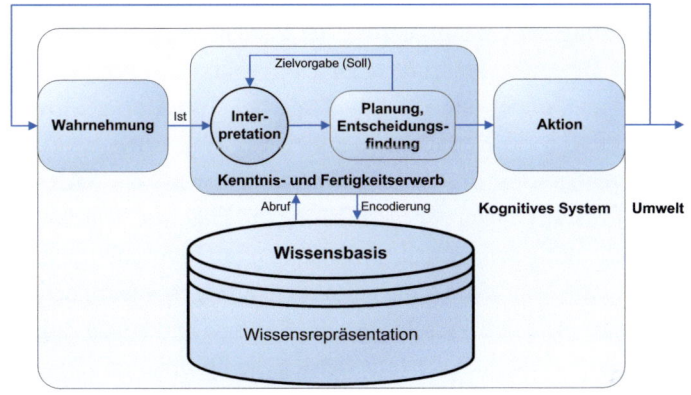

Abbildung 8.1: Kognitives System.

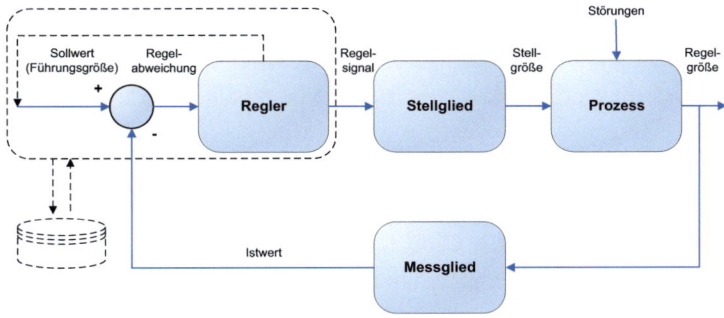

Abbildung 8.2: Klassische Regelung. Struktureller Vergleich mit einem kognitiven System.

Evaluation

In Zusammenarbeit mit den medizinischen Partnern der Universitätsklinik Heidelberg ist geplant, in einer Studie mit dem HELIOS-Phantom die optimierten Zugänge zu evaluieren. Chirurgen sollen in der Studie unter verschiedenen, vorgegebenen Zugängen eine stilisierte Rektumresektion durchführen. Hierzu werden den Operateuren in einem Blindtest Zugänge vorgegeben, die einerseits aus der Literatur bekannt sind, sowie andererseits Zugänge, die durch das System als optimal und suboptimal bewertet wurden. Es erfolgt eine Evaluation der Durchführbarkeit und der Effizienz der stilisierten Rektumresektion. Hierbei wird die Zeit der Ausführung zur Quantifizierung der Güte herangezogen, sowie bekannte Kriterien zur Bewertung chirurgischer Fähigkeiten und ergonomischer Ausführung von Operationen, wie die Pfadlänge der Trajektorie, Movements Per Minutes [DATTA 01], die räumliche Glattheit der Trajektorie, sowie auch standardisierte Fragebögen zur Ergonomie, wie beispielsweise der NASA Task Load Index [NASATLX 12]. Nach der Evaluierung am Phantom, werden gegebenenfalls Tierversuche nötig sein, um die Anwendung am Menschen zu ermöglichen. Die Anwendung am Menschen kann sukzessive erfolgen, indem der Chirurg auf seiner Erfahrung, sowie den Vorschlägen des Systems beruhende Zugänge wählt. Durch das Erweiterte Realität-System werden die optimierten Zugänge auf den Patienten projiziert. Der Chirurg entscheidet sich gegebenenfalls für einen Kompromiss, wobei er sich über mehrere Operationen hinweg langsam den vom System vorgeschlagenen Zugängen nähert, selbstverständlich unter der Voraussetzung, dass er den Vorschlag für plausibel hält. Der Beweis, dass die Optimierung zu einer erhöhten Sicherheit führt, sowie zu effektiveren und effizienteren Operationen, welche letztendlich die Morbidität und Mortalität des Patienten senken, kann nur durch eine evidenzgestützte Medizin innerhalb von Langzeitstudien belegt werden.

Ausblick - Erkennung von Operationsphasen und Operationskontext

Die Segmentierung einer Operation in chirurgische Phasen ist ein Schlüsselelement für ein maschinelles „Verständnis" des Vorgangs einer Operation. Ein Schlüsselaspekt von robotergestützter Chirurgie - insbesondere bei Single-Port-Chirurgie - ist, dass durch die relative hohe Komplexität von verschiedenen Funktionen, die präzise durch den Chirurgen gesteuert werden müssen, eine intuitive

Mensch-Maschine Schnittstelle geschaffen wird. Eine Konsequenz daraus ist, dass das System adaptiv bzw. kognitiv agieren muss, um sich an die Aufgaben des Chirurgen anzupassen. Eine essentielle Vorbedingung unter verschiedenen situativen Rahmenbedingungen ein angepasstes Verhalten oder sogar kooperative Fähigkeiten zu zeigen, ist, den Prozess semantisch zu erfassen.

Im Operationssaal der Zukunft können alle Geräte integriert werden. Informationen können gesammelt und ausgetauscht werden, um administrative Vorgänge im Krankenhaus zu optimieren oder kooperative Interaktion und Datenfusion verschiedener Geräte im Operationssaal zu realisieren. Automatische Schlussfolgerungen, beispielsweise durch logische Kalküle und automatische Dokumentationen, wären auf Basis aggregierter Information möglich. Als Beispiel eines administrativen Vorgangs im Krankenhaus, der durch die Phasenerkennung optimiert werden kann, führt [BLUM 10] die Optimierung des Schedulings an, welche durch die Schätzung der verbleibenden Zeit einer Operation auf Basis der Erkennung der chirurgischen Phase ermöglicht wird.

Eine Segmentierung der Operation in chirurgische Phasen kann Ansätze zur automatischen Bewertung chirurgischer Fähigkeiten verbessern [BOLL 10]. Indem die Merkmale, welche die Fähigkeiten chirurgischer Expertise diskriminieren, wie beispielsweise Pfadlänge oder Bewegungen pro Minute, nicht zur Bewertung einer gesamten Operation herangezogen werden, sondern für eine differenzierte Bewertung innerhalb einzelner chirurgischer Phasen, wird die Güte der Bewertung verbessert [BOLL 10].

Ausblick - Kognitive Medizinrobotik

Das Ziel in Bezug auf Robotik im SFB / TRR 125 "Cognition-Guided Surgery", welcher im Juli 2012 begonnen hat, ist es, ein situationsadaptiertes und wissensbasiertes Robotik-System mit verschiedenen Betriebsarten, haptischer Schnittstelle und Erweiterter Realität zu entwickeln und zu erproben, welches verschiedene wissensbasierte echtzeitfähige Komponenten in einem universellen Robotersystem aus Leichtbaurobotern vereint. Die vorgestellte Zugangs- und Konfigurationsplanung für den da Vinci® Manipulator bietet die Grundlage für eine Konfigurationsplanung für ein System aus Leichtbaurobotern. Darüber hinaus werden durch die Segmentierung der Operation, die Bewegungsanalyse und die Prädiktion des Operationsverlaufes die Grundlagen für weitere wissensbasierte

Komponenten gelegt, welche die Verlässlichkeit, Sicherheit und Effizienz einer (roboterassistierten) Intervention erhöhen sollen. Beispielsweise soll eine automatische situationsadaptive Endoskopnachführung zeitnah realisiert werden. Zudem kann das Wissen über den Ablauf einer Operation zur intuitiven und sicheren Mensch-Roboter-Kooperation (z.b. durch Virtual Fixtures) genutzt werden. Bei einer weiteren Verfeinerung der Methoden zum kontextsensitiven Erlernen des Bewegungsablaufs können auch (teil-) autonome Aufgaben durch die Leichtbauroboter durchgeführt werden.

Neben der Zugangsplanung ist eine autonome Kameraführung eine weitere medizinische Applikation eines kognitiven Medizinrobotik Systems. Die Steuerung der Kamera erfordert zusätzliche Aufmerksamkeitsressourcen des Operateurs. Das Umschalten zwischen der Steuerung des Endoskops und des Arbeitsinstruments ermöglicht nur eine serielle und daher wenig intuitive Bewegungsführung. Bei manuell durchgeführten laparoskopischen wird das Endoskop bislang manuell durch einen Assistenten geführt, an einem beweglichen Stativ befestigt oder durch ein Telemanipulatorsystem gesteuert. Die Steuerung bzw. Bewegung dieses Geräts beansprucht den Operateur neben seiner eigentlichen Tätigkeit. Führt ein Assistent das Endoskop, besteht für ihn und den Operateur wenig Bewegungsfreiraum und es ist bisweilen eine relativ widerintuitive Kommunikation zwischen Operateur und Assistent nötig, da präzise Positionsangaben sprachlich schwierig zu fassen sind. Dies führt zu eingeschränktem Bewegungsfreiraum sowie in angespannten Situationen im Operationssaal zu Missverständnissen und Komplikationen [OMOTE 99].

Am IPR ist es geplant, ein roboterassistiertes autonomes Kameraführungssystem zu entwickeln, welches auf der Erkennung von chirurgischen Phasen basiert. Indem die optimale Kameraposition in jeder Operationsphase anhand von Experten-Trajektorien gelernt wird, kann sie zur kollisionsvermeidenden Ansteuerung eines Leichtbauroboters zur Kameraführung verwendet werden. Hierfür wurde in dieser Arbeit eine Grundlage gelegt. Auch die Prädiktion des weiteren Verlaufs der Operation kann in die wissensbasierte Kameraführung einfließen. Ein erster Prototyp hierzu wurde bereits in dieser Arbeit entwickelt. Durch den Hands-On Modus ist es zudem möglich, eine Interaktion zwischen dem Chirurgen und dem autonomen Kameraführungsassistenten bereit zu stellen.

Durch das Robotersystem da Vinci® Surgical System werden heute Roboter im Operationssaal akzeptiert. Jedoch ist ihr Einsatz stark begrenzt. Die Kinematik des motorisierten Teils des da Vinci® Systems besitzt keinen redundanten Freiheitsgrad, wodurch eine bestimmte Position und Orientierung eines Endeffektors nur durch eine einzige Gelenkkonfiguration erreicht werden kann. Dies bedeutet, dass es nach der Wahl der Anfangskonfiguration keine Möglichkeit gibt, eine bevorstehende Kollision zu vermeiden, wenn es nötig ist, ein bestimmtes Operationsgebiet außerhalb des kollisionsfrei erreichbaren Arbeitsraums anzufahren. Es sind flexiblere Roboter notwendig, mit schmaleren Ausmaßen, die flexibel im Operationssaal umkonfiguriert werden können und welche dem Operateur Assistenz bezüglich der aktuellen Operationssituation bieten. Beispiele für flexible Robotersysteme sind der KUKA Leichtbauroboter oder der DLR MIRO Roboter. Ein mögliche Lösung ist es, schlanke Leichtbauroboter mit redundanten Freiheitsgraden einzusetzen, die zudem durch motorisierte Schienen bewegt werden können. Ein anderer Ansatz besteht darin, flexible schlangenartige Robotersysteme für die Single-Port-Chirurgie zu entwickeln.

Das hier vorgestellte System zur wissensbasierten Planung ist weitgehend generisch konzipiert. Neben verschiedenen Operationstypen können nach einer Modifikation, andere Robotersysteme einbezogen werden. Ein kinematisches und ein geometrisches Modell ist dazu nötig, insbesondere ist die inverse Kinematik zu lösen. Bei einem Roboter mit aktiven redundanten Freiheitsgraden kann dieser zur Kollisionsvermeidung genutzt werden. Die Optimierung der Anfangskonfiguration schließt bei diesen Robotern die Position der Manipulatorbasis ein, eine Rotation um die Achse der Manipulatorbasis, sowie eine Anfangskonfiguration der Gelenkstellungen. Zudem spielt die Abfolge der Zielregionen bei der kollisionsvermeidenden Pfadplanung des redundanten Gelenkes eine Rolle. Der hier vorgestellte probabilistische Operationsablauf kann hierfür verwendet werden. Durch flexibel konfigurierbare schlanke Leichtbauroboter können auch unkonventionelle Kombinationen zwischen den Zugängen für die Arbeitsinstrumente und das Endoskop in Betracht gezogen werden.

Darüber hinaus können schlangenartige Roboter eingesetzt werden. Bei zunehmender Flexibilität nimmt der Einfluss der Zugänge auf die Effektivität und Effizienz der Operation ab. Die Notwendigkeit eines wissensbasierten Ansatzes zur intuitiven und sicheren Steuerung nimmt jedoch zu. Idealerweise würde eine Kollisionsgefahr der Roboterarme oder eines schlangenartigen Roboters direkt aufgelöst werden und die dazu nötigen Bewegungen automatisch ausgeführt werden, ohne dass die Position und die Orientierung der Endeffektoren durch den Operateur davon betroffen wäre. Die kollisionsvermeidenden Bewegungen wären damit vor dem Operateur verborgen. Dies erfordert Robotersysteme mit vielen redundanten Freiheitsgraden, welche präzise angesteuert werden können.

Zur Hypothese

Durch probabilistische Methoden ist es möglich, einen Operationsplan für die computergestützte Optimierung von Zugängen und der Roboterkonfiguration zu erstellen. Ob die Optimierung einen Beitrag zu effizienteren und effektiveren Interventionen leisten kann und zu einer niedrigeren Mortalität und Morbidität führt, ist eine äußerst interessante Fragestellung, die in der evidenzgestützten Medizin sicherlich beantwortet werden kann. Sicherlich kann die hier vorgestellte wissensbasierte Planung neue Erkenntnisse bezüglich optimaler Zugänge liefern.

Anhang A

Inverse Kinematik des da Vinci Manipulators

Im folgenden Abschnitt wird die Berechnung der Lage der Aktorenhalterung $\mathbf{j}_6$ beschrieben. Es folgt eine Beschreibung der inversen Kinematik des aktiven Teils, gefolgt von einer Beschreibung der inversen Kinematik des passiven Teils und der Bestimmung der Lage der da Vinci® Basis.

A.1 Aktorenhalterung der Instrumentenarme

Bei den Instrumentenarmen gibt es für die Bestimmung der Lage der Aktorenhalterung bei einem gegeben Zugang zwei Freiheitsgrade. Die Kinematik des da Vinci® ist so geartet, dass eine feste Transformation vom Koordinatensystem der Aktorenhalterung $\mathbf{j}_6$ zum Pivotpunkt des Armes führt. Ausgehend vom Koordinatensystem in diesem Gelenk wird eine Transformation um 48.7 cm in die x-Richtung und um 15.3 cm in die z-Richtung ausgeführt. Daraus ergibt sich ein Abstand von $r = \sqrt{15.3^2 + 48.7^2} \approx 51.0$ cm von Gelenk $\mathbf{j}_6$ zum Pivotpunkt. Die Tatsache für sich genommen würde ergeben, dass ausgehend von einem gewählten Zugang, welcher mit dem Pivotpunkt übereinstimmt, mögliche Positionen für dieses Gelenk auf einer Kugel mit dem Radius r liegen würden. Dies würde zwei Freiheitsgrade bedeuten, was jedoch nicht der Fall ist. Die Drehachsen der Gelenke $\mathbf{j}_2$, $\mathbf{j}_3$ und $\mathbf{j}_4$ zeigen senkrecht nach oben und $\mathbf{j}_{5,z}$ ist die erste Drehachse in der kinematischen Kette, welche eine horizontale Drehachse aufweist (siehe Abbildung 4.5 auf Seite 104).

Damit liegen die Gelenke $\mathbf{j}_5$ und $\mathbf{j}_6$ auf einer Ebene E, welche dieselbe Normale hat wie die x-Achse der Aktorenhalterung $\mathbf{j}_{6,x}$ bzw. die z-Achse der ersten aktiven Drehachse $\mathbf{j}_{7,z}$ (siehe Abbildung A.1 auf Seite 178). Diese Einschränkung führt dazu, dass die Aktorenhalterung in Grundstellung von Gelenk $\mathbf{j}_5$ auf einem waagrechten Kreis liegt und somit nur einen Freiheitsgrad besitzt.

Durch die Veränderung von Gelenk $\mathbf{j}_5$ ergibt sich ein weiterer Freiheitsgrad. Es wird ein Punkt $\mathbf{j}_5^*$ definiert, welcher auf einem waagrechten Kreis in Höhe des Pivotpunktes liegt. Dessen Position wird durch eine Winkelkoordinate φ bestimmt. Der Punkt $\mathbf{j}_5^*$ liegt in der Drehachse des ersten aktiven Gelenkes und bestimmt die Orientierung dieser Drehachse.

Zuerst wird die Winkelkoordinate φ und damit die Richtung des da Vinci® Armes in Bezug auf den Patienten definiert, dann die Kippung des da Vinci® Armes in Gelenk $\mathbf{j}_5$. Der Versatz für Gelenkwinkel θ_6 wird für eine optimale Manipulatorkonfiguration konstant als Null angenommen.

Winkelkoordinate φ

Abbildung 4.8 auf Seite 107 zeigt die Gelenke $\mathbf{j}_5$ und $\mathbf{j}_6$ eines Instrumentenarmes, sowie den Zugang $\mathbf{p}$ in Draufsicht (x-y-Ebene des globalen Koordinatensystems). E sei eine Ebene senkrecht zu der dargestellten Ebene, auf welcher die Gelenke $\mathbf{j}_5$ und $\mathbf{j}_6$ liegen. Die Gerade durch $\mathbf{j}_5^*$ und $\mathbf{p}$ ist senkrecht zur Ebene E. Wir betrachten nun die dargestellte Ebene. Sie ist parallel zum Boden des Operationssaals und enthält den Zugang $\mathbf{p}$. Die Transformation vom aktiven Halter zum Pivotpunkt, also auch zum Zugang $\mathbf{p}$, ist konstant und wird durch die Matrix $\mathbf{T}_{p,r}$ bzw. $\mathbf{T}_{p,l}$ bestimmt (siehe Gleichung 4.12 auf Seite 103). Ein Freiheitsgrad für die Wahl der Aktorenhalterung ergibt sich durch eine Rotation um die senkrechte Achse im Pivotpunkt (siehe Abbildung 4.8 auf Seite 107). Der Punkt $\mathbf{j}_5^*$ liegt auf der Drehachse des ersten aktiven Gelenkes (grün in Abbildung 4.8 auf Seite 107) und weist einen Abstand von 48.6 cm (siehe Gleichung 4.12) vom Pivotpunkt auf. Mögliche Positionen von $\mathbf{j}_5^*$ liegen auf dem dargestellten waagrechten Kreis. Dieser Freiheitsgrad für den aktiven Halter wird durch die Winkelkoordinate φ beschrieben (bzw. φ_r und φ_l für den rechten und den linken Arm). Bei $\varphi = 0$ ist der Richtungsvektor vom Zugang $\mathbf{p}$ zu $\mathbf{j}_5^*$ entlang der Wirbelsäule des Patienten inferior ausgerichtet. Ein positiver Wert von φ beschreibt eine Drehung im Uhrzeigersinn, also ein Drehung zur linken Seite des Patienten. Formal wird der Richtungsvektor vom Zugang $\mathbf{p}$ zu $\mathbf{j}_5^*$ durch $(-cos(\varphi), -sin(\varphi))^T$ definiert.

Gelenkwinkel θ_5

Nachdem $\mathbf{j}_5^*$ festgelegt wurde kann $\mathbf{j}_5$ und $\mathbf{j}_6$ berechnet werden. Hierbei wird
der Freiheitsgrad durch den Gelenkwinkel θ_5 einbezogen. Mögliche Gelenkpositionen von $\mathbf{j}_5$ und $\mathbf{j}_6$ ergeben sich durch eine Drehung, um die Drehachse von
Gelenk $\mathbf{j}_5$, wie auch durch die Rotation um die erste aktive Drehachse (siehe
Abbildung 4.8 auf Seite 107), also durch Rotation um die Gerade durch $\mathbf{p}$ und
$\mathbf{j}_5^*$.

Die Länge des Gelenkes zwischen $\mathbf{j}_5$ und $\mathbf{j}_6$ ist nach den DH-Parametern (Zeile 6 in Tabelle 4.2 auf Seite 100) 10.3 cm. Die Transformation vom aktiven Halter hin zum Pivotpunkt ist, wie im vorigen Abschnitt (siehe 4.12 auf Seite 103)
beschrieben

$$\mathbf{T}_{p,r} = \mathbf{T}_{p,l} = \begin{pmatrix} 0 & 1 & 0 & 48.6 \\ -1 & 0 & 0 & 0 \\ 0 & 0 & 1 & 15.2 \\ 0 & 0 & 0 & 1 \end{pmatrix}. \tag{A.1}$$

Damit ergibt sich eine Länge von 15.2 cm $-$ 10.3 cm $=$ 4.9 cm zwischen $\mathbf{j}_5^*$ und
$\mathbf{j}_5$. Für $\theta_5 = 0$, also in Grundstellung von Gelenk $\mathbf{j}_5$, liegt $\mathbf{j}_5^*$ genau 4.9 cm über $\mathbf{j}_5$
und 15.2 cm über $\mathbf{j}_6$. In Abbildung 4.5 auf Seite 104 und in Abbildung A.1 auf
der nächsten Seite ist dies dargestellt. In dieser Grundstellung ist $\mathbf{j}_5$ ebenfalls auf
einem waagrechten Kreis.

Die Punkte $\mathbf{p}$, $\mathbf{j}_5^*$, $\mathbf{j}_5$ und $\mathbf{j}_6$ liegen in einer weiteren Ebene D, welche um zwei
Drehachsen gedreht werden kann, die senkrechte Achse im Pivotpunkt (Kreuz
in Abbildung A.1 auf der nächsten Seite) und die Drehachse des ersten aktiven
Gelenkes (grün in Abbildung A.1 auf der nächsten Seite). Diese Ebene ist senkrecht zur Ebene E (siehe Abbildung 4.8 auf Seite 107). Zudem liegt die z-Achse
von $\mathbf{j}_5$ in dieser Ebene. Durch eine Drehung um θ_5 um diese Drehachse ergeben
sich die Gelenke $\mathbf{j}_5$ und $\mathbf{j}_6$.

Damit ist das Ortskoordinatensystem in diesen beiden Gelenken festgelegt
und damit die Aktorenhalterung bestimmt. Das Ortskoordinatensystem ergibt
sich durch folgende kartesische Richtungsvektoren

$$\mathbf{j}_{6,x} = -\mathbf{j}_{7,z}, \tag{A.2}$$

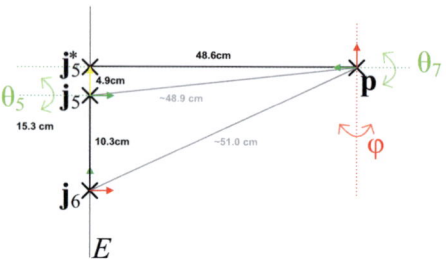

Abbildung A.1: Drehebene D. Zwei Freiheitsgrade für die Aktorenhalterung: Rotation θ_5 und Rotation um die Winkelkoordinate φ. Ebene E steht senkrecht zu D. In $\mathbf{p}$ ist die erste aktive Drehachse in grün eingezeichnet.

$$\mathbf{j}_{6,z} = \frac{\mathbf{j}_5 - \mathbf{j}_6}{||\mathbf{j}_5 - \mathbf{j}_6||}, \tag{A.3}$$

und

$$\mathbf{j}_{6,y} = -\mathbf{j}_{6,x} \times \mathbf{j}_{6,z}, \tag{A.4}$$

alternativ

$$\mathbf{j}_{6,x} = \frac{\mathbf{p} - \mathbf{j}_5^*}{||\mathbf{p} - \mathbf{j}_5^*||}, \tag{A.5}$$

$$\mathbf{j}_{6,z} = \frac{\mathbf{j}_5 - \mathbf{j}_6}{||\mathbf{j}_5 - \mathbf{j}_6||}, \tag{A.6}$$

und

$$\mathbf{j}_{6,y} = \mathbf{j}_{5,z} \times \mathbf{j}_{5,x}. \tag{A.7}$$

In Abbildung A.1 kann dies nachvollzogen werden: Die x-Achse von Gelenk $\mathbf{j}_6$ (rot), zeigt in die Richtung von $\mathbf{j}_5^*$ zum Zugang $\mathbf{p}$ und ist entgegengesetzt zur ersten aktiven Drehachse. Damit fungiert die Gerade durch $\mathbf{j}_5^*$ und $\mathbf{j}_6$ als Drehachse des ersten aktiven Gelenkes. Die z-Achse von Gelenk $\mathbf{j}_6$ (grün) zeigt von $\mathbf{j}_5$ in Richtung $\mathbf{j}_6$ und ist die letzte passive Drehachse. Die y-Achse steht senkrecht auf diesen beiden Vektoren.

Zusammenfassend lässt sich sagen: Die Punkte $\mathbf{j}_5^*$, $\mathbf{j}_5$ und $\mathbf{j}_6$ liegen in Ebene E, die Punkte $\mathbf{p}$, $\mathbf{j}_5^*$, $\mathbf{j}_5$ und $\mathbf{j}_6$ liegen in Ebene D (siehe Abbildung A.1). Beide Ebenen stehen senkrecht zueinander. Ebene E kann um die Rotationsachse durch $\mathbf{j}_5^*$ und $\mathbf{p}$ rotiert werden. Es handelt sich um die erste aktive Drehachse $\mathbf{j}_{7,z}$. Diese Rotationsebene wird durch die Richtung φ des Instrumentenarmes in Bezug auf den Patienten und durch den passiven Gelenkwinkel θ_5 präoperativ vorgegeben. Sie kann durch den motorisierten Gelenkwinkel θ_7 intraoperativ verändert werden. Der Gelenkwinkel θ_5 sollte also in die Optimierung einbezogen werden, um die den Bewegungsspielraum für die aktive Rotation innerhalb der Gelenkwinkel zu maximieren.

A.2 Aktive Gelenke der Instrumentenarme

Die Gelenke $\mathbf{j}_5^*$, $\mathbf{p}_{lo}$, $\mathbf{p}_{ro}$ und der Pivotpunkt $\mathbf{p}$ bilden ein Parallelogramm mit Seitenlänge $l_s = 18.2$ cm [SUN 07C]. In Ausgangsstellung ist das Parallelogramm ein Rechteck. In Abbildung 4.6 auf Seite 105 ist dieses Parallelogramm dargestellt.

Die beiden oberen Gelenke des Parallelogramms $\mathbf{p}_{lo}$ und $\mathbf{p}_{ro}$ hängen von der Endeffektorposition $\mathbf{t}$ ab und können durch

$$\mathbf{p}_{lo} = \mathbf{j}_5^* + l_s \frac{\mathbf{p} - \mathbf{t}}{\|\mathbf{p} - \mathbf{t}\|} \tag{A.8}$$

und

$$\mathbf{p}_{ro} = \mathbf{p} + l_s \frac{\mathbf{p} - \mathbf{t}}{\|\mathbf{p} - \mathbf{t}\|} \tag{A.9}$$

berechnet werden. Die Spitze der Aktorenhalterung des Instruments $\mathbf{p}_{top}$ liegt auf der Geraden durch $\mathbf{p}$ und $\mathbf{p}_{ro}$ und liegt in Ausgangsstellung $l_t = 38.4$ cm über $\mathbf{p}_{ro}$. Damit ist

$$\mathbf{p}_{top} = \mathbf{p}_{ro} + l_t \frac{\mathbf{p} - \mathbf{t}}{\|\mathbf{p} - \mathbf{t}\|}. \tag{A.10}$$

Nun wird beschrieben, wie die Neigung des Parallelogramms (aktiver Teil des da Vinci® Manipulators), also die Gelenkwinkel θ_7 und θ_8 für die DH-Kette berechnet werden. Der Versatz, der auf die Ausgangsstellung von θ_7 bzw. θ_8 addiert wird sei Θ_7 bzw. Θ_8.

Mit Θ_8 wird die Scherung des Parallelogramms in der Bildebene in Abbildung 4.6 auf Seite 105 erreicht, also die Abweichung vom Rechteck („Parallelogramm-Winkel"), welches für $\Theta_8 = 0°$ vorliegt. Eine Verschiebung von $\mathbf{p}_{ro}$ nach rechts im Bild wird durch einen positiven Versatz auf den Gelenkwinkel θ_8 verursacht, eine Verschiebung nach links durch einen negativen Versatz.

Wir betrachten nun die Instrumentenrichtung bezüglich des Koordinatensystems der Aktorenhalterung $\mathbf{j}_6$ (siehe Abbildung A.3 auf der nächsten Seite). Der normierte Richtungsvektor vom Endeffektor $\mathbf{t}$ zum Pivotpunkt $\mathbf{p}$ bezüglich des Koordinatensystems des aktiven Halters, also

$$\mathbf{d} = \frac{\mathbf{p} - \mathbf{t}}{||\mathbf{p} - \mathbf{t}||}, \tag{A.11}$$

ist $\mathbf{d}_6 = \mathbf{R}_6{}^T\mathbf{d}$. Für $d_{6,y} \neq 0$ ergibt sich eine Neigung des Parallelogramms aus der in Abbildung 4.6 auf Seite 105 dargestellten Ebene heraus, also durch eine Rotation, um die Gerade durch $\mathbf{j}_5^*$ und $\mathbf{p}$ als Drehachse. Für $d_{6,y} = 0$ und damit $\Theta_7 = 0$ ist das Parallelogramm in der Bildebene.

Wir betrachten nur den Fall $d_{6,z} \geq 0$. Ein negativer Wert von $d_{6,z}$ kann unberücksichtigt bleiben, da durch die da Vinci® Kinematik die Winkelbeschränkungen $||\theta_7 + \Theta_7|| < 90°$ und $-45° < \theta_8 + \Theta_8 < 60°$ für die Instrumentenarme gegeben sind. Für einen negativen Wert von $d_{6,y}$ ergibt sich eine Rechtskippung und der Versatz für Gelenkwinkel θ_7 kann als

$$\Theta_7 = -\left(\frac{\pi}{2} - \arctan\left(\frac{d_z}{-d_y}\right)\right) \text{ für } d_{6,y} < 0$$

berechnet werden, wenn das rechtwinklige Dreieck mit den Seitenlängen d_y und d_z betrachtet wird (siehe Abbildung A.2 auf der nächsten Seite links). Umgekehrt ergibt sich für einen positiven Wert von $d_{6,y}$ eine Linkskippung und der Versatz für Gelenkwinkel θ_7 ist

$$\Theta_7 = +\left(\frac{\pi}{2} - \arctan\left(\frac{d_z}{d_y}\right)\right) \text{ für } d_{6,y} > 0. \tag{A.12}$$

Die „Vor-/Zurückkippung" (siehe Abbildung A.2 auf der nächsten Seite rechts) ist analog berechenbar als

$$\Theta_8 = -\frac{\pi}{2} + \arctan\left(\frac{d_z}{-d_x}\right)\right) \text{ für } d_x < 0 \tag{A.13}$$

und

$$\Theta_8 = +\frac{\pi}{2} - \arctan\left(\frac{d_z}{d_x}\right)\right) \text{ für } d_x > 0. \tag{A.14}$$

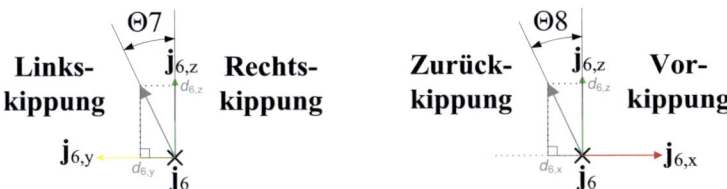

Abbildung A.2: Kippung und Scherung des aktiven Parallelogramms. Rechts: Linkskippung des Parallelogramms ($d_y < 0$,) aus Perspektive des Manipulators. Links: Zurückkippung des Parallelogramms ($d_x < 0$).

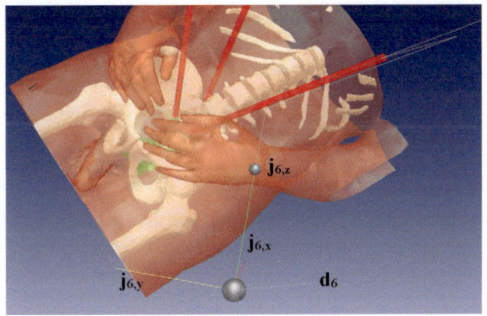

Abbildung A.3: Instrumentenrichtung bezüglich der Aktorenhalterung. "Rechtskippung des Parallelogramms". Instrumentenrichtung $\mathbf{d}_6$ im Koordinatensystem des 6-ten Gelenkes (x-Achse rot, y-Achse gelb, z-Achse grün).

In Ausgangsstellung ist $d_x = 0$. Für $d_x > 0$ ergibt sich eine „Vorkippung" und für $d_x < 0$ eine „Zurückkippung". Die Ausgangsstellung liegt bei $d_x = 0$ vor.

Das prismatische Gelenk des Instruments führt in Grundstellung $d_9 = 0$ dazu, dass sich der Endeffektor $\mathbf{r}$ bzw. $\mathbf{l}$ im Pivotpunkt $\mathbf{p}_r$ bzw. $\mathbf{p}_l$ befindet. Damit ergibt sich der DH-Parameter

$$d_9 = \|\mathbf{p_r} - \mathbf{r}\| \text{ bzw. } d_9 = \|\mathbf{p_l} - \mathbf{l}\| \tag{A.15}$$

für den rechten bzw. linken Instrumentenarm.

A.3   Basiskoordinatensystem und Endoskoparm

Der Endoskoparm hat nur vier bewegliche passive Gelenke. Die ersten vier Gelenke sind bei den Instrumentenarmen und dem Endoskoparm dieselben. Es gibt wieder eine Transformation von der Aktorenhalterung (Gelenk $\mathbf{j}_6$) zum Pivotpunkt $\mathbf{p}$. Da die Gelenke $\mathbf{j}_5$ und $\mathbf{j}_6$ im Gegensatz zu den Gelenken bei den Instrumentenarmen fest sind, gibt es zugleich auch eine konstante Transformation von Gelenk $\mathbf{j}_4$ zum Pivotpunkt.

Ausgehend vom Koordinatensystem von Gelenk $\mathbf{j}_6$ führt eine Transformation von 61.3 cm in x-Richtung und 10.2 cm in z-Richtung zum Pivotpunkt. Damit ergibt sich ein Abstand von $\|\mathbf{p} - \mathbf{j}_6\| = \sqrt{61.3^2 + 10.25^2} \approx 62.1$ cm von Gelenk $\mathbf{j}_6$ zum Pivotpunkt $\mathbf{p}$. Die Transformation von Gelenk $\mathbf{j}_4$ zu Gelenk $\mathbf{j}_6$ entsteht ausgehend vom Koordinatensystem in Gelenk $\mathbf{j}_4$ durch eine Rotation mit $-45°$ um die x-Achse, gefolgt von einer Rotation mit $90°$ um die z-Achse und darauf folgend eine Translation um -6.7 cm in x-Richtung (vgl. auch Zeile 5 und 6 in Tabelle 4.4 auf Seite 105 der DH-Parameter des passiven Teils des Endoskoparmes):

$$\mathbf{T}_{4,6} = \mathbf{L}_5\mathbf{L}_6 = \mathbf{R}_x(-\frac{\pi}{4})\mathbf{R}_z(\frac{\pi}{2})\mathbf{T}_x(-6.7) =$$

$$\begin{pmatrix} 0 & -1 & 0 & 0 \\ \frac{1}{2}\sqrt{2} & 0 & \frac{1}{2}\sqrt{2} & -3.35\sqrt{2} \\ -\frac{1}{2}\sqrt{2} & 0 & \frac{1}{2}\sqrt{2} & 3.35\sqrt{2} \\ 0 & 0 & 0 & 1 \end{pmatrix}. \tag{A.16}$$

Mit der Transformation von Gelenk $\mathbf{j}_6$ zum Pivotpunkt

$$\mathbf{T}_{6,\mathrm{P}} = \begin{pmatrix} 0 & 1 & 0 & 61.3 \\ -1 & 0 & 0 & 0 \\ 0 & 0 & 1 & 10.2 \\ 0 & 0 & 0 & 1 \end{pmatrix} \tag{A.17}$$

ergibt sich die Transformation von Gelenk $\mathbf{j}_4$ zum Pivotpunkt als

$$\mathbf{T}_{4,P} = \mathbf{T}_{4,6}\mathbf{T}_{6,P} = \begin{pmatrix} 1 & -1 & 0 & 0 \\ 0 & \frac{1}{2}\sqrt{2} & \frac{1}{2}\sqrt{2} & -32.4\sqrt{2} \\ 0 & -\frac{1}{2}\sqrt{2} & \frac{1}{2}\sqrt{2} & 22.2\sqrt{2} \\ 0 & 0 & 0 & 1 \end{pmatrix} \quad (A.18)$$

Aus der Tatsache, dass diese Transformation konstant ist, folgt unter anderem, dass sich Gelenk $\mathbf{j}_4$ nur auf einer Kugel um den Pivotpunkt mit dem Radius

$$\|\mathbf{r} - \mathbf{j}_4\| = \sqrt{(-32.4\sqrt{2})^2 + (22.2\sqrt{2})^2} \approx 55.5 \text{ cm} \quad (A.19)$$

befinden kann. Da jedoch zusätzlich die z-Achsen in den Gelenken $\mathbf{j}_1$, $\mathbf{j}_2$ und $\mathbf{j}_3$ senkrecht sind und auch die z-Achse im Gelenk $\mathbf{j}_4$, folgt daraus, dass Gelenk $\mathbf{j}_4$ auf einem waagrechten Kreis liegt und sich damit nur ein Freiheitsgrad für die Lage des Koordinatensystems ergibt, die Winkelkoordinate φ_e (analog zu den Winkelkoordinaten der Instrumentenarme, vgl. Abbildung 4.8 auf Seite 107).

Orientierung des da Vinci® Basiskoordinatensystems

Aus der Winkelkoordinate des Endoskoparmes ergibt sich die Orientierung des Basiskoordinatensystems des da Vinci®

$$\mathbf{F}_0 = \begin{pmatrix} \mathbf{f}_{0,x} & \mathbf{f}_{0,y} & \mathbf{f}_{0,z} & \mathbf{t}_{0,t} \\ 0 & 0 & 0 & 1 \end{pmatrix}, \quad (A.20)$$

welche durch die y-Achse $\mathbf{f}_{0,y}$ beschrieben wird (siehe gelbe Achse in Abbildung 4.2 auf Seite 98). Diese zeigt in Ausgangsstellung in Richtung des Endoskoparmes (*Nase*). Die Winkelkoordinate φ_e bestimmt die Orientierung der da Vinci® Basis durch

$$\mathbf{f}_{0,y} = (cos(\varphi_e), sin(\varphi_e), 0)^T. \quad (A.21)$$

Für $\varphi_e = 0°$ ergibt sich die Richtung, in welcher der da Vinci® Manipulator zwischen den Beinen des Patienten positioniert ist und der Endoskoparm in Richtung der Longitudinal-Achse (Längsachse) des Patienten zeigt. Für $\varphi_e = 90°$ steht der da Vinci senkrecht zum liegenden Patienten und befindet sich zur linken Seite des Patienten. Zwischen diesen Werten liegen die potentiellen Positionierungen des Manipulators. Die z-Achse des Basiskoordinatensystems weist stets nach oben und ist konstant

$$\mathbf{f}_{0,z} = (0,0,1)^T. \tag{A.22}$$

Die x-Achse des Basiskoordinatensystems zeigt in Ausgangsstellung in Richtung des rechten Armes und ergibt sich aus der y-Achse durch eine Drehung um 90° im Uhrzeigersinn als

$$\mathbf{f}_{0,x} = (cos(\alpha_5 - \frac{1}{2}\pi), sin(\alpha_5 - \frac{1}{2}\pi), 0)^T. \tag{A.23}$$

Um die Position der da Vinci® Basis zu berechnen, muss die Aktorenhalterung des Endoskops bekannt sein. Zuerst wird das Koordinatensystem im Pivotpunkt in Abhängigkeit der Winkelkoordinate φ_e berechnet, danach das Koordinatensystem der Aktorenhalterung $\mathbf{j}_6$.

Ortskoordinatensystem im Pivotpunkt des Endoskoparmes

Aus einer gegebenen Winkelkoordinate φ_e und einem Zugang $\mathbf{e}$ als Pivotpunkt lässt sich das Koordinatensystem der Aktorenhalterung bestimmen. Da der kartesische Basisvektor der x-Achse im Gelenk $\mathbf{j}_4$ derselbe ist, wie der im Koordinatensystem des Pivotpunktes (vgl. erste Spalte von $\mathbf{T}_{4,P}$, siehe A.18 auf der vorherigen Seite), befindet sich die x-Achse des Koordinatensystems des Pivotpunktes $\mathbf{e}$ ebenfalls in einer Ebene parallel zum OP-Boden und weist in die Richtung des rechten Armes (z-Koordinate Null im Weltkoordinatensystem bzw. da Vinci® Basiskoordinatensystem). Im Patientenkoordinatensystem ist dies nur dann die Frontalebene, wenn der Patient nicht gekippt ist. Die möglichen Orientierungen werden durch die Winkelkoordinate φ_e bestimmt, welche eine Drehung im Uhrzeigersinn ausgehend von der Longitudinal-Achse beschreibt.

Für folgende Betrachtung gilt $\alpha = -(90° + \varphi_e)$. Der kartesische Basisvektor der x-Achse des Pivotpunktes im Weltkoordinatensystem (also auch im da Vinci® Koordinatensystem *vor* der Drehung) kann durch

$$p_x(\alpha) = (-cos(\alpha), sin(\alpha), 0)^T \tag{A.24}$$

beschrieben werden (für $\alpha = 0$ in Richtung des linken da Vinci® Armes). Der Basisvektor der z-Achse zeigt immer im 45° Winkel bezüglich der horizontalen Ebene nach oben. Für $\alpha = 0$ ist $p_x(\alpha) = (-1,0,0)^T$ (inferior, falls der da Vinci® Manipulator zur rechten Seite des Patienten positioniert ist und der Endoskoparm senkrecht zum ungekippten Patienten orientiert ist) und $p_z(\alpha) = (0, -\frac{1}{2}\sqrt{2}, \frac{1}{2}\sqrt{2})^T$. Eine Drehung des Vektors $p_z(0)$ um $-\alpha$ um die senkrechte Achse des Weltkoordinatensystems ergibt

$$p_z(\alpha) = \mathbf{R}_z(-\alpha)p_z(0) =$$

$$\left(\frac{1}{2}\sqrt{2}\sin(-\alpha), -\frac{1}{2}\sqrt{2}\cos(-\alpha), \frac{1}{2}\sqrt{2} \right)^T. \tag{A.25}$$

Der Basisvektor der x-Achse ergibt sich dann durch das Vektorprodukt

$$p_x(\alpha) = r_y(\alpha) \times r_z(\alpha). \tag{A.26}$$

Damit ist das Koordinatensystem im Pivotpunkt des Endoskoparmes im Weltkoordinatensystem durch $\mathbf{P} = (\mathbf{p_x}; \mathbf{p_y}; \mathbf{p_z}; \mathbf{e})$ in Abhängigkeit von α_5 gegeben.

Koordinatensystem der Aktorenhalterung des Endoskoparmes

Aus diesem Koordinatensystem lässt sich durch die inverse Transformation der fixen Transformation $\mathbf{T}_{6,P}$ das Ortskoordinatensystem der Aktorenhalterung

$$\mathbf{F}_6 = \mathbf{P}\mathbf{T}_{6,P}^{-1} \tag{A.27}$$

berechnen. Dadurch, dass die Gelenke $\mathbf{j}_5$ und $\mathbf{j}_6$ ebenfalls fix sind können die Ortskoordinatensysteme ebenfalls direkt berechnet werden als

$$\mathbf{F}_5 = \mathbf{F}_6\mathbf{L}_6^{-1} \tag{A.28}$$

und

$$\mathbf{F}_4 = \mathbf{F}_5\mathbf{L}_5^{-1}. \tag{A.29}$$

Berechnung der Position des da Vinci® Basiskoordinatensystems

Die Position $\mathbf{t}_{0,t}$ des Basiskoordinatensystems ergibt sich durch die Stellung der passiven Gelenke $\mathbf{j}_2$, $\mathbf{j}_3$ und $\mathbf{j}_4$ des Endoskoparmes. Diese Gelenke werden symmetrisch derart eingestellt, dass die y-Achse von Gelenk $\mathbf{j}_4$ in Draufsicht betrachtet in dieselbe Richtung zeigt wie die y-Achse des Basiskoordinatensystems (Nase). Damit bilden $\mathbf{j}_2$, $\mathbf{j}_3$ und $\mathbf{j}_4$ in Draufsicht betrachtet ein gleichseitiges Dreieck (siehe Abbildung 4.9). Es gilt also für den Versatz der Gelenke $\Theta_2 + \Theta_3 + \Theta_4 = 0$ und $\Theta_2 = \Theta_4$. Über die Gelenkstellungen, welche diese beiden Gleichungen erfüllen, kann der Abstand vom Manipulator zum Patienten variiert werden. Der Abstand muss so gewählt werden, dass die Instrumentenarme, die Zugänge erreichen können. Dies ist im Allgemeinen bei einem Dreieckswinkel von 75° der Fall. Dies entspricht dem Gelenkwinkel $\theta_3 = 180° - 75° = 105°$. Somit ergibt sich $\Theta_2 = \Theta_4 = -52.5°$. Ansonsten wird der Winkel schrittweise verkleinert (bzw. θ_3 vergrößert).

Die kinematische Kette bis zum Gelenk $\mathbf{j}_4$ wird nun für den Endoskoparm mit den gewählten Gelenken $\theta_2, \theta_3, \theta_4$ und $\theta_1 = beliebig$ durch

$$\mathbf{F}_{4,e} = ((\mathbf{F}_0 \mathbf{T}_{b,e}) \mathbf{L}_1)...\mathbf{L}_4 \tag{A.30}$$

berechnet. Wir betrachten die x- und y-Komponente der Translation dieser Matrix

$$\mathbf{p}_0 = \left((f_{4,e})_{1,4}, (f_{4,e})_{2,4} \right)^T \tag{A.31}$$

und vergleichen sie mit den x- und y-Komponenten der errechneten Position von Gelenk $\mathbf{j}_4$ (siehe Gleichung A.29 auf der vorherigen Seite)

$$\mathbf{p}_1 = \left(j_{4,x}, j_{4,y} \right)^T. \tag{A.32}$$

Die x- und y-Koordinate des Ursprungs des da Vinci® Basiskoordinatensystems ergibt sich dann durch die Differenz $\mathbf{p}_1 - \mathbf{p}_0$. Die Höhe (z-Koordinate) der da Vinci® Basis bleibt unverändert Null.

A.4   Passive Gelenkwinkel

Berechnung der passiven Gelenkstellungen der da Vinci® Arme

Aus den Positionen für die Aktorenhalterungen kann analog zur Position der da Vinci® Basis auch die Höhe des prismatischen Gelenkes bestimmt werden. Hierzu wird für jeden Arm das Ortskoordinatensystem der Aktorenhalterungen in Grundstellung durch die Vorwärtskinematik berechnet. Für die drei Arme sind dies die Ortskoordinatensysteme

$$\mathbf{F}_{6,r} = ((\mathbf{F}_0\mathbf{T}_{b,r})\mathbf{L}_1)...\mathbf{L}_6, \qquad (A.33)$$

$$\mathbf{F}_{6,l} = ((\mathbf{F}_0\mathbf{T}_{b,l})\mathbf{L}_1)...\mathbf{L}_6 \qquad (A.34)$$

und

$$\mathbf{F}_{6,e} = ((\mathbf{F}_0\mathbf{T}_{b,e})\mathbf{L}_1)...\mathbf{L}_6. \qquad (A.35)$$

Es wird für jeden Arm jeweils die Höhe in Ausgangsstellung h_0 betrachtet, also die z-Koordinate der Translation dieser Ortskoordinatensysteme

$$h_0 = (f_{6,r})_{3,4}, h_0 = (f_{6,l})_{3,4}, \text{ bzw. } h_0 = (f_{6,e})_{3,4}. \qquad (A.36)$$

Die prismatischen Gelenke θ_1 für die Arme ergeben sich jeweils durch einen Vergleich mit den errechneten Höhen der Aktorenhalterungen $h_1 = \mathbf{j}_{6,z}$ für den jeweiligen Arm als

$$\theta_1 = h_1 - h_0. \qquad (A.37)$$

Nachdem die Aktorenhalterungen für alle Arme bestimmt wurden (und damit θ_5 und θ_6), die Position und Orientierung der da Vinci® Basis, sowie die prismatischen Gelenkwinkel θ_1 können die passiven Gelenke θ_2, θ_3, θ_4 der Instrumentenarme berechnet werden.

Bei der manuellen Operation operiert der Operateur in das Becken hinein. Der da Vinci® hingegen wird in entgegengesetzter Richtung aufgestellt und operiert mit den Armen über den Patienten nach innen. Hieraus ergibt sich, dass das Instrument, welches vom Operateur mit der rechten Hand gehalten wird, mit dem linken da Vinci® Arm gehalten wird. Analog wird das linke Instrument vom rechten da Vinci® Arm gehalten.

Wir betrachten nun den rechten Instrumentenarm. Der Arm soll nun die Gelenkstellung einnehmen, die nötig ist, um die sich aus der Optimierung ergebende Soll-Position von $\mathbf{j}_5$ zu erreichen. Ausgehend von der z-Achse von $\mathbf{j}_5$ kann $\mathbf{j}_4$ berechnet werden. Aus der Beschreibung der DH-Parameter des passiven Teils

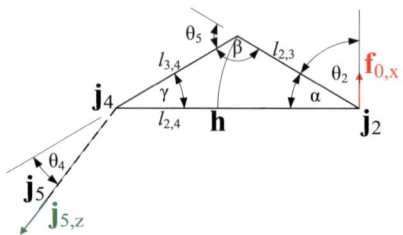

Abbildung A.4: Skizze zur Berechnung der Gelenkwinkel θ_2, θ_3 und θ_4. Draufsicht auf die Gelenke $\mathbf{j}_2$, $\mathbf{j}_3$, $\mathbf{j}_4$ und $\mathbf{j}_5$ des rechten Instrumentenarmes.

der Instrumentenarme (Tabelle 4.2 auf Seite 100) ist die Länge des Gelenkes zwischen $\mathbf{j}_4$ und $\mathbf{j}_5$ als $d_4 = 40.9$ cm zu entnehmen. Damit kann Gelenk $\mathbf{j}_4$ direkt berechnet werden als $\mathbf{j}_4 = \mathbf{j}_5 - d_4\mathbf{j}_{5,z}$. Die Position von Gelenk $\mathbf{j}_2$ ergibt sich, durch Vorwärtskinematik direkt aus der Position und Orientierung des da Vinci® Koordinatensystems und der Gelenkhöhe des prismatischen Gelenkes θ_1.

Es gilt nun noch $\mathbf{j}_3$ zu berechnen, wodurch sich die Gelenkstellungen von θ_2, θ_3, θ_4 ergeben. Wir betrachten nun für die Berechnung von diesen Gelenkstellungen den Operationssaal in Draufsicht bzw. den Unterraum, welcher durch die x- und y-Komponenten aufgespannt wird. Die Gelenke $\mathbf{j}_2$, $\mathbf{j}_3$ und $\mathbf{j}_4$ bilden in Draufsicht (bzw. in diesem Unterraum) ein Dreieck (siehe Abbildung A.4).

Die Länge zwischen den Gelenken $\mathbf{j}_2$ und $\mathbf{j}_3$ und die zwischen $\mathbf{j}_3$ und $\mathbf{j}_4$ lassen sich direkt aus den DH-Parametern der Tabelle (Zeile 4 und Zeile 3), als $l_{2,3} = 43.2$ cm und $l_{3,4} = 43.2$ cm entnehmen.

Da die Koordinaten von $\mathbf{j}_4$ und $\mathbf{j}_2$ bereits berechnet sind, ergibt sich die Länge zwischen den Gelenken $\mathbf{j}_2$ und $\mathbf{j}_4$ aus der euklidischen Distanz der beiden Gelenkpositionen als

$$l_{2,4} = \sqrt{(j_{2,x} - j_{4,x})^2 + (j_{2,y} - j_{4,y})^2}. \tag{A.38}$$

Falls $l_{2,4} > l_{2,3} + l_{3,4}$ ist die berechnete Sollposition der Aktorenhalterung zu weit von der da Vinci® Basis entfernt und der Arm kann diese nicht erreichen. Die Winkel bei $\mathbf{j}_2$, $\mathbf{j}_3$ und $\mathbf{j}_4$ ergeben sich durch den Kosinussatz als

$$\alpha = \frac{acos(l_{2,4}^2 + l_{2,3}^2 - l_{3,4}^2)}{2l_{2,4}l_{2,3}}, \tag{A.39}$$

$$\beta = \frac{acos(l_{3,4}^2 + l_{2,3}^2 - l_{2,4}^2)}{2l_{3,4}l_{2,3}} \tag{A.40}$$

und

$$\gamma = \pi - \beta. \tag{A.41}$$

Der Gelenkwinkelwinkel θ_3 ergibt sich direkt als

$$\theta_3 = \pi - \beta. \tag{A.42}$$

Um die die Gelenkwinkel θ_2 und θ_4 zu berechnen, muss zusätzlich die Position von $\mathbf{j}_3$ ausgerechnet werden. Hierzu wird zuerst ein Hilfspunkt

$$\mathbf{h} = \mathbf{j}_2 + l_{2,3}\frac{\mathbf{j}_4 - \mathbf{j}_2}{\|\mathbf{j}_4 - \mathbf{j}_2\|} \tag{A.43}$$

bestimmt. Dieser wird dann um den Winkel α (für den rechten Arm und $-\alpha$ für den linken Arm) um die Gerade $\mathbf{j}_2 + \lambda(0,0,1)^T, \lambda \in \mathbb{R}$ rotiert. Hierdurch ergibt sich $\mathbf{j}_3$ in Draufsicht. Damit kann der Rotationswinkel θ_2 im Gelenk $\mathbf{j}_2$ für den rechten Arm bestimmt werden, als der Winkel zwischen den Vektoren $\mathbf{j}_3 - \mathbf{j}_2$ und der x-Achse des Basiskoordinatensystems $\mathbf{f}_{0,x}$. Für den linken Arm kann θ_2 entsprechend als der Winkel zwischen $\mathbf{j}_3 - \mathbf{j}_2$ und $-\mathbf{f}_{0,x}$ berechnet werden. Hierbei sollte jeweils nicht der eingeschlossene Winkel betrachtet werden. Es ist zu unterscheiden, auf welcher Seite das Gelenk $\mathbf{j}_2$ bezüglich der x,z-Ebene im Koordinatensystem $\mathbf{F}_0$ liegt (Ellenbogen $\mathbf{j}_2$ nach hinten oder nach vorne). Liegt $\mathbf{j}_2$ auf der dem Patienten abgewandten Seite dieser Ebene (Ellenbogen zurück), muss das Vorzeichen des Winkels negiert werden.

Nach der Berechnung von $\mathbf{j}_3$ kann der Rotationswinkel θ_4 in Gelenk $\mathbf{j}_4$ als der eingeschlossene Winkel zwischen den Vektoren $\mathbf{j}_4 - \mathbf{j}_3$ und $\mathbf{j}_5 - \mathbf{j}_4$ berechnet werden. Bei der Sollposition $\mathbf{j}_5$ wird ebenfalls nur die x- und die y-Komponente betrachtet. Hiermit sind alle passiven Gelenkwinkel berechnet.

Tabellenverzeichnis

Abbildungsverzeichnis

Literaturverzeichnis

[ADHAMI 00] Louai Adhami, Eve Coste-Maniere and Jean-Daniel Boissonnat. Planning and Simulation of Robotically Assisted Minimal Invasive Surgery. In *Medical Image Computing and Computer Assisted Intervention (MICCAI'00)*, Volume 1935 of Lect. Notes in Comp. Sc. 1954, Springer, Oct. 2000. ICAR2001 workshop, 2000.

[ADHAMI 02] L. Adhami. An architecture for computer integrated minimalinvasive surgery: focus on optimal planning. PhD thesis, Paris: École des Mines de Paris, 2002.

[AHMADI 06] S. A. Ahmadi, T. Sielhorst, R. Stauder, M. Horn, H. Feußner and N. Navab. Recovery of Surgical Workflow Without Explicit Models. In *MICCAI 2006*, pp. 420-428, 2006.

[ALPAYDIN 08] Ethem Alpaydin. Im Buch: *Maschinelles Lernen*, Ethem Alpaydin, Oldenburg Verlag München, 2008.

[ANDERSON 95] John R. Anderson. In book: Cognitive Psychology, *W.H.Freeman & Co Ltd*; 4th edition, 1995.

[BAUERNSCHMITT 04] R. Bauernschmitt, M. Feuerstein, E. U. Schirmbeck, J. Traub, G. Klinker, S. M. Wildhirt and R. Lange. Improved preoperative planning in robotic heart surgery, *Computers in Cardiology*, pp. 773–776, 2004.

[BAUERNSCHMITT 07] R. Bauernschmitt, M. Feuerstein, J. Traub, E. U. Schirmbeck, G. Klinker and R. Lange. Optimal port placement and enhanced guidance in robotically assisted cardiac surgery. In *Surg Endoscopy*. Volume 21, Number 4, April 2007.

[BENGIO 96] Y. Bengio and P. Frasconi. Input-Output HMMs for Sequence Processing. In *IEEE Transactions on Neural Networks 7*, pp. 1231-1249, 1996.

[BESL 92] Paul J. Besl and Neil D. McKay. A method for registration of 3-D shapes. In *IEEE Transaction on Pattern Analysis and Machine Intelligence*, Vol. 14, No. 2, 1992.

[BLUM 08] T. Blum, N. Padoy, H. Feußner and N. Navab. Modeling and Online Recognition of Surgical Phases Using Hidden Markov Models. In *MICCAI 2008*, pp. 627-635, 2008.

[BLUM 03] C. Blum and A. Roli. Metaheuristics in Combinatorial Optimization: Overview. In *ACM Comput. Surv.* 35, pp. 268-308, 2003.

[BLUM 10] T. Blum, H. Feußner and N. Navab. Modeling and Segmentation of Surgical Workflow from Laparoscopic Video. In *MICCAI 2010*, pp. 400-407, 2010.

[BOLL 10] M. T. Boll, O. Weede, U. Kühnapfel, G. Bretthauer und H. Wörn. Automatisierte Bestimmung von Merkmalen zur Bewertung minimal invasiver Eingriffe an einem Pelvitrainer basierend auf Positionsdaten und einer Segmentierung. In *Automatisierungstechnische Verfahren für die Medizin, 9. Workshop, Tagungsband. Fortschr.-Ber. VDI Reihe 17 Nr. 279*, Seiten 61-62, 2010.

[BREUKINK 05] S. O. Breukink, J. P. E. N. Pierie, C. Hoff, T. Wiggers and W. J. H. J. Meijerink. Technique for laparoscopic autonomic nerve preserving total mesorectal excision. In *International Journal of Colorectal Disease, vol. 21*, pp. 308-313, 2005.

[CANNON 03] J. W. Cannon, J. A. Stoll, S. D. Selha, P. E. Dupont, R. D. Howe and D. F. Torchiana. Port Placement Planning in Robot-Assisted Coronary Artery Bypass. In *IEEE Transactions On Robotics and Automation*, Vol. 19, No. 5, October 2003.

[COSTE-MANIÈRE 03] È. Coste-Manière, L. Adhami, F. Mourgues and A. Carpentier. Planning, Simulation, and Augmented Reality for Robot Cardiac Procedures: the STARS System of the ChIR Team. In *Seminars in Thoracic and Cardiovascular Surgery*, 15(2), April 2003.

[DATTA 01] V. Datta, S. Mackay, A. Darzi and D. Gillies. Motion analysis in the assessment of surgical skill. In *Comput Methods Biomech Biomed Eng.*, pp. 515-523, 2001.

[DOBKIN 90] D. P. Dobkin and D. G. Kirkpatrick. Determining the separation of preprocessed polyhedra — A unified approach. In *17th International Colloq. Automata, Languages and Programming*. Volume 443 of *Lecture Notes in Computer Science*, pp. 400-413, 1990.

[DULUCQ 05] J.-L. Dulucq, P. Wintringer, C. Stabilini and A. Mahajna. Laparoscopic rectal resection with anal sphincter preservation for rectal cancer: Long-term outcome. In *Surgical Endoscopy, vol. 19*, pp. 1468-1474, 2005.

[FEUSSNER 10] H. Feußner, · S. Can, · A. Fiolka, · A. Schneider und · D. Wilhelm. Leistungsfähigkeit, Risiken und Vorteile des Einsatzes der Robotik in medizinisch-operativen Disziplinen. In *Bundesgesundheitsblatt - Gesundheitsforschung - Gesundheitsschutz*, Volume: 53 Issue: 8, pp. 831-838, 2010.

[FEUSSNER 12] H. Feußner. Ablaufbeschreibung Singleport Sigmaresektion. Interner Bericht, 2012.

[FREDE 99] T. Frede, C. Stock, C. Renner, Z. Budair, Y. Abdel-Salam and J. Rassweiler. Geometry of laparoscopic suturing and knotting techniques. In *Journal of Endourology*, vol. 13, pp. 191-198, 1999.

[FINGERHUT 10] Abe Fingerhut, George B. Hanna, Nicolas Veyrie and Nicholas Alexakis. Optimal trocar placement for ergonomic intracorporeal sewing and knotting in laparoscopic hiatal surgery. In *The American Journal of Surgery*, 2010 Oct; 200(4): pp. 519-28. Epub 2010.

[GIBO 09] T. L. Gibo, L.N. Verner, D.D. Yuh and A. M. Okamura. Design considerations and human-machine performance of moving virtual fixtures. In *Proc. of IEEE Int. Conf of Robotics and Automation (ICRA)*, pp. 671 – 676, May 2009.

[GEEM 01] Z.W. Geem, J.H. Kim and G.V. Loganathan. A new heuristic optimization algorithm: Harmony search. In *Simulation* 76, pp. 60-68, 2001.

[GOOS 98] Gerhard Goos. Im Buch: *Vorlesungen über Informatik. Band 4: Paralleles Rechnen und nicht-analytische Lösungsverfahren, Kapitel: Zufallsgesteuerte Optimierung*, Gerhard Goos (Editor), Berlin, Heidelberg, New York, Springer, 1998.

[GOWER 69] J. C. Gower and G. J. S. Ross. Minimum Spanning Trees and Single Linkage Cluster Analysis. In *Journal of the Royal Statistical Society*. Series C (Applied Statistics), Vol. 18, No. 1 (1969), pp. 54-64, 1969.

[HANNA 97A] G. B. Hanna, S. Shimi and A. Cuschieri. Influence of direction of view, target-to-endoscope distance and manipulation angle on endoscopic knot tying, In *British J. Surgery*, vol. 84, pp. 1460–1464, 1997.

[HANNA 97B] G. B. Hanna, S. Shimi and A. Cuschieri. Optimal port locations for endoscopic intracorporeal knotting. In *Surgical Endoscopy*, vol. 11, pp. 397–401, 1997.

[HOPPE 01] H. Hoppe und H. Wörn. Augmented Reality in the Operating Theatre of the Future. In *4th Int. Conference on Medical Image Computing and Computer-Assisted Intervention (MICCAI) 2001*, Springer, Seiten 1195-1196, 2001.

[HOPPE 02] H. Hoppe, C. Kübler, J. Raczkowsky, H. Wörn and S. Hassfeld. A Clinical Prototype System for Projector-Based Augmented Reality: Calibration and Projection Methods. In *16th Int. Congress and Exhibition on Computer Assisted Radiology and Surgery (CARS 2002)*, Springer, Seite 1079, 2002.

[HORN 87] Berthold K. P. Horn. Closed-form solution of absolute orientation using unit quaternions. In *Optical society of America*, Vol. 4, 1987.

[HORN 88] Berthold K. P. Horn, H. M. Hilden and S. Negahdaripour. Closed-form solution of absolute orientation using orthonormal matrices. In *J. Optical Society of America* A, 5(7), pp. 1127–1135, 1988.

[INGRAM 09] G. Ingram and T. Zhang. In book: *Overview of Applications and Developments in the Harmony Search Algorithm. Music-Inspired Harmony Search Algorithm – Theory and Applications.* Z. W. Geem (Ed.), Springer, 2009.

[JAIN99] A.K. Jain, M.N. Murty and P.J. Flynn. Data Clustering: A review. In *ACM Computing Surveys*, Vol. 31, No. 3, September 1999.

[HAYASHIBE 05] M. Hayashibe, N. Suzuki, M. Hashizume, Y. Kakeji, K. Konishi, S. Suzuki and A. Hattori. Preoperative planning system for surgical robotics setup with kinematics and haptics. In *Int J Med Robot. 2005* Jan;1(2), pp. 76-85, 2005.

[KATIC 10] D. Katic, G. Sudra, S. Speidel, G. Castrillon-Oberndorfer, G. Eggers and R. Dillmann. Knowledge-based Situation Interpretation for Context-aware Augmented Reality in Dental Implant Surgery. In *Medical Imaging and Augmented Reality*, pp. 531-540, 2010.

[KING 67] B. King. Step-Wise Clustering Procedures. In *Journal of the American Statistical Association*, Vol. 62, No. 317, pp. 86-101, 1967.

[KIRKPATRICK 83] S. Kirkpatrick, C.D. Gelatt and M.P. Vecchi. Optimization by Simulated Annealing. In *Science*, New Series, Vol. 220, No. 4598, pp. 671-680, 1983.

[KOLIAKOS 08] Nikolaos Koliakos, Geert Denaeyer, Pieter Willemsen, Peter Schatteman and Alexander Mottrie. Failure of a robotic arm during da Vinci prostatectomy: a case report. In *J Robotic Surg (2008)* 2: pp. 95–96, 2008.

[KONIETSCHKE 04] R. Konietschke, H. Weiss, T. Ortmaier and G. Hirzinger. A Preoperative Planning Procedure for Robotically Assisted Minimally Invasive. In *3. Jahrestagung der Deutschen Gesellschaft für Computer- und Roboterassistierte Chirurgie (CURAC)*, München, Germany, 8.-9. Dezember 2004.

[KONIETSCHKE 07] Rainer Konietschke. Planning of Workplaces with Multiple Kinematically Redundant Robots. Dissertation, Lehrstuhl für Realzeit-Computersysteme, Technische Universität München, 2007.

[LALYS 10] Florent Lalys, Laurent Riffaud, Xavier Morandi and Pierre Jannin. Surgical Phases Detection from Microscope Videos by Combining SVM and HMM. In *International MICCAI Workshop, MCV 2010*, pp. 54-62, 2010.

[LARSEN 00] E. Larsen, S. Gottschalk and M.C. Lin, D. Manocha. Fast proximity queries with swept sphere volumes. Technical report TR99-018. UNC Chapel Hill: Dept. of Computer Science, 2000.

[LI 04] M. Li and R. H. Taylor. Spatial motion constraints in medical robot using virtual fixtures generated by anato-my. In *IEEE Int. Conference on Robotics and Automation (ICRA)*, pp. 1270–1275, 2004.

[LI 11] Zhi Li, Daniel Glozman, Dejan Milutinovic and Jacob Rosen. Maximizing Dexterous Workspace and Optimal Port Placement of a Multi-Arm Surgical Robot. In *IEEE Int. Conference on Robotics and Automation (ICRA)*, 2011.

[LORENSEN 87] William E. Lorensen and Harvey E. Cline. Marching Cubes. A high resolution 3D surface construction algorithm. In *Computer Graphics*, Vol. 21, Nr. 4, July 1987.

[MEILA 96] M. Meila and M. I. Jordan. Learning Fine Motion by Markov Mixtures of Experts. In *Advance in Neural Information Processing Systems 8*, pp. 1003-1009, 1996.

[MITK 12] MITK. Internet: http://www.mitk.org/ [16.9.2012]

[MÖNNICH 09] H. Mönnich, D. Botturi, J. Raczkowsky and H. Wörn. System Architecture for Workflow Controlled Robotic Surgery, In *The Journal on Information Technology in Healthcare*, 2009.

[MORINO 03] M. Morino, U. Parini, G. Giraudo, M. Salval, R. Brachet Contul and C. Garrone. Laparoscopic total mesorectal excision: A consecutive series of 100 patients. In *Annals of Surgery*, vol. 237, pp. 335-342, 2003.

[NASATLX 12] Nasa TLX. Internet: http://humansystems.arc.nasa.gov/groups/TLX/ [16.9.2012]

[NEUHAUS 09] J. Neuhaus, I. Wegner, J. Kast, M. Baumhauer, A. Seitel, I. Gergel, M. Nolden, D. Maleike, I. Wolf, H-P. Meinzer und L. Maier-Hein. MITK-IGT: Eine Navigationskomponente für das Medical Imaging Interaction Toolkit. In *Meinzer H-P, Deserno TM, Handels H, Tolxdorff T (eds). Bildverarbeitung für die Medizin*, Heidelberg: Springer, S. 454-458, 2009.

[NELDER 65] John Ashworth Nelder and Roger Mead. A Simplex Method for Function Minimization. In *Computer Journal*, 7, pp. 308-313, 1965.

[NEUMUTH 08] T. Neumuth, S. Mansmann, M.H. Scholl and O. Burgert. Data Warehousing Technology for Surgical Workflow Analysis. In *IEEE Int. Symposium on Computer-Based Medical Systems*, pp. 230-235, 2008.

[OMOTE 99] K. Omote, H. Feußner, A. Ungeheuer, K. Arbter, G.-Q. Wei, J.R. Siewert and G. Hirzinger. Self-guided robotic camera control for laparoscopic surgery compared with human camera control. In *American Journal of Surgery*, 177 (4), pp. 321 - 324, 1999.

[OPPENHEIMER 00] Oppenheimer P, Weghorst S, Williams L, Ali A, Cain J, MacFarlane M and Sinanan M. Human. Laparoscopic surgical simulator and port placement study. In *Studies Health Technol. Inform.*, vol. 70, pp. 233–235, 2000.

[PARZEN 62] E. Parzen. On estimation of a probability density function and mode. In *Annals of Mathematical Statistics 33*, pp. 1065–1076, 1962.

[PEZZEMENTI 07] Z. Pezzementi, A.M. Okamura and G.D. Hager. Dynamic Guidance with Pseudoadmittance Virtual Fixtures. In *Int. Conference on Robotics and Automation (ICRA)*, pp. 1761-1767, 2007.

[POHLHEIM 12] H. Pohlheim. GEATbx: Example Functions 2 Parametric Optimization. Internet: http://www.geatbx.com/docu/fcnindex-01.html#P160_7291 [16.9.2012]

[PQP 12] A Proximity Query Package. Internet: http://gamma.cs.unc.edu/SSV/ [9.10.2012]

[SELHA 01] Shaun Selha, Pierre Dupont, Robert D. Howe and David Torchiana. Optimal Port Placement in Robot-Assisted Coronary Artery Bypass Grafting. In *4th International Conference on Medical Image Computing and Computer-Assisted Intervention (MICCAI '01)*, pp. 1435-1436, 2001.

[SUN 07A] L.W. Sun and C.K. Yeung. Port placement and pose selection of the da Vinci surgical system for collision-free intervention based on performance optimization. In *IEEE/RSJ Internat. Conf. on Intelligent Robots and Systems*, pp. 1951 - 1956, San Diego, 2007.

[TABAIE 99] H. A. Tabaie, J. A. Reinbolt, W. P. Graper, T. F. Kelly and M. A. Connor. Endoscopic coronary artery bypass graft (ECABG) procedure with robotic assistance. In *Heart Surgery Forum, vol. 2*, pp. 310–315, 1999.

[TREJOS 05] A. L. Trejos and R.V. Patel. Port Placement for Endoscopic Cardiac Surgery Based on Robot Dexterity Optimization. In *IEEE International Conference on Robotics and Automation (ICRA),* Barcelona, Spain, April 2005.

[TREJOS 07] A. L. Trejos, R. V. Patel, I. Ross and B. Kiaii. Optimizing port placement for robot-assisted minimally invasive cardiac surgery. In *Int J Med Robotics Comput Assist Surg 2007*, pp. 355–364, 2007.

[RANGANATHAN 04] A. Ranganathan. The Levenberg-Marquardt Algorithm. June 2004, Internet: http://excelsior.cs.ucsb.edu/courses/cs290i_mvg_spring_2009/pdf/L MA.pdf [16.9.2012].

[ROSENBERG 93] L. B. Rosenberg. Virtual fixtures: Perceptual tools for telerobotic manipulation. In *IEEE Annual Int. Symposium on Virtual Reality*, pp. 76–82, 1993.

[SCHÖNFELDER 08] C. Schönfelder, T. Stark, L. Kahrs, J. Raczkowsky, H. Wörn, N. Belherazem, B. Müller and C. Gutt. Port visualization for laparoscopic surgery – setup and first intraoperative evaluation. In *Int. Congress and Exhibition on Computer Assisted Radiology and Surgery (CARS)*, pp. 141-142, 2008.

[SCHÖNFELDER 07] C. Schönfelder, J. Raczkowsky, B. Müller, C. Gutt and H. Wörn. A planning system for robot based abdominal minimally invasive surgery. In *Int. Congress and Exhibition on Computer Assisted Radiology and Surgery (CARS)*, pp. 202-203, 2007.

[STOCCO 98] L. Stocco, S. E. Salcudean and F. Sassani. Fast constrained global minimax optimization of robot parameters. In *Robotica, vol. 16*, pp. 595-605, 1998.

[SUN 07B] L.W. Sun LW, F. Van Meer, J. Schmid, Y. Bailly, A.A. Thakre and C.K. Yeung. Advanced da Vinci surgical system simulator for surgeon training and operation planning. In *Int J Med Robotics Comput Assist Surg*, pp 245-251, 2007.

[SPEIDEL 09] S. Speidel, T. Zentek, G. Sudra, T. Gehrig, B. Müller, C.Gutt and R. Dillmann. Recognition of Surgical Skills using Hidden Markov Models. In *Progress in biomedical optics and imaging, vol. 10* (2), no. 37, 2009.

[VISIBLE HUMAN] Visible Human Project. Internet: http://www.nlm.nih.gov/research/visible/visible_gallery.html [16.9.2012]

[WEEDE 09A] H. Wörn, O. Weede. Optimizing the setup configuration for manual and robotic assisted minimally invasive surgery. In *IEEE World Congress on Medical Physics and Biomedical Engineering*, September 7 - 12, 2009, München, Germany, pp. 55 - 58, 2009.

[WEEDE 09B] O. Weede, A. Kettler and H. Wörn. Seed Throwing Optimization: A Probabilistic Technique for Multimodal Function Optimization. In *IEEE 2009 Computation World*, pp. 515-519, 2009.

[WEEDE 10] O. Weede, D. Stein, N. Gorges, B. Müller and H. Wörn. A Cognitive Path-Guidance-System for Minimally Invasive Surgery. In *IEEE Int. Symp. on Intelligent Systems and Informatics*, pp. 139 – 144, 2010.

[WEEDE 11A] O. Weede, H. Mönnich, B. Müller, H. Wörn. An Intelligent and Autonomous Endoscopic Guidance System for Minimally Invasive Surgery. In *IEEE Int. Conference on Robotics and Automation (ICRA)*, Shanghai, China, May 9-13 2011, pp. 5762—5768, 2011.

[WEEDE 11B] O. Weede, S. Zimmermann, B. Hein and H. Wörn. Evaluation of Seed Throwing Optimization Meta Heuristic in Terms of Performance and Parallelizability. In *Third Int. Conf. on Future Computational Technologies and Applications (FUTURE COMPUTING 2011)*, Rome, pp. 92-99, 2011.

[WEEDE 12A] O. Weede, M. Mehrwald and H. Wörn. Knowledge-based System for Port Placement and Robot Setup Optimization in Minimally Invasive Surgery. In *10th IFAC Symposium on Robot Control – SYROCO 2012*, September 5–7, 2012, Dubrovnik, Croatia, pp. 722-728, 2012.

[WEEDE 12B] Oliver Weede, Frank Dittrich, Heinz Wörn, Brian Jensen, Alois Knoll, Dirk Wilhelm, Michael Kranzfelder, Armin Schneider and Hubertus Feußner. Workflow Analysis and Surgical Phase Recognition in Minimally Invasive Surgery. In *IEEE International Conference on Robotics and Biomimetics (ROBIO 2012)*, December 11–14, 2012, Guangzhou, China, pp. 1068-1074, 2012.

[WEISE 11] T. Weise. Global Optimization Algorithms – Theory and Application. Internet: http://www.it-weise.de/projects/book.pdf [16.9.2012].

[WOLPERT 97] D. H. Wolpert and W. G. Macready. No Free Lunch Theorems for Optimization. In *IEEE TRANSACTIONS ON EVOLUTIONARY COMPUTATION*, Vol. 1, No. 1, April 1997.

[WÖRN 08] H. Wörn. Navigierte Steuerung von chirurgischen Instrumenten auf der Grundlage von Patientenmodellen. Im Buch: *Modellgestützte Therapie, Edts. W. Niederlag, H. U. Lemke, J. Meixensberger, M. Baumann*, Health Academy, Dresden 2008, ISBN 978-3-00-023879-6

[WÖRN 09] H. Wörn and O. Weede. Optimizing the setup configuration for manual and robotic assisted minimally invasive surgery. In *IEEE World Congress on Medical Physics and Biomedical Engineering 2009*, Munich, Germany, 2009, pp. 55—58, 2009.

[WÖRN 05] H. Wörn und U. Brinkschulte. Im Buch: *Echtzeitsysteme*, Springer-Verlag Berlin Heidelberg, 2005.

[WÜNSCHER 11] J. Wünscher. Ablauf der Rektumresektion. Interner Bericht, 2011.

[YANG 09] X.-S. Yang. Harmony Search as a Metaheuristic Algorithm. In book: *Music-Inspired Harmony Search Algorithm – Theory and Applications, Z. W. Geem (Ed.)*, Springer, 2009.

[ZEGHLOUL 97] S. Zeghloul, B. Blanchard, and M. Ayrault. SMAR: A robot modeling and simulation system. In *Robotica*, 15:pp. 63–73, 1997.

[ZHANG 94] Z. Y. Zhang. Iterative point matching for registration of free-form curves and surfaces. In *Int. Journal of Computer Vision*, 13(2), pp. 119–152, 1994.

[ZÖLZER 02] Udo Zölzer. In book: *DAFX:Digital Audio Effects*, Udo Zölzer (Editor), West Sussex, WILEY, 2002.

Index